鲁迅心境的多维透视

A multidimensional perspective of Lu Xun's mood

孙海军 著

图书在版编目(CIP)数据

鲁迅心境的多维透视 / 孙海军著. —— 武汉：湖北人民出版社, 2023.8
 ISBN 978-7-216-10627-6

Ⅰ. ①鲁… Ⅱ. ①孙… Ⅲ. ①鲁迅（1881-1936）—人物研究 Ⅳ. ①K825.6

中国国家版本馆CIP数据核字（2023）第014357号

责任编辑：刘　佳
　　　　　丁　琦
封面制作：董　昀
责任校对：范承勇
责任印制：肖迎军

鲁迅心境的多维透视　LUXUN XINJING DE DUOWEI TOUSHI

出版发行：	湖北人民出版社	地址：	武汉市雄楚大道268号
印刷：	武汉市籍缘印刷厂	邮编：	430070
开本：	787毫米×1092毫米 1/16	印张：	14.75
字数：	263千字	插页：	2
版次：	2023年8月第1版	印次：	2023年8月第1次印刷
书号：	ISBN 978-7-216-10627-6	定价：	68.00元

本社网址：http://www.hbpp.com.cn
本社旗舰店：http://hbrmcbs.tmall.com
读者服务部电话：027-87679656
投诉举报电话：027-87679757
（图书如出现印装质量问题，由本社负责调换）

国家社科基金后期资助项目
出版说明

后期资助项目是国家社科基金设立的一类重要项目，旨在鼓励广大社科研究者潜心治学，支持基础研究多出优秀成果。它是经过严格评审，从接近完成的科研成果中遴选立项的。为扩大后期资助项目的影响，更好地推动学术发展，促进成果转化，全国哲学社会科学工作办公室按照"统一设计、统一标识、统一版式、形成系列"的总体要求，组织出版国家社科基金后期资助项目成果。

全国哲学社会科学工作办公室

序

汪卫东

  这是海军的第二本鲁迅研究专著,他寄来书稿,说是以其硕士论文为起点的国家社科基金后期资助项目成果,希望我说几句话。我为他近年的勤勉产出而高兴,对这本书的写作过程也略知一二,所以乐意再谈一些个人感想。

  海军的第一本鲁迅研究专著《鲁迅早期思想的本土语境》是在其博士论文的基础上完成的,探讨了鲁迅早期思想与晚清思想学术资源之间的关系,属于思想研究和思想史研究。我曾在该书的序中提及,海军考博前与我素昧平生,他通过邮件将尚未完成的硕士论文稿《"过客"意识与鲁迅的复杂心境》发来,"鲁迅心境"的选题当时并没有吸引我,我将其视为心理研究范畴,以为鲁迅的个体精神世界研究不能停留在心理与性格研究层面,需要进一步提升,将经验性内容悬置起来,进入纯粹意识和思维结构领域。选题虽未被完全认同,但是,海军的具体研究给我留下较好印象,他对于研究对象有很好的感悟力,思路和文笔也都绵密而清晰,看得出他对思考和写作都有颇深的情感投入,对于一个硕士生来说,已经不可多得。跟我读博后,我有意偏离他以往的感性分析的长处,促进他在纯思研究方面进行拓展,于是就有了"鲁迅早期思想与晚清语境"的博士论文选题方向。海军很努力,博士论文显示了思辨和思想史梳理的扎实功夫,书出版后在学术界获得了一定的反响,说明他的拓展是成功的。

  现在,海军的新著以《鲁迅心境的多维透视》为题,延续了"心境"的主题,但在研究格局上有了新的自觉,他在绪论部分首先将"心境"研究与性格和心理研究进行区别:"心境既不同于日常生活中的特定情绪,也与既成的个性心理不同,心境相比于情绪来说没有那么激烈,是一种看似微弱、平静但具有持久性、带有渲染性的情绪状态。相比于个性心理来说,又不是一成不变的,心境是指在特定境遇或特定关系中存在的一种情感状态,往往能够在一段较长时间内影响主体的言行和情绪。""心境研究关注的并非具体的性格特点和心理状态,也不试图通过特定关系来展示、归纳出个体的性格或心理特征。心境更多关注的是一段时间内主体由内外诸多因素引发的相对稳定的某种心理状态,在此意义上心境研究接近于心态研究。"可见他意在将"心境"研究作为性格研究和心理研究的延伸。

海军选择了"故乡""母亲""过年""遗民心态""'过客'意识"这几个视点,考察鲁迅"心境"中所呈现的"价值困窘与情感冲突"。"'过客'意识"一章和"故乡"的一部分可能是以其硕士论文为底本的,其他都是这几年的新成果。故乡、母亲、旧历新年是鲁迅日常生活的基本部分,其中折射的矛盾情感蕴含丰富的精神内涵,值得深入发掘。鲁迅对故乡、母亲的矛盾情怀学界已有很多成果,海军在前人研究的基础上有更为整体的阐述。鲁迅对旧历新年的复杂态度,以往学界关注不多,海军从过年这一民俗视角入手,钩沉鲁迅一生在旧历新年的活动轨迹,详细论述了其在不同时期对旧历新年态度的演变,及其与当时"心境"和思想状态之间的联系,论述行文皆臻佳境,独立出来看也是一篇好文章;民初鲁迅的"遗民心态"也是学界较少关注的论题,鲁迅的进步形象与遗民心态似乎难以建立联系,但海军发现,无论绍兴时期、日本时期还是北京时期,鲁迅与历史中的代际遗民群体都有深刻的情感认同与精神联系,这种遗民心态是构成鲁迅复杂心境的一个重要组成部分,影响了他对历史与现实的判断;在以硕士论文为底本论述鲁迅"'过客'意识"的一章,海军在以前的基础上进一步将"'过客'意识"视为考察中期鲁迅精神危机及其"心境"的重要视点,并上升到在"转型时代"的大背景下,透视过渡时期知识分子的心路历程与精神世界。

自钱理群先生《心灵的探寻》将鲁迅研究转向对鲁迅个体精神世界的关注后,鲁迅的个性、心理、情感和私人生活等层面开始受到学界关注,出现了一批重要成果。对鲁迅个体精神世界的认识要从具体事实出发,但又不能停留于经验事实层面的史料爬搜与归纳,更不能陷入个人隐私的发微,需要进一步超越经验事实,上升到更为本质和普遍的维度,认识这一杰出精神存在的内在结构、个体特征、时代特征、文化特征及其在现代中国的意义价值,这正是钱先生当初设立的方向。海军有意在个性研究、心理研究等之后,以"心境"研究来寻找某种更具广泛性的联系,确立更有普遍性的认识维度,这一努力无疑是可贵的。因而,"心境"研究如何能与个性、情感、心理等研究区别开来,形成认识鲁迅精神世界的一个更为有效的平台,对于海军来说还是需要进一步论证和落实的问题,如母亲、故乡等学界已多有论述的视点,如何将其进一步放在鲁迅精神世界的整体中来把握,提升论述的整体感。

就目前的成果看,我认为海军的长处在于诸多日常生活视角的发现、细部的绵密梳理和"心境"整合的尝试,他发掘展现了鲁迅精神世界的细节,史料的蒐集、细节的梳理、论题的展开和行文的节奏都是不错的,就单个论题来看,都是饶有意味的好文章。联系海军第一部专著的纯思研究,不妨说这部专著是他的又一次转向,重新回到鲁迅的"生活世界",这次转向不应是简单的回归,而是研究视野拓展之后的反顾,反顾是为了重构与新的发现。鲁迅研究是与鲁迅不断相遇的过程,随着我们研究者主体的丰富,"鲁迅"将不断释放内在的丰富信息。期待海军在鲁迅研究之路上有更多、更精彩的发现!

2022 年 12 月 19 日

目 录

绪 论 ··· 1

第一章 "寻求别样的人们"与"思乡的蛊惑":鲁迅对故乡的复杂心境 ········· 17
  第一节 鲁迅故乡认同困境的发生 ··· 17
  第二节 "思乡的蛊惑"与精神故乡建构 ······································ 36
  第三节 鲁迅故乡书写及其自我认同的演化 ································· 48
  第四节 逃离与归家:鲁迅对故乡的两难心境 ······························· 51

第二章 "感激""慰安""牺牲":鲁迅对母亲的矛盾心境 ··················· 62
  第一节 "八元的川资"与"母亲的礼物" ···································· 64
  第二节 "远念"与隔膜共生 ··· 71
  第三节 在非孝与尽孝之间 ·· 83
  第四节 清醒的矛盾心态 ··· 92

第三章 从"过年"看鲁迅心境之变迁 ·· 96
  第一节 鲁迅记忆中的"过年" ·· 96
  第二节 北京时期鲁迅过年期间的心境走向 ································ 104
  第三节 "上海鲁迅"心境管窥:以"过年"为视点 ······················· 125
  第四节 鲁迅过年心境变迁的内在逻辑及文化意义 ······················ 134

第四章 民初鲁迅的"遗民"心境 ·· 137
  第一节 "易代同时"与"遗民"鲁迅 ·· 137
  第二节 鲁迅与中国遗民文化的"相遇" ···································· 142
  第三节 民初鲁迅的生存境遇及其"遗民"心境 ··························· 151
  第四节 鲁迅"遗民"心境的后续影响 ······································· 166

第五章 "过客"意识与鲁迅的中年心境 ······173
第一节 "过客"意识的提出及其生成逻辑 ······173
第二节 "过客":鲁迅自我的对象化 ······185
第三节 "过客"意识与鲁迅的中年危机及其自救 ······189
第四节 从"过客"意识看鲁迅的精神动力 ······197
第五节 从"过客"到"战士" ······206

结　语 ······208

参考文献 ······214

后　记 ······224

绪 论

一

何谓"心境"？心境研究跟以往对作家的性格研究、个性心理研究乃至人格气质研究又有何不同？这是我们在对鲁迅心境进行考察前必须加以追问的。心理学家对于"心境"和"情绪"的辨析，或许有助于我们对此问题的理解：

> 相对来说，心境是指低强度、弥散性和持久的情感状态，没有明显的先行原因，并且因此几乎没有认知内容（如感觉到好或坏，处在一个好或不好的心境中）。相反，鲜明的情绪是一种更短暂、更强烈的现象，并且经常伴有一个非常容易获得的、明显的原因，认知内容原型也很清楚（如厌恶、愤怒或害怕）。[①]

心境虽不如情绪来得强烈，但其对个体的影响却不容小觑，甚至可以说它比情绪带来的影响更为深远。它首先会触发一种"**心境一致性评价效应**（mood-congruent evaluation effect）"，即"一个人的心境可以影响个体对他人的评估"，而且，"人们的心境不仅影响他们对其他个体和事件的评价（人们想什么，一种内容效应），也影响他们采用哪种信息加工的方式（人们如何想）"。更重要的是，个体心境还会影响其对于记忆内容的选择性记忆和提取，一方面，人们"倾向于回忆那些与他们进行回忆时的心境保持情感一致性的信息"，心理学上将这种心理效应称为"**心境一致性回忆效应**（mood-congruent recall effect）"，通常情况下，"有良好心境的人倾向于回忆积极信息，而有糟糕心境的人倾向于回忆消极信息"；另一方面，记忆信息在

---

① [美]埃伦·伯斯奇德、[美]帕梅拉·丽甘：《人际关系心理学》，李小平、李智勇译，上海教育出版社2019年版，第290页。

被编码时的个人情感状态同样会影响到个体对于记忆的准确提取,"从记忆中找回什么似乎不仅取决于个人在回忆时的情感状态,而且取决于这些信息与它们被编码时的个人情感状态的一致性",这种"**心境依赖性记忆效应(mood state-dependent memory effect)**"在人们回忆自传性事件(经常是人际关系事件)的试验中表现得尤为明显。[1]可见,心境不仅会影响个体对于外在人事的评价,更会引导他们下意识但有选择地进行回忆,而这些被唤醒的记忆内容又会再次强化他们对于某种具体心境的体验,因此,心境对于个体的影响十分显著。

以此为起点来思考心境研究跟性格研究、心理研究等常见研究路径的不同,其间的区别便可一目了然。首先,心境不同于一般的情绪,并非一时一地或者特定事件、特定环境下的个体情感状态,心境具有"低强度、弥散性和持久的情感状态"这一确切所指,因此心境研究主要考察个体性格、心理及具体事件导致的主体心灵世界的变化,以及由此带来的情感世界、文学创作、人际交往等方面的影响。某种意义上,心境研究可看作性格研究、个性心理研究的延展性研究。其次,心境研究关注的并非具体的性格特点和心理状态,也不试图通过特定关系来展示、归纳出个体的性格或心理特征。心境更多关注的是一段时间内主体由内外诸多因素引发的相对稳定的某种心理状态,在此意义上心境研究接近于心态研究。再次,心境研究并不满足于对个体心绪及其来龙去脉的过程性描述,它会通过相关外围材料的梳理以及主体与外在要素之间的互动,凸显出此种心理状态形成的相关背景、思想语境乃至人事纠葛等方面的情况。换言之,心境研究更重要的在于突破清晰化的情感描述,而深入到这些情况所发生的相关背景,并尝试解释这些背景性材料与个体情绪之间的互动关系,从而加深对主体心灵世界的理解与研究。

从广义上说,心境研究属于心理研究的范畴,但是又不能完全将之等同于心理研究,心境研究不只是从精神分析等心理学途径进入研究主体,它关注的范围要宽广得多,举凡家庭生活、人际关系、生活习俗、政局变动、文字论争乃至文化审美等均可能影响到主体心境的变化。同时,主体心境还会反过来影响到其观察外部世界的视角、文学创作的表达方式等。

---

[1] [美]埃伦·伯斯奇德、[美]帕梅拉·丽甘:《人际关系心理学》,李小平、李智勇译,上海教育出版社2019年版,第290—291页。

二

回顾鲁迅学史,可以发现对鲁迅心灵世界(性格、心理、气质等)的研究一直以来就是鲁迅研究者重点关注的方面,但是真正对鲁迅心境展开研究却经历了一个较为漫长的探索过程,总体上呈现出从性格描述、心理探究到心境研究的逐步深入。

20世纪20年代就有鲁迅同时代人指出过鲁迅性格方面的多重特点,比如张定璜所说的鲁迅的"冷静"[①]、高长虹指出的鲁迅的"多疑"[②]等,这些零星的说法在1936年李长之《鲁迅批判》中均有所体现,譬如"鲁迅在灵魂的深处""粗疏、枯燥、荒凉、黑暗、脆弱、多疑、善怒",并且"常陷在病态的情绪中"。[③]李长之显然是从鲁迅性格、心理的角度把握鲁迅心境的,正如张梦阳先生所言:"实际上,李长之是从'锐感''多疑''善怒'等病态心理角度透视鲁迅创作奥秘的第一人。"[④]鲁迅去世后,不少亲友的回忆文章也涉及对鲁迅性格、心理的描述。钱玄同指出,鲁迅性格方面存在三点"短处",即"多疑""轻信""迁怒"[⑤],因此鲁迅经常处于矛盾之中。苏雪林《与蔡子民先生论鲁迅书》更是对鲁迅所谓"病态心理""矛盾之人格"展开严厉批评。[⑥]曹聚仁初版于1937年的《鲁迅评传》曾列出专章来分析鲁迅性格及其成因,指出:"他自幼历经事变,懂得人世辛酸以及炎凉的世态,由自卑与自尊两种心理所凝集,变得十分敏感","他的性格,正是从幼年的忧患与壮岁的黑暗环境中陶养而成的"。[⑦]曹著充分肯定了鲁迅成长环境对其性格生成的重要影响。荆有麟《鲁迅的个性——属于研究鲁迅的资料断片》一文也侧重对鲁迅个性的

[①] 张定璜:《鲁迅先生(下)》,中国社会科学院文学研究所鲁迅研究室编:《1913—1983鲁迅研究学术论著资料汇编》(第一卷),中国文联出版公司1985年版,第86页。
[②] 长虹:《走到出版界——疑威将军其亦鲁迅乎》,《1913—1983鲁迅研究学术论著资料汇编》(第一卷),中国文联出版公司1985年版,第240页。
[③] 李长之:《鲁迅批判》,北京出版社2011年版,第170、165页。
[④] 张梦阳:《中国鲁迅学史》,江苏凤凰文艺出版社2021年版,第149—150页。
[⑤] 钱玄同:《我对周豫才(即鲁迅)君之追忆与略评》,鲁迅博物馆等编:《鲁迅回忆录·散篇》(上册),北京出版社1999年版,第97页。
[⑥] 苏雪林:《与蔡子民先生论鲁迅书》,《1913—1983鲁迅研究学术论著资料汇编》(第二卷),中国文联出版公司1986年版,第727—729页。
[⑦] 曹聚仁:《鲁迅评传》,生活·读书·新知三联书店2011年版,第144页、145页。

分析。①冯雪峰作为鲁迅晚年的密切交往者,也记录下了鲁迅诸多的性格特点,尤其值得注意的,是他1946年写作的《鲁迅回忆录》一文,文章指出:"然而他(按:指鲁迅)也有种种的牢骚和郁闷,并非完全不回顾自己的不幸和创痛的人。……同时也使他有时有某种的彷徨,某种的'悲观气氛',以及种种的顾虑。"②"如果是那样,那么同样要从这里面有种种的灰暗的影子和疲劳的感觉在袭击着他,使他常要附带着一些冷酷和空虚的气息,也正是极自然的。"③张梦阳先生认为该文"揭示出了鲁迅'内心的极度深刻的矛盾'"。换言之,冯文不仅是对鲁迅性格、心理等方面的简单描述,而是上升到了试图对鲁迅精神世界进行整体把握的高度。

20世纪70年代海外华人学者夏济安、李欧梵等人的文章,均涉及鲁迅的心理研究。夏济安通过对鲁迅文学书写中"黑暗"主题的揭示,洞悉到"鲁迅面临的问题远比他的同时代人复杂得多,剧烈得多。从这个意义上说,他正是他那一时代的论争、冲突、渴望的最真实的代表"。在夏氏看来,鲁迅是"一个极其深刻而带病态的人物"。④李欧梵则强调"家道中落"带给鲁迅心理上的屈辱感,"单是贫困或许未曾引起鲁迅感情上的巨大苦痛,然而,随之而来的却是家庭声誉丧失殆尽"。⑤日本学者丸尾常喜注意到鲁迅心理上"耻辱"意识对其人格生成与文学发生的重要意义。丸尾常喜借助本尼迪克特"罪感文化"和"耻感文化"的相关理论,指出"鲁迅的文学生涯是把'耻'意识作为一个重要的契机而启程的",并以此来解读《狂人日记》等作品:"在这个狂人的逻辑中,作为进化—自我超越—的契机而被发现的,是'耻辱'('羞耻')的意识。"⑥

进入新时期后,国内学者也开始自觉运用精神分析等西方理论对鲁迅性格、心理展开分析。彭定安《鲁迅评传》⑦、杜一白《论青年鲁迅的文化心理结构》等均涉及鲁迅心理研究,而最具影响的无疑是王晓明的《无法直面的

---

① 参见克维编:《鲁迅研究》(上集),嘉陵江出版社1946年版。
② 引自张梦阳:《中国鲁迅学史》,江苏凤凰文艺出版社2021年版,第344页。
③ 同上书,第346页。
④ [美]夏济安:《鲁迅作品的黑暗面》,乐黛云编:《国外鲁迅研究论集(1960—1980)》,北京大学出版社1981年版,第380页。
⑤ [美]李欧梵:《一个作家的诞生——关于鲁迅求学经历的笔记》,乐黛云编:《国外鲁迅研究论集(1960—1980)》,北京大学出版社1981年版,第104页。
⑥ [日]丸尾常喜:《耻辱与恢复——〈呐喊〉与〈野草〉》,秦弓、孙丽华编译,北京大学出版社2009年版,第7、19页。
⑦ 参见彭定安:《鲁迅评传》第四章"寂寞缠住灵魂"、第五章"搏击于历史风暴中"相关内容,湖南人民出版社1982年版。

人生:鲁迅传》和吴俊的《鲁迅个性心理研究》。

《无法直面的人生:鲁迅传》是新时期以来产生过较大影响的鲁迅传记,其特色就是"凸现"鲁迅的"精神危机与内心痛苦",企图冲破原有范式,还原鲁迅及其精神原生态、贴近本我真实的鲁迅。但《无法直面的人生》过于强调"从小康之家坠入困顿"这一事件对鲁迅个性心理尤其是心理阴暗面的影响。王晓明指出正是这样的经历,导致了"一种偏重于感受人生阴暗面的习惯的种籽,就这样默默地破土而出"。加之,鲁迅过早接触到《蜀碧》《立斋闲录》等一类的"野史",从而"强化了现实中炎凉人情对他的尖锐刺激,向他那股强烈的内心仇恨,注入了深长的活力"。①事实上,在此前写作的《现代中国最苦痛的灵魂——论鲁迅的内心世界》中,王晓明已经明确指出:"就鲁迅的精神发展来讲,这旧神就是他童年时代的阴暗记忆,而黑暗的社会又在所有新居都为这旧神安放了合适的神龛,越到后来,新居的气氛还越合乎旧神的谕示,以至当鲁迅成年以后,对病态人心的注重几乎成为一种最基本的认识习惯了。"②"家道中落"的惨痛经历固然对鲁迅产生过很大的负面影响,成年后鲁迅多次提及这场变故即是最好的证明。③可以肯定,"家道中落"让鲁迅过早体验到人间社会的炎凉与黑暗,也促使鲁迅形成了早熟的性格,但是由此去解释鲁迅个性心理甚至思想倾向之生成,不得不说稍显简单。事实上,近年已有研究表明,所谓的"家道中落"事件对于鲁迅全家生活质量的影响并不像鲁迅说的那么夸张。④

吴俊《鲁迅个性心理研究》是较早对鲁迅个性心理进行系统研究的专著,该著采用心理分析的方法,对鲁迅思想中通常被视为消极面的个性和心态进行了专题分析,主要涉及鲁迅的负罪感、虚无心态、自虐与攻击的双向心理冲突、爱情及性爱心理以及死亡意识,等等。吴著最终目的是要"揭示出在传统文化和现代文明的冲突背景中,鲁迅的内心世界和人格素质等的一些特点及其意义",并由此"改变和加强对鲁迅形象的全面认识"。⑤《鲁迅

---

① 王晓明:《无法直面的人生:鲁迅传》,上海文艺出版社1993年版,第12页。
② 王晓明:《现代中国最苦痛的灵魂——论鲁迅的内心世界》,汪晖等著:《鲁迅研究的历史批判:论鲁迅(二)》,河北教育出版社2000年版,第293页。
③ 鲁迅曾说:"我小的时候,因为家境好,人们看我像王子一样;但是,一旦我家庭发生变故后,人们就把我看成叫花子都不如了,我感到这不是一个人住的社会,从那时起,我就恨这个社会。"参见薛绥之主编:《鲁迅生平史料汇编(第四辑)》,天津人民出版社1983年版,第359页。
④ 参见刘润涛:《鲁迅"家道中落"考》,《鲁迅研究月刊》2018年第2期。
⑤ 吴俊:《鲁迅个性心理研究》,华东师范大学出版社1992年版,第264页。

个性心理研究》一定程度上实现了这一目标,不过,吴著的鲁迅个性心理剖析较多依赖于精神分析理论。

当然,在多数人依然聚焦于鲁迅性格、心理特点的同时,也有个别学者已经将思考的触角延伸到鲁迅心境方面,比如鲁迅挚友许寿裳在《怀亡友鲁迅》中就提出"心境的寂寞"是导致鲁迅"终于躺倒不起者"的原因之一[①],可以说开启了鲁迅寂寞心境研究的先河。冯雪峰则通过对《野草》的解读,剖析了鲁迅极其复杂的矛盾心境:

> 《野草》则更多地表现了鲁迅先生的内心矛盾的交战和痛苦的叫声……并且其中好几篇作品,无论在思想上在感情上都是个人主义的,而且阴暗的,有虚无感的,悲观而绝望的。自然,这种虚无和绝望的感情,同时又被鲁迅自己在否定着,他同自己的虚无和绝望斗争……但斗争的结果怎样呢?还是有些虚无和绝望,总之是矛盾……[②]

这样的分析就不再是对鲁迅性格、心理状态的简单描述了,从中我们确实能够把握到鲁迅写作《野草》期间内心世界的实际状态。当然,迄今鲁迅心境研究方面最重要的成果还是钱理群的《心灵的探寻》一书,该论著专门辟出"心境篇",较早对鲁迅复杂心境展开系统、深入的研究。钱先生从鲁迅"是一个充满着深刻矛盾的、多层次的、多侧面的有机体"这一认识出发,分别从先觉者与群众、改革者与对手、叛逆的猛士与爱我者、生与死等几个维度,来探讨鲁迅的真实心境,试图还原出"他在探索民族变革、复兴道路过程中所面临的矛盾(外在的,更是内在的),他复杂万端的心态与情感,他的愤激与焦躁,感伤与痛苦,以及鲁迅怎样从'内心的炼狱'中挣扎出来,找到正确的道路"。[③]由此可见,钱先生对鲁迅复杂心境的把握已经达到一定高度,体现出其探索鲁迅"心灵辩证法"的学术追求。这种研究范式对于学界将鲁迅作为一个复杂的"人"来加以理解,确实起到开疆拓土的推进作用,张梦阳先生在《中国鲁迅学史》中指出,钱著"开始了鲁迅研究从外向内的视角转移"。[④]但当时钱先生试图对鲁迅做一个全面的整体性的研究,因此,有些地

---

① 许寿裳著,马会芹编:《挚友的怀念——许寿裳忆鲁迅》,河北教育出版社2000年版,第76页。
② 冯雪峰:《回忆鲁迅》,引自冯光廉、刘增人、谭桂林主编:《多维视野中的鲁迅》,山东教育出版社2002年版,第439页。
③ 钱理群:《心灵的探寻》"引言",河北教育出版社2000年版。
④ 张梦阳:《中国鲁迅学史》,江苏凤凰文艺出版社2021年版,第450页。

方只是点到即止,未能充分展开。部分内容在后来的《与鲁迅相遇:北大演讲录之二》[①]等著述中有进一步阐述。

近年学界又涌现出一批凸显鲁迅"寂寞"心境[②]、鲁迅中年心态[③]、鲁迅"华盖运"心态[④]、鲁迅晚年情怀("姑活"心态、"逆旅"心态)[⑤]乃至鲁迅临终心境[⑥]等方面的研究成果。上述研究共同呈现出一种趋势,即学界对鲁迅精神世界的研究已经从20世纪80至90年代常见的文化结构心理研究、文化心态研究逐渐过渡到对作为本体的鲁迅心灵世界的研究,作为"人"的鲁迅得以超越文化架构而凸显出来。在此意义上,可以说,鲁迅心境研究已经成为解读鲁迅及其文学创作的重要取径。

三

从同时代人对鲁迅性格的简单描述到冯雪峰对鲁迅矛盾心态的揭示,从20世纪70年代海外学人对鲁迅"黑暗"心理、两歧心态的发现,到钱理群对鲁迅"心灵辩证法"的探寻,再到90年代对鲁迅个性心理的系统研究,以及近年对鲁迅中年心态、晚年情怀乃至临终心境的考察,可以看到,鲁迅心境研究渊源有自,并且上述研究的确从不同角度深入走进了鲁迅的精神世界,更精准地把握住了鲁迅复杂的甚至相互矛盾的心灵世界。总体来看,现有对于鲁迅心灵世界的研究主要呈现出从性格描述、心理探究到心境研究逐步深入的发展趋势,尤其是80年代中期以来的研究已经不再满足于对鲁迅特定情绪或单一心理状态的描述,而开始转向对性格、心理导致的鲁迅具体心境的考察,实现了从点、线到面的飞跃。与此同时,在阐释鲁迅心灵世界时能够运用相关文本来佐证鲁迅个性心理、性格特点等,也会注意鲁迅心境对其情感世界、文学创作乃至思想变迁等方面影响的考察,可以说实现了

---

① 参见钱理群:《与鲁迅相遇:北大演讲录之二》,生活·读书·新知三联书店2003年版。
② 梁建先:《惨怛之呼——论1924—1927年病中鲁迅的心境与创作》,《鲁迅研究月刊》2016年第12期。
③ 参见朱崇科:《广州鲁迅》"第四章 中年男人鲁迅",中国社会科学出版社2014年版。
④ 张永泉:《终生未能摆脱的华盖运——鲁迅心态研究之一》,《海南师范学院学报(人文社会科学版)》1995年第2期。
⑤ 王彬彬:《鲁迅居沪期间的"逆旅心态"》,《上海鲁迅研究》1997年第0期;王彬彬:《鲁迅晚年的"姑活"心态》,《东方艺术》1997年第6期。
⑥ 张武军:《最终的无聊和最后的坚守——鲁迅临终前心态之剖析》,《社会科学研究》2013年第1期。

研究主体、创作主体和文学文本三者之间的良性互动。这就为后来的研究打下了较为坚实的基础,提供了某种可资借鉴的研究范式。总之,现有研究的确拓宽了鲁迅心灵研究的面向,引导着研究者向鲁迅心灵世界的深处不断掘进,从而推动了学界对鲁迅精神世界乃至现代知识分子精神史的研究。但是,客观地说,现有研究也存在如下几点不足:

其一,理论工具与研究对象之间的脱节。20世纪80年代以来很多对鲁迅心灵世界进行深度解读的研究成果,均程度不同地借助了精神分析、存在主义、生命哲学等理论工具,但是这些理论无一不是来源于西方世界,上述理论基于对普遍人性的研究,固然带有一定的共通性,但是以此为工具来分析鲁迅心理,未必十分恰当,甚至显得有些隔膜。王富仁等学者曾质疑过这种研究模式的有效性,王先生在回顾以心理分析为主的心理学派的鲁迅研究时,在肯定它们丰富了鲁迅研究的面向的同时,提出了几点质疑:第一,"如何把对人的一般的、科学的(带有机械性质的)心理研究转化为审美的、艺术的、具有个别性的文化和文学研究的方式,对于我们还是一个巨大难题"。第二,"中西文化的巨大差异给心理学在中国文学研究中的具体运用造成了巨大的困难"。第三,"人的一般的心理机制和文化心理的关系是至今没有得到统一的、科学的说明的问题"。[1]王富仁进一步指出:"鲁迅是在中国传统文化中把握、表现中国社会各阶层、各类人的心理活动的大师级人物,在把握中国人的心理活动的精确性、细致性方面,至今还没有一个中国的或外国的心理学家能够超越于他,这也是新时期心理学研究在中国鲁迅研究中还没有得到充分发展的重要客观原因。"[2]王先生的质疑至今依然值得我们深思,因为此种研究带有明显的理论先行的痕迹,研究者往往从西方世界借来种种理论,据此剖析鲁迅复杂的内心世界,在这种研究模式中,研究者面对的往往并非作为本相的鲁迅,而是经过筛选的鲁迅。即是说,此种研究的基础本身就存在问题,分析鲁迅这样复杂的主体的内心世界时,现成理论不一定有效,有时甚至会因此限制研究者的视野。

其二,对鲁迅个性心理的研究存在狭隘化甚至片面化的倾向。某些研究为了达到预设的研究结论,总是有意无意放大了鲁迅心理上的某些负面因素对其个性产生的影响,或者将鲁迅看作一个十分特殊的案例来进行分析,在凸显鲁迅个性的同时,忽视了鲁迅凡常的一面。有些研究甚至只是抓住鲁迅内心世界的一个方面或某个阶段的某一特质去展开,为达到出奇制

---

[1] 王富仁:《中国鲁迅研究的历史与现状》,浙江人民出版社1999年版,第218—220页。
[2] 同上书,第220页。

胜的效果而片面甚至断章取义地去理解鲁迅的心境,比如某些对鲁迅阴暗心理的研究就存在此种弊端,而过于看重性的压抑对鲁迅心灵世界之影响的研究,同样存在此类问题。事实上,这种研究范式中存在的某些弊病,不仅在鲁迅心境研究方面存在,即便是在研究古代士大夫群体的论著中也同样存在。傅璇琮在谈及海外汉学家在传统士大夫研究中存在的问题时不客气地指出:"这些书程度不等地存在着图解式的研究框架,往往把不同时代不同身份不同教养的士人,作简单的概括,归纳出几个统一的概念范畴,有时又把简单的事情复杂化了。"[①]傅先生批评的这几点在鲁迅个性心理研究方面同样存在,尤其是看似相反的对研究对象的"归纳"和"复杂化"处理。无论是本质主义支撑下的归纳式研究,还是过于放大细节的复杂化处理,事实上均是对研究对象之本体的一种偏离,在这种研究范式中,得出的研究结论自然只能是狭隘的甚至片面的。

其三,未能彻底摆脱宏大叙事等固有阐释模式。某些研究成果在探讨鲁迅心灵世界时过于关注鲁迅内心精神世界的紧张、矛盾、挣扎等情绪与外部世界诸多重大事件之间的互动关系,总是试图将鲁迅看作近现代中国启蒙、革命、文化论争等一系列重大事件的参与者,并以此来解释鲁迅内心的诸多困境。政局变动与时代思潮、文化论争固然是影响知识分子心态的一个重要因素,但绝非唯一因素,正如杨守森在研究20世纪中国作家心态时所指出的:

> 作家心态,是指作家在某一时期,或创作某一作品时的心理状态,是作家的人生观、创作动机、审美理想、艺术追求等多种心理因素交汇融合的产物,是由客观的生存环境与主体生理机制等多方面因素综合作用的结果。[②]

即是说,影响作家心态的主要有内外两个因素,即客观生存环境和主体生理机制,那些习惯从宏大叙事角度解读鲁迅心境变迁的研究,事实上只展现出鲁迅的一个方面,甚至不是影响其心境变化最直接最重要的方面,相反,围绕在鲁迅身边的那些看似不起眼的生活化的场景和细节可能更为重要。所以,我以为对鲁迅复杂心境的研究必须突破以往宏大叙事的固有阐释模式,从日常生活、教育背景、个人趣味等角度切入,在文本细读基础上去

---

① 罗宗强:《玄学与魏晋士人心态》,南开大学出版社2003年版,第5页。
② 杨守森主编:《二十世纪中国作家心态史》,中央编译出版社1998年版,第2页。

追寻那些隐藏在文字之下的鲁迅的真实心境。20世纪90年代以来的鲁迅心境研究也正是沿着这一方向在不断向前推进。

总而言之,现有对于鲁迅心理、心态的研究还是习惯从整体上去把握,研究者总是试图从鲁迅生平、文章、回忆录等材料中找出某种具有规律性的东西,再去进行概括、提炼,并不自觉地放大这种心理特征对鲁迅个性乃至文学创作的影响。研究者对鲁迅家道中落带来的屈辱意识、敏感个性等心理阴暗面的强调尤其明显,这些儿时经历固然对鲁迅产生过很大影响,但是这种影响到底有多大,又能持续多久,尤其是能否用一种一成不变的思维方式去看待这一事件对鲁迅的影响,其实是值得商榷的。简言之,此类研究的立足点并不在鲁迅身上,而在于研究者自身,研究者是用一种选择的既定视角对鲁迅进行一种"拿来主义"式的解剖,这是整体主义研究通常容易出现的一种弊端。事实上,对于鲁迅这样复杂的精神个体来说,可能并不存在某种或某几种固定的心理模式,所以,与其去竭力证明某种本质主义或思维方式的有效性,不如换一种思路,将考察研究的基点投射到研究对象身上去,并将之放在不同的特殊情境中加以研究。正如狄尔泰所言:"理解历史人物和他们的产物靠'重新体验'或'设身处地',即想象你在当时当地的特殊情况下,作为你研究的那个历史人物会如何思想,如何行动,会有什么喜怒哀乐。"[1]唯其如此,才能展现出鲁迅心境的真实性与复杂性。

基于以上分析,我们认识到要想在鲁迅心境研究方面取得一定突破,必须在研究对象的选择、研究方法的运用两个方面另辟蹊径,因此,在接下来对鲁迅心境的考察中时刻注意两点:

其一,尽管理论是文学研究不可或缺的"武器",但是对于鲁迅这样复杂的精神个体来讲,西方理论能否适用,又在多大程度上适用,是个必须直面的问题,换言之,在研究过程中对于现有理论必须保持警惕。因此,在以下对于鲁迅心境的研究中,几乎不涉及所谓"理论",而是借鉴了研究士人心态

---

[1] 张汝伦:《意义的探究——当代西方释义学》,辽宁人民出版社1986年版,第47页。

的方法①,罗宗强、左东岭等在这方面成就较为突出②。在罗先生看来,"要真正确切地阐释文学思想发展的主要原因,必须研究士人心态的演变轨迹"③,罗先生指出,影响士人心态的因素很复杂,其中最主要的因素有三个:政局的变化、思潮和士人的生活出路,除此之外,还有家庭的文化传统、社党的组合、交往、婚姻状况以至个性等。④与此同时,罗先生特别强调指出士人心态研究与文学的心理学研究存在很大不同,"我无能力也无意于对某一士人作心理的以至与心理有关的生理的深层剖析。我以为那是心理学家的事"⑤。罗先生这段话对于我们研究鲁迅心境同样具有指导意义。因此,要深入鲁迅当时所处的特定历史境遇,在个体与时代的互动关系中,以文本分析为基础,逐渐走进鲁迅鲜活的心灵世界。简言之,我在这部书稿中试图呈现的是一个作为"人之子"和"人之父"的鲁迅复杂而又不悖乎人情物理的心灵世界。

其二,因为注意到以往整体主义研究和本质主义研究模式的弊病,因此我们在研究中既不会将鲁迅的复杂心境归结为某种心理学动因作用的结果,同时也不会仅仅看到这些情绪的负面影响,而是会深入到鲁迅当时真实的处境,以此为基础来分析鲁迅由此引发的内心波折,以及对其学术研究、文学创作乃至人际交往所产生的影响。换言之,我尝试抛开此前所有关于鲁迅个性心理、性格特征的相关定论,将鲁迅放置在特定的生存境遇、特定的人际关系、特定的文化语境中,并结合具体文本加以立体把握,既不放大某种情绪在鲁迅心境变迁中的影响,也不做本质主义的归纳,因为无论何种意义上的归纳,均是对鲁迅复杂心境的一种简化。

---

① 在西方,心态研究是跟20世纪下半叶年鉴学派的崛起分不开的,根据方维规研究:"心态是指特定时期、特定群体的重要想象、评价、态度、情感和实践,有着集体的、通常的、相对稳定的,也就是惯习的表达方式。"参见方维规:《什么是概念史》,生活·读书·新知三联书店2020年版,第112页。
② 学界对士人心态的研究,主要存在两种理路:其一,研究文化思潮与士人心态演变的关系,如罗宗强:《玄学与魏晋士人心态》,南开大学出版社2003年版;罗宗强:《明代后期士人心态研究》,南开大学出版社2006年版;左东岭:《王学与中晚明士人心态》,商务印书馆2014年版。其二,研究士人心态对其文学创作的影响关系,如蒋玉斌:《明代中晚期小说与士人心态》,巴蜀书社2010年版;何国正、刘蜀子:《汉代士人心态与辞赋创作》,云南大学出版社2012年版。
③ 罗宗强:《玄学与魏晋士人心态》,南开大学出版社2003年版,第5页。
④ 罗宗强:《因缘集:罗宗强自选集》,南开大学出版社2004年版,第13—14页。
⑤ 同上书,第13页。

四

最后，简单交代一下本书的主要内容。心境既不同于日常生活中的特定情绪，也与既成的个性心理不同，心境相比于情绪来说没有那么激烈，是一种看似微弱、平静但具有持久性、带有渲染性的情绪状态。相比于个性心理来说，又不是一成不变的，心境是指在特定境遇或特定关系中存在的一种情感状态，往往能够在一段较长时间内影响主体的言行和情绪。所以说，心境具有阶段性与特定性的特点，对于主体的影响不容小觑，对于敏感的作家来说尤其如此，心境会不自觉地影响其某一时段的行为举止、情感状态乃至文学创作。这也是我们对鲁迅心境展开多维研究的初衷，即通过特定的关系网络、特定的情景来剖析鲁迅敏感而复杂甚至矛盾的情绪状态，进而由此分析这些不同情境中的心境变迁对其文学创作乃至思想走向的影响。

以往对鲁迅心理的研究主要集中于家道中落的心理阴影、弃医从文的发生过程、不幸婚姻的影响、兄弟失和的创伤等方面，这些方面的确是展现鲁迅心灵世界最重要的窗口，已经取得了丰富的成果。本书不打算继续在这些常见的研究领域深耕细作，因此，我们选择从日常生活的视角来切入鲁迅的真实心境。第一个是故乡，关于鲁迅与故乡的情感关系，此前学界已有过相关研究，尤其强调"家道中落"带来的屈辱感对鲁迅与故乡情感关系的影响。但在此类研究中，结论先行的痕迹较为明显。此外，此类研究大多依然停留在对鲁迅情绪的解读上，并未上升到心境研究的高度，更没有采取一种动态的发展的眼光去看待这个问题。同时在研究方法上较为陈旧，不是过于相信鲁迅后来文章中的相关叙述，就是借助于周作人、周建人等鲁迅亲友的回忆材料去展开分析。事实上，鲁迅对故乡的复杂心境必须放在现代性视野下的自我身份认同这一现实语境中加以理解，方能有的放矢，而鲁迅对故乡的复杂心境在其对绍兴的不同指称中即可看出端倪。鲁迅笔下的"绍兴"、"S城"、"越中"（越城）、"会稽"等有关绍兴的指称看似毫无差别，实则不然，这些对于绍兴的不同指称恰恰表现出鲁迅对于故乡的复杂心境。这一复杂心境同样表现为现实中的漂泊独居与精神返乡两个截然相反的维度。

相对于故乡而言，鲁迅对母亲的心境则更为复杂，因为故乡带给鲁迅的创伤尽管巨大，但他可以通过空间距离的疏远来逃避，通过文学创作来重构，但是母亲不一样，这种特殊的亲情关系是割不断的，是必须直面的。在鲁迅与母亲的情感关系中,"八元的川资"与"母亲的礼物"这两个带给他完全不同情感体验的事件,成为鲁迅与母亲情感的逻辑起点,加上家道中落后的相互扶持,这种"寡母抚孤"①的经历带给鲁迅更为纠结的心理感受。所以,尽管鲁迅不满母亲为其安排的婚姻,尽管他跟母亲之间无论在阅读趣味还是思想境界方面存在着不小的隔膜,甚至会在与许广平的通信中抱怨母亲,但现实生活中鲁迅却依然恪守着传统道德伦理上的孝道。鲁迅对传统孝道的遵从与其五四时期的相关言论判若两人,由这种情感与理智上的冲突,恰恰可以见出鲁迅对于母亲及其象征的家族的矛盾态度。某种意义上,鲁迅之所以长期不跟母亲一起生活,潜意识里也是一种逃避②,不仅是逃避母亲,也是逃避故乡。因为对鲁迅来说,很多时候母亲与故乡是二而一的关系,所以,鲁迅潜意识中同样有着逃离母亲的冲动。鲁迅对母亲的这种矛盾心态,在其20世纪30年代写给母亲的家书中表现得淋漓尽致。

而过年(春节)作为传统中国人不可或缺的一种节日活动、文化习惯甚至制度建设,深刻影响到国人的日常生活与心境变化。鲁迅等五四知识分子虽然接受了现代意义上的公元纪年,但是巨大的文化惯性,又迫使他们不得不直面世俗社会对于"年"的想象,所以从过年这一民俗性视角去考察鲁迅节日期间的活动轨迹并由此梳理鲁迅的心境变迁,也是颇有意义的。因为对于中国人来说,"年"这一时间刻度是很多人际、事件乃至情感的结合点与爆发点,由此不仅可以看出其间极为细微的心境变化,更能透过心境变化印证诸多事件对于他们的影响。确实,鲁迅在不同时期对于过年表现出截然不同的态度与心境,早年生活中鲁迅对于过年的态度完全是传统意义上的,他不仅参与家族祭祀,还专门撰写《祭书神文》之类的文字;留日期间鲁迅开始接受现代意义上的年节观念,加之辛亥革命后民国政府推行公元纪年,因此北京时期鲁迅几乎不过年;但是上海时期,尤其是海婴出生后,鲁迅一家又开始回归过年传统。鲁迅不同时期对于过年的不同态度,恰好从侧面折射出鲁迅不同时期的真实心境。不仅如此,也能从中窥见近代知识分子在传统向现代转型的历史进程中内心的矛盾和挣扎。

个人心境不仅受到日常生活中的特定情境、特定关系的影响,事实上,

---

① 谢泳:《"寡母抚孤"现象对中国现代作家的影响——对胡适、鲁迅、茅盾、老舍童年经历的一种理解》,《中国现代文学研究丛刊》1992年第3期。
② "而一涉及鲁迅对于家庭的逃避心态,则不仅是出于他对旧的婚姻状态的另一当事人朱安的反感,同时我认为也是他对母亲的某种顾虑;鲁迅逃避他的母亲,又不能不顾及到他的母亲的处境和态度,因此,所谓逃避,对于母亲的考虑或许在鲁迅的心理天平上要占据着更大的比重。"参见吴俊:《鲁迅个性心理研究》,华东师范大学出版社1992年版,第154页。

意识层面的因素同样会影响到主体心境的变化,甚至这种影响更加持久。本书选择了民国初年和1925年前后两个时段,分别来考察鲁迅的"遗民"心态和"过客"意识对其心境产生的不同影响。鲁迅与中国遗民文化的关系问题,至今尚未引起学界应有的注意,近代以来遗民("遗老""遗少")所经历的污名化,加之鲁迅对其不遗余力的批判,致使在习惯认知中鲁迅跟遗民似乎处于一种水火不容的敌对状态。事实上,无论在绍兴时期、日本时期还是蛰居北京时期,鲁迅与历史上的遗民群体均有着诸多维度的"相遇",在民族主义、学术趣味乃至精神人格方面,鲁迅曾受到遗民文化的深远影响。民国初年政权的不稳定更是让鲁迅获得一种"易代同时"的错觉,因此,鲁迅的遗民心态在民初表现得尤为明显。无论是其漂泊独居的生活方式,还是潜心向佛的存身姿态,抑或自署"俟堂"的求死心态,均留有明显的遗民印迹。这种遗民心态不仅影响到鲁迅心境的变化,更影响到他对现实政治的诸多看法。因此,从遗民心态去理解民初鲁迅是一个十分重要的视角。相比于遗民心态而言,"过客"意识带给鲁迅心境的影响更持久也更深远。虽然学界对"过客"意识的分析较为充分,但很多成果均借助于存在主义、生命哲学等西方理论加以论析,并没有将之上升为影响"中期鲁迅"十分关键的思想意识,更未能由此深入分析"过客"意识对鲁迅中年心境尤其是1925年前后鲁迅心境的影响。其实"过客"意识与五四落潮后鲁迅的中年危机之间存有十分密切的关系,"过客"意识是切入这一阶段鲁迅心境的重要通道。不仅如此,"过客"某种意义上也是鲁迅对自我身份的一种认知,尤其是着眼于近现代转型的历史背景而言,鲁迅一代正是新、旧两个时代之间的"过客"。从这个意义上来说,本书对鲁迅心境的解读虽然是在特定的生存情景与人物关系中进行的,但是如果从"转型时代"这个大的历史背景来看,我们试图展示的正是鲁迅等历史过渡阶段的一代知识分子的心路历程与精神世界。

金耀基在考察中国现代化历程时,借用了社会学家冷纳的"过渡人"概念:

> 过渡人是站在"传统—现代的连续体"(traditional-modern continuum)上的人。一方面,他既不生活在传统世界里,也不生活在现代世界里;另一方面,他既生活在传统的世界里,也生活在现代的世界里。由于转型期社会的"新"与"旧"的混合物,在这里,新旧两个"价值系统"同时存在。①

---

① 金耀基:《从传统到现代》,法律出版社2017年版,第77—78页。

金耀基指出:"由于他(按:指过渡人)生活在'双重价值系统'中,所以常会遭遇到'价值的困窘',在心理上,积极地,他对'新'的与'旧'的有一种移情感;消极地,他对'新'的与'旧'的也都有一种迎拒之情,这种价值困窘与情感上的冲突,造成了'过渡人'内心的沮丧与抑郁,所以,'过渡人'是痛苦的人。"[1]这种"双重价值系统"带来的"价值困窘与情感上的冲突"对于生活在"转型时代"的中国知识分子而言更为强烈,因为转型时代的中国遭遇的不仅是"新"与"旧"的问题,同时还面临着中西文化及其价值系统的对峙:"中国'过渡人'所面临的'价值的困窘'不只是'新'与'旧'的冲突,而且是'中'与'西'的冲突。一个人扬弃'旧'的价值而接受'新'的价值,固然需要冷纳所说的'移情能力'和一种'心灵的流动',而一个人要扬弃中国的价值而接受西方的价值,则还需要能解消一种'种族中心的困局'。"[2]也就是说,中国"过渡人"所遭遇的是横向和纵向两个维度上的价值意义系统的困扰,他们面对的不仅是传统向现代转型带来的撕裂感,同时还承受着异质文化冲击带来的惶惑感,而这一困扰最集中的体现就是他们对于自我身份认同的焦虑:"中国'过渡人'所面临的最大问题是'认同'的问题,他们的'自我形象'是不稳定的,也不清楚的;他们的'自我认同'则困交于新、旧、中、西之间,这是两个文化发生'濡化过程'(acculturation process)中的常有现象。"[3]

金耀基有关"过渡人"的分析,对于我们解读生活在中国转型时代的鲁迅而言无疑具有重要的启示意义。具体说,要准确把握"过渡人"的精神世界,唯有从两种价值系统的困扰以及他们对自我身份认同的调适入手。应该说,鲁迅对于自己所处时代的性质以及自己的身份角色是清楚的,无论是他对家庭、婚姻的态度,还是对故乡、习俗的态度,甚至他的文化趣味均表现出这一点,某种意义上,其"中间物"概念凝聚着他对此的全部认识。因此,鲁迅心境最复杂最值得探究的就是在面对两种价值系统时他内心所有的矛盾和挣扎,这不仅关乎个人,而且关乎时代,准确地说,在一系列看似属于鲁迅个人的对立、紧张、纠葛等心绪中,恰恰折射出了转型时代的面影。在此意义上,认识鲁迅便成为触摸那个正在逝去的时代的一个重要途径。本书对鲁迅心境的阐释,正是围绕着转型时代的"过渡人"这一中心线索展开的,所以,本书力图展现的是如下两个互相关联的层面:一、鲁迅在特定关系、特

---

[1] 金耀基:《从传统到现代》,法律出版社2017年版,第79页。
[2] 同上书,第80—81页。
[3] 同上书,第81页。

定语境中呈现出的复杂心境;二、作为个体的鲁迅在转型时代背景下表现出的主体性矛盾及其自我调适。两者结合起来,便构成了从认识鲁迅到感知鲁迅生活时代的思想文化意义。

第一章 "寻求别样的人们"与"思乡的蛊惑":鲁迅对故乡的复杂心境

鲁迅对于故乡的复杂情感可以从横、纵两个维度分别加以考察,就纵向而言,鲁迅对故乡的认知大致经历了一个从发现、惦念到民族主义激荡下家国情怀的升华,从启蒙主义视野下对故乡的批判到"再造故乡"的文化建构过程。从横向来说,故乡在鲁迅心中至少分为实存的故乡、文化的故乡和情感的故乡三个层面。无论是横向的划分还是纵向的变迁,均展现出鲁迅对于故乡的复杂心境,并由此影响到其文学创作和思想走向。因此,辨析鲁迅对于故乡的复杂心境,有助于加深对鲁迅内心世界的洞察,明晰转型时代中国知识分子在"家国"问题上的情感变迁,以及由此折射出的对于文化转型的立场,更能借此走进鲁迅的文学世界和思想世界。

第一节 鲁迅故乡认同困境的发生

无论是在虚构性质的小说文本还是纪实性的散文抑或书信、日记等私人语境中,鲁迅均表现出对于故乡较为复杂的情感态度,这种情感态度与其因空间位移引发的对"他乡"的发现,是一体两面的关系,故乡与"他乡"在鲁迅心中的不断调整,直接导致了鲁迅对于故乡情感的变化。鲁迅对故乡态度的调整,不仅折射出鲁迅复杂心境的一个侧面,更由此展现出转型时代知识分子思想、情感乃至乡愁方面的过渡状态。因此,由鲁迅对故乡的态度切入,考察其心境变化,不仅可以洞察到鲁迅对于故乡绍兴情感态度的变迁,更可由此窥探近代中国知识分子因乡愁引发的自我身份认同危机,以及为应对危机而"再造故乡"的种种努力。

一、"家乡"与"异乡"的双重发现

乡愁自古以来就是一种人类普遍性、本真性的情感，也是古今中外文学中常见的创作主题之一，对于有着悠久传统的中国文学而言，乡愁更是绵延不已的文学/文化母题。晚清以降，随着传统社会向现代社会的转型，这个阶段的中国知识分子对于故乡的情感状态虽较之于传统文人更加复杂，"中国人对于故乡的感受、理解和表达都发生了本质性的变化：乡愁不再仅仅意味着'向后看'式的怀旧，也不再止于思念性的情感抒发和叶落归根式的愿望表达，而成为现代个体和集体通过书写表达自我、寻求意义、建构家园（情感和精神）的话语实践"[①]。但不变的是，故乡意识、怀乡情感的产生是以离乡（去乡）为起点的，鲁迅亦复如此。具体说，鲁迅"故乡"意识的萌发是从他1898年远赴南京求学开始的，在离别故土之际，少年鲁迅首次感受到乡愁这一情感。在《戛剑生杂记》中，鲁迅记录下了这次旅行中的自我心绪：

> 行人于斜日将堕之时，暝色逼人，四顾满目非故乡之人，细聆满耳皆异乡之语，一念及家乡万里，老亲弱弟必时时相语，谓可当至某处矣，此时真觉柔肠欲断，涕不可仰。故予有句云：日暮客愁集，烟深人语喧。皆所身历，非托诸空言也。[②]

这段文字明显表现出初次离家远行的青年鲁迅心理上的极度不舍，而且这种不舍依然停留在怀乡的传统情感之中，因此，此时鲁迅所表达的乡愁跟传统文人学士所抒发的对故土的怀念并无二致。不仅鲁迅对故乡的怀念集中在"家乡""乡音""老亲弱弟"这些常见意象上，而且，"日暮客愁集，烟深人语喧"的诗句，无论是表达思乡之情的语言载体，还是传达的情感均是对传统乡愁主题的继承。可见，鲁迅的"家乡"意识是跟作为他者的"异乡"的发现同时萌发的，对于个体来说，"家乡"只有在"异乡"的映照下才得以成立，此时尽管"异乡"已经介入鲁迅对故乡的认知，但此时的"异乡"更多是从地理、语言等实存状态来说的，远未上升到文化意义上的身份认同符号。

1900年，在南京水师学堂附设的矿物铁路学堂读书的鲁迅，托人带回老家的《别诸弟》一诗同样表达出青年鲁迅对故乡亲人的思念："谋生无奈日奔

[①] 卢建红：《论鲁迅的乡愁认同之路》，《中南大学学报（社会科学版）》2016年第2期。
[②] 鲁迅：《集外集拾遗补编·戛剑生杂记》，《鲁迅全集》第8卷，人民文学出版社2005年版，第527页。本书所引鲁迅著作无特殊说明者均出自该版本，以下不再一一标注。

驰,有弟偏教各别离。最是令人凄绝处,孤檠长夜雨来时。还家未久又离家,日暮新愁分外加。夹道万株杨柳树,望中都化断肠花。从来一别又经年,万里长风送客船。我有一言应记取,文章得失不由天。"①整首诗将鲁迅"还家未久又离家"的不忍离别书写得淋漓尽致。1901年正月,鲁迅在与家人短暂相聚后,再度分别,二弟周作人用戛剑生原韵作七绝三首送之并索和诗,次月,鲁迅作和诗并跋:"梦魂常向故乡驰,始信人间苦别离。夜半倚床忆诸弟,残灯如豆月明时。日暮舟停老圃家,棘篱绕屋树交加。怅然回忆家乡乐,抱瓮何时共养花?春风容易送韶年,一棹烟波夜驶船。何事脊令偏傲我,时随帆顶过长天!仲弟次予去春留别元韵三章,即以送别,并索和。予每把笔,辄黯然而止。越十余日,客窗偶暇,潦草成句,即邮寄之。嗟乎!登楼陨涕,英雄未必忘家;执手消魂,兄弟竟居异地!深秋明月,照游子而更明;寒夜怨笛,遇羁人而增怨。此情此景,盖未有不悄然以悲者矣。"②这段发自肺腑的文字将鲁迅对家乡的思念,尤其是拳拳的兄弟之情非常生动地展现出来,但无论是诗歌的语言风格还是情感状态,明显可以看出鲁迅此时对乡情的抒发依然处在传统诗人乡愁书写的脉络之中。即是说,在此时鲁迅心目中,他所怀念的"家乡"跟他置身其间的"异乡"并没有本质区别,只是因为空间阻隔而产生了"英雄未必忘家"的思乡之情。家乡不仅成为鲁迅抒发情感的通道,也是鲁迅确认自我存在的坐标,通过这种亲情关系的书写来达到对于自我身份的确认。因此,对于此时的鲁迅来说,故乡与"他乡"依然处于同一意义层面,二者的区别只表现为空间的位移和情感的疏密而已。

这种由空间位移而引发的思乡情绪,在鲁迅1902年留学日本后表现得更加强烈,尤其是留日初期的几年里,鲁迅多次表达过对于故乡的惦念。一方面,鲁迅借助与故乡的书信往来倾诉着自己对故乡的惦念。鲁迅留日期间的书信虽然保留下来的较少,但从周作人日记中多次出现的"草日本信稿"字样,可以推知身在异域的鲁迅不断通过书信跟故乡保持着一定的情感联系。鲁迅这种怀乡的情绪在其他私人语境中也偶有流露。1904年10月8日,鲁迅在写给同乡蒋抑卮的信中说:"仙台久雨,今已放晴,遥思吾乡,想亦久作秋气。"③正是作为"异乡"的仙台,激发起鲁迅对于"吾乡"的怀想,在此意义上,异乡成为鲁迅乡愁情绪的一道催化剂。另一方面,鲁迅对故乡、故土的怀念还通过参加同乡会等故乡组织呈现出来。1902年11月,鲁迅与许

---

① 鲁迅:《集外集拾遗补编·别诸弟》,《鲁迅全集》第8卷,第531页。
② 鲁迅:《集外集拾遗补编·和仲弟送别元韵并跋》,《鲁迅全集》第8卷,第536页。
③ 鲁迅:《书信·041008致蒋抑卮》,《鲁迅全集》第11卷,第330页。

寿裳等101名浙籍留日学生在东京组织浙江同乡会,并出版《浙江潮》杂志。次年1月,鲁迅又与陶成章、许寿裳等29人召开绍兴同乡恳亲会,并发出《绍兴同乡公函》,在劝导绍兴同乡后学出洋留学的同时,也表达出这群游子的桑梓之情,"远别数千里外,无时不悬故乡痕影于心目中"①。1903年11月,鲁迅又参加了具有革命倾向的同乡组织"浙学会",上述同乡会性质的学生组织,彰显出留学生群体在"异乡"营构"家乡"的努力,这也是其时青年鲁迅的真实心境,鲁迅的这些行为无疑表现出身在日本的他依然难以割舍对于故乡的思念。

　　此时的鲁迅依然有着较为强烈的"浙人"的自我认同。1903年鲁迅为配合《浙江潮》对刘鹗卖国行径的揭露,在《中国地质略论》中为采矿权之旁落"复见于吾浙"②而忧心忡忡。但值得注意的是,这里所谓"吾浙"的视角已经不再是单纯的对于"浙"之国土的怀念,而寄托着现代民族—国家视野下的民族主义情感。这种情感表面看去在强化着个体对国家之前途、命运的关切,但实际上在这种具有爱国主义色彩的民族主义情感体验之下,对于思乡者来说,故乡已经在不断远去,逐渐成为"国家/祖国"层面之下的一个附属物,随着对祖国情感和认同的强化,作为一己之出生地的故乡在怀乡者心中的重要性却越来越低。可以说,异域的遥远空间和民族—国家的现代认同,在强化着世纪之交的游子思乡之情的同时,也在不断抽离着他们家园之思的情感基础和文化地基。因此,这种因空间转换带来的家乡之思一旦落实到实际层面,即是说当空间上的距离不成为问题的时候,他们对于故乡的思念也就失去了存在的基础。相反,出于对"新世界"的想象,他们会发现故乡已经不复是记忆中的那个故乡了,从这个意义上来说,很多人一旦逃离故土便再也回不去。鲁迅亦是如此。

　　1909年8月,鲁迅在经历了7年半的留日生涯后,回到这片阔别已久的故土,再次踏上故土的他便发现故乡已不复是记忆中的模样。尽管迫于生计,他努力融入杭州、绍兴等地的教育界,也试图通过阅读乡贤故书来获得文化上的认同,但是随着时间的流逝,他发现自己跟这群同乡的关系愈发格格不入,"剪辫风潮"和"木瓜之役"两个事件可以看作回国之初的鲁迅跟故

---

① 引自[日]永田圭介:《秋瑾——竞雄女侠传》,闻立鼎译,群言出版社2007年版,第90页。
② "今者俄复索我金州复州海龙盖平诸矿地矣。初有清商某以自行采掘请,奉天将军诺之,既而闻其阴市于俄也,欲毁其约,俄人剧怒,大肆要求。呜呼,此垂亡之国,翼翼爱护之,犹恐不至,独奈何引盗入室,助之折桷挠栋,以速大厦之倾哉。今复见于吾浙矣。以吾所闻,浙绅某者,窃某商之故智,而实为外人伥,约将定矣。"(鲁迅:《集外集拾遗补编·中国地质略论》,《鲁迅全集》第8卷,第18—19页。)

乡关系的一个缩影,不仅如此,正如小田岳夫所强调的,"而且那没辫子之事情,仍然变化着形形色色和他作着祟"①。这些事件无疑在不断调整着鲁迅跟故乡的关系,并最终迫使他做出逃离故乡的决定:"他处有可容足者不?仆不愿居越中也,留以年杪为度。"②"闭居越中,与新颖气久不相接,未二载遽成村人,不足自悲悼耶。"③辛亥革命一度缓解了鲁迅跟故乡的关系,但在积极投身家乡教育事业的同时,鲁迅也经由这场革命看到了故乡落后、闭塞的一面,逃离的情绪再次袭来,1912年3月,他再次对许寿裳表示:"越中棘地不可居,倘得北行,意当较善乎?"④

总的看来,鲁迅居乡的这几年非但丧失了原先身处异乡时对于故乡的思念之情,反而因为在亲密接触后发现了故乡的诸多缺点,漂泊在外时对于故乡的惦念竟逐渐演变成逃离故乡的冲动。故乡不再是鲁迅念兹在兹的抒情对象与自我认同的依据,反而在空间距离消失后产生了新的甚至是无法化解的隔阂。鲁迅从对故乡的思念到对故乡的逃离,某种意义上恰好表明了转型期知识分子对于旧时故乡之情感态度的变化。鲁迅对于故乡的思念,是从"异乡"的介入开始的,正是异乡这一"他者"让青年鲁迅意识到故乡的存在,由此衍生出离别之际的怀乡之情。只是,1902年(甚至1906年)前,故乡与异乡仍处于同一意义层面,故乡与异乡的区别更多表现为空间迁移引发的个人情绪,少年鲁迅所谓的乡愁,恰恰说明鲁迅此时是在故乡之中的,正是因为这种置身其间的切身感受使得鲁迅体验到别离之情和故乡之思。换言之,此时作为主体的鲁迅与作为客体的故乡不仅处在同一时空,且互为主体,一方面正是鲁迅"走异路,逃异地"⑤的人生抉择,生于斯长于斯的家园才成为其思念的对象,进而促发了"故乡"的诞生;另一方面故乡在引发鲁迅思乡之情的同时实际上也界定了鲁迅之所以为鲁迅的家乡人身份。但是,接下来从异地到异域的转换,虽然表面上同样表现为空间的位移,然而明治日本与晚清帝国在"现代性"这项全球化的世界工程中,不仅代表空间的横坐标略有偏移,更重要的是,象征时间的纵坐标偏差更为明显,明治维新之后的日本在诸多方面已经超越前现代的晚清中国,成为东亚社会对于未来世界想象的现实基础。抵达日本之后的鲁迅一方面虽然仍在加强与同乡会等家乡组织的联系,这种联系可以看作传统乡谊的传承,某种意义上象

---

① [日]小田岳夫:《鲁迅传》,任鹤鲤译,星洲出版社1945年版,第24页。
② 鲁迅:《书信·100815致许寿裳》,《鲁迅全集》第11卷,第333页。
③ 鲁迅:《书信·110731致许寿裳》,《鲁迅全集》第11卷,第348页。
④ 鲁迅:《书信·110307致许寿裳》,《鲁迅全集》第11卷,第345页。
⑤ 鲁迅:《呐喊·自序》,《鲁迅全集》第1卷,第437页。

征着鲁迅对于故乡/故土的思念;另一方面,鲁迅通过观察、学习、生活等多种途径在不断加强对于异域的了解,这必然影响到鲁迅对于新世界的想象,所有这些都在重构着鲁迅对于家乡的认知,腐蚀着他对于家乡原有的建基于空间距离之上的乡愁。即是说,异乡/异域在发现故乡的同时,也在不断映照出故乡的诸多弊病,逐渐累积起来的故乡的负面印象进而瓦解着鲁迅跟故乡的情感关系。归国之后的鲁迅之所以无法融入家乡的教育事业甚至日常生活,固然有人事纠葛等方面的现实因素,但更重要的是,经过十余年的游学生活,鲁迅的精神世界已经发生了很大的变化,对于新世界(新知识、新风气乃至新的生活方式等)的想象已经超越传统意义上的乡愁,成为鲁迅定位自我、确立自我存在意义的重要依据。在此时的鲁迅心目中,不仅从情感上摒弃了原先故乡、异乡的分野,甚至在进化序列中处于优先位置的异乡/异域成为鲁迅对于未来世界的想象,同时也成为他确认存在意义的新的精神寄托。前文所引鲁迅写给许寿裳的信中,道出了他迫切逃离故乡的理由,"闲居越中,与新颢气久不相接,未二载遽成村人"。可见,对于所谓"新颢气"的向往已经超越了乡情,而不让自己成为"村人"的警醒以及"北上"的愿望,无疑表现出鲁迅对于新文化和新的精神生活的期许。自此,鲁迅不仅在情感上淡化了家乡与异乡的分野,由1898年离别之际表现出的对于家乡的无比怀念到如今对于象征新文明的异乡的无限向往,鲁迅在乡愁之路上完成了从传统文人到现代知识分子的最初转型。

二、"故园":家国同构与民族主义的相互激荡

传统中国是典型的宗法制社会,而宗法制社会通常依靠家国同构的社会秩序来支撑其运行,这种社会理论认为家族是家庭的扩大,国家则是家族的延伸。因此,在家国同构的格局下,家是小国,国是大家。在家庭、家族内,家长地位至尊,权力至大;在国家,君王地位至尊,权力至大。孟子曰:"天下之本在国,国之本在家,家之本在身。"[1]《大学》有云:"古之欲明明德于天下者,先治其国;欲治其国者,先齐其家;欲齐其家者,先修其身。"[2]先哲所阐发的从一己之身到家到国再到天下的逻辑递进关系,表明了传统宗法制社会下家和国是一体的,治国先要治家,而治家的最终目标则是治国。这种家国情怀一方面模糊了家庭、家族和国家的界限,将古人对于家的情感延伸至国,从而激发起爱国主义情怀;另一方面,在这种认知中,家和国又是可以

---

[1]《孟子·离娄上》,朱熹:《四书章句集注》,中华书局2011年版,第260页。
[2]《大学》,朱熹:《四书章句集注》,中华书局2011年版,第5页。

互通的,由国同样能够激起对家的怀念。对于这种家国同构的社会秩序,社会学家费孝通曾经打过一个十分形象的比喻:"……我们的社会结构本身和西洋的格局是不相同的,我们的格局不是一捆一捆扎清楚的柴,而是好像把一块石头丢在水面上所发生的一圈圈推出去的波纹。""我们社会中最重要的亲属关系就是这种丢石头形成同心圆波纹的性质。"①这种家国同构的政治体制,从现代眼光看去,虽然有其不合理的一面,但在传统中国却发挥着凝聚社会力量、稳定国家政权的重要作用。

  作为转型期的知识分子,鲁迅在熟读儒家经典的同时,也在无形中受到这种政治文化的影响。1902年鲁迅等人虽然是以国家公派留学生的身份赴日留学,这在国内无疑是一种荣耀,但当时的日本社会依然弥漫着因甲午海战而来的对于战败国的鄙夷,鲁迅等早期留日学生在日本社会遭受到多种不公正待遇,甚至大街上的孩子也会嘲讽清国留学生的辫子。②对鲁迅等留日学生来说,一方面遭到日本社会的诸多侮辱,从而加深了对于战败国国民身份的切身体验;另一方面,更重要的是,中日两国的现实差距所带来的强烈刺激,这种刺激已经不再局限于一己的屈辱,而是由此引发了亡国灭种的危机感,"他国执势力平均之说,群起夺地,倏忽瓜分,灭国之祸,惟我自速"③。这种屈辱与危机无疑激发起鲁迅等留学生的爱国主义情怀。在《中国地质略论》中,鲁迅以主人自居,并对祖国不吝赞美:"吾广漠美丽最可爱之中国兮!而实世界之天府,文明之鼻祖也。"④这种爱国主义进一步触发鲁迅提出了"中国者,中国人之中国"的民族主义的观点:"中国者,中国人之中国。可容外族之研究,不容外族之探捡;可容外族之赞叹,不容外族之觊觎者也。"⑤文章最后则为采矿权之旁落"复见于吾浙"而忧心忡忡,这里所谓"吾浙"流露的已经不再是单纯的对于故土的怀念,而寄托着现代民族国家视野下的民族主义情感。

  这种中国/外族的二元思维,鲜明表现出青年鲁迅强烈的民族主义感情,正是在此背景下鲁迅写下了"灵台无计逃神矢,风雨如磐暗故园。寄意寒星荃不察,我以我血荐轩辕"⑥的诗句。诗中的"故园"固然指向海峡对岸

---

① 费孝通:《乡土中国》,人民出版社2015年版,第28页。
② 周建人口述,周晔编写:《鲁迅故家的败落》,湖南人民出版社1984年版,第200页。
③ 鲁迅:《集外集拾遗补编·中国地质略论》,《鲁迅全集》第8卷,第19页。
④ 同上书,第5页。
⑤ 同上书,第6页。
⑥ 鲁迅:《集外集拾遗·自题小像》,《鲁迅全集》第7卷,第447页。

的故乡绍兴,但是,因为置身异域的现实处境,加之民族主义思想的萌芽①,这里的"故园"无疑又指向跟异域相对的祖国。即是说,从此时起,鲁迅对于故乡的怀念,某种意义上已经成为詹姆森所说的第三世界国家的一种"寓言"②,寄托着民族主义情绪下更为复杂的家国之思。

更重要的是,异域较为切己的生活体验,在加剧鲁迅思乡之情的同时,实际上也在不断瓦解着鲁迅跟故乡的原有情感联系。换言之,异域这个作为"他者"的崭新世界的突入,在不断拓展着青年鲁迅关于未来世界想象的同时,也在逐渐挤压着故乡在其心目中的位置。所以异域这一空间转换引发的家国之思,已经不再是原有怀乡情绪的加强,异域所象征的新世界、新文明以及由此衍生出的新的自我身份认同,都在刷新着鲁迅跟故乡的情感关系以及故乡在鲁迅自我认同中所扮演的角色。

但是,对于留日学生来说,他们对于"故国"的这份情感不单来自于作为异域的日本的刺激,他们在清算清帝国罪恶的同时更注意追溯汉民族的光辉历史。即是说,在鲁迅等人心中,他们对于国家的认同出现了一个裂隙。一方面,这个国是相对于日本而言的现代世界体系中的一分子,因为甲午战争的失利,这一维度中的晚清中国无疑象征着一种屈辱。但是,作为"清国留学生周树人"的鲁迅又无法摆脱这一现实身份,鲁迅等人在日本的生活方式固然是为了更好融入日本社会,但是某种意义上是否也带有跟晚清中国进行区隔的某种自我预设呢? 即是说,对于生活在异域的鲁迅而言,原本家国同构认同体系中的"国"与"家"已在悄然发生分离,从情感上来说,他们不再愿意将一己之家与晚清中国勾连起来,然而,家是无法改变的现实存在,家所在的"乡"同样无法变更。因此,另一方面,他们不得不对"国"进行拆解,他们在不断追溯传统的同时,将"故国"分作两个层面,即现实中的晚清中国与历史上的中华帝国,并且对于这两个不同层面的"国"表现出截然不同的态度。他们在不断批判晚清中国的同时,将自己定位成传统中国的继承者,如黄帝子孙③,鲁迅"我以我血荐轩辕"的诗句即是对传统中国表示认同的一种诗意表达。

对鲁迅来说,原本处在游子思乡层面的乡愁情绪至此变得复杂起来:一

---

① 周作人说鲁迅此时的思想可以民族主义概括之。参见周作人著,止庵校订:《鲁迅的青年时代》,河北教育出版社2002年版,第131页。
② [美]弗雷德里克·詹姆森:《处于跨国资本主义时代中的第三世界文学》,参见张京媛主编:《新历史主义与文学批评》,北京大学出版社1993年版,第230—252页。
③ 参见沈松侨:《我以我血荐轩辕:黄帝神话与晚清的国族建构》,许纪霖编选:《现代中国思想史论(上卷)》,上海人民出版社2014年版,第253—306页。

方面,所谓的"乡"已经扩大为与异域相对的祖国,思乡某种意义上成为思念祖国的一个出口,从而延续了家国同构的心理认知机制;另一方面,因为异域的介入和民族主义思想的萌发,在鲁迅等人心中,所谓的祖国已经不再是传统礼制秩序中家国同构的那个国,而成为民族—国家世界版图中的一分子。这种世界眼光不仅使得鲁迅等新一代知识分子意识到家、国、世界三者之间的关系,而且能够对原来所谓的国进行反省,通过对于晚清政府钳制人民、卖国求荣等种种举措的反省,鲁迅等人进一步意识到家、国之间的裂陷。从空间上说,家固然在国中,但是,从心理认同而言,他们已经不情愿把一己之家跟晚清中国联系起来,因此这种家国同构意识的逐渐丧失,某种意义上也就将鲁迅等转型期知识分子推到一个自我身份辨识的困境之中。表面看,他们疏离的是与晚清中国的关系,但事实上,他们与家乡的关系也会随着这层关系的疏离而逐渐疏远,毕竟,家、国是互为支撑、互相渗透的。即是说,现代民族主义思潮在激发起鲁迅等人爱国情怀的同时,也使得他们有了反思家国同构传统秩序的可能,以民族为单位的现代国家的涌现让他们意识到"家天下"的中国传统政治体制的诸多弊端,甚至直接引发了亡国灭种的绝大危机。因此,身在异域的鲁迅在怀念"故园"的同时,也在以现代民族国家的认同为基础而告别故乡。即是说,鲁迅所谓的"故园"一方面包含着他对于家、国的怀想;另一方面,这个"故园"在追寻传统中国的同时也隐含着对于现实中国的疏远,这种疏远自然会反过来影响到鲁迅对于一己之家的情感,由此展现出鲁迅透过家乡进行自我身份认同的困境。

对于"故园"的思念,一方面是以爱国主义为底色的现代民族主义萌发的直接结果,这无疑表明了鲁迅自我认同格局的改变;但另一方面,"故园"所指向的一己之家,也表明鲁迅依然沉浸在对于家乡的某种追忆情绪中,因此,在鲁迅乡愁建构之路上,可以说"暗故园"是一个过渡状态。换言之,此时鲁迅的故园之思,既包含着传统的家国情怀,同时也已经渗透进了民族主义的救亡意识。即是说,鲁迅尚徘徊在家国之思和民族主义情感中间,这一方面象征着鲁迅对于家国的情感在自我反省基础上的有意识疏离;另一方面,也预示着作为主体的鲁迅的不断成长,正如有论者所指出的那样:"对于鲁迅,乡愁书写之路亦是主体建构之路。"[①]

三、"S城":"被描写"的故乡与自我认同困境

五四时期,作家用拉丁字母拼音的首字母来指代人名、地名的做法蔚然

[①] 卢建红:《论鲁迅的乡愁认同之路》,《中南大学学报(社会科学版)》2016年第2期。

成风,1923年,朱大楠、梁实秋等人还曾就此展开激烈论争。[1]鲁迅也曾多次用拉丁字母来为人物命名,如《头发的故事》中的"N先生",《阿Q正传》中的"阿Q""小D"等。鲁迅用拉丁字母指代地名始于《一件小事》中的"S门",此后笔下又出现了"到N进K学堂""S会馆""L学校"等表述。1924—1926年间鲁迅文本中频繁出现的"S城",可以说是这种书写方式的延续。但对鲁迅来说,S城又不只是一种书写习惯,更由此折射出他跟故乡的情感关系及其自我认同困境。遗憾的是,鲁迅笔下的"S城"及其表征的真实心境,尚未引起学界足够重视。周作人在解读《在酒楼上》中的"S城"时断言,这里的"S城""是'绍兴'二字威妥玛式拼音的头字"[2],并举"S会馆"为旁证,以此证实"S城"与绍兴之间的对应关系。后来的研究者基本延续了这一思路,近年出版的《鲁迅大辞典》也因袭了流行看法,编者在承认鲁迅各体文章与绍兴之间的紧密关系后,写道:"其著作中或称绍兴为'会稽'、'山阴'、'越'、'于越'、'越中'、'少兴府'、'S城'。"[3]这一表述无疑给人一种错觉:即绍兴与"会稽""山阴""于越""S城"等其他指称毫无差别,它们之间甚至是可以互换的。事实上这种不加分辨的做法未能深入到鲁迅的真实心境,忽视了鲁迅有关"S城"指称背后的特定语境与主体情绪。

(一)从"S会馆"到"S城"

鲁迅用拉丁字母指代现实地名并非始于"S城",但是就这种命名方式所能折射出的鲁迅心境而言,似乎没有比"S城"更具有深意的。一方面,"S城"相对于其他指称的使用频率更高,"S城"指向的故乡绍兴跟鲁迅的情感关系更为密切;另一方面,鲁迅对于"S城"的使用主要集中在1924—1926年。即是说,"S城"这一意象在鲁迅写作历程中出现较为集中,联系这一时期鲁迅的心境来看,这种用法并非简单的书写习惯使然。在看似属于书写习惯的背后,其实潜藏着鲁迅内心对于故乡绍兴极其微妙的情感与认知。

从书写习惯看,鲁迅笔下的"S城"显然跟此前出现过的"S会馆"之间存在着某种关联,甚至可以说"S城"是"S会馆"的自然延续,因此在梳理"S城"之前,有必要考察一下鲁迅笔下的"S会馆"。应该说,鲁迅用"S"指代绍兴,是从这个用法开始的:

S会馆里有三间屋,相传是往昔曾在院子里的槐树上缢死过一个

---

[1] 参见韩石山:《梁实秋与"新某生体"之辩》,《新文学史料》1998年第2期。
[2] 周作人著,止庵校订:《鲁迅小说里的人物》,河北教育出版社2002年版,第203页。
[3] 《鲁迅大辞典》编委会:《鲁迅大辞典》,人民文学出版社2009年版,第737页。

女人的,现在槐树已经高不可攀了,而这屋还没有人住;许多年,我便寓在这屋里钞古碑。①

这是鲁迅在著名的《呐喊·自序》中的一段陈述,写于1923年8月,这里的"S会馆"无疑是指绍兴会馆(原称"山邑会馆",山阴、会稽两县合并为绍兴县后改称"绍兴县馆"或"绍兴会馆")。鲁迅自1912年5月5日迁入绍兴会馆,此后便一直住在这里,直到1919年11月21日搬入八道湾。鲁迅在绍兴会馆居住长达7年半之久,可以说绍兴会馆已经成为鲁迅记忆中不可或缺的一部分,甚至已经融入了他的生命。加之,民初北京的会馆文化依然发达,某种意义上构成了寄寓北京的鲁迅人际网络的一种载体。②所以当鲁迅在若干年后回溯自己的思想、精神历程时,才会下意识提到会馆。1922年10月鲁迅在《兔和猫》中写道:

我于是记起旧事来,先前我住在会馆里,清早起身,只见大槐树下一片散乱的鸽子毛,这明明是膏于鹰吻的了,上午长班来一打扫,便什么都不见……③

值得注意的是,在小说文本中,鲁迅只是说"我住在会馆里",而在自序文本中,"会馆"却变成了"S会馆"。这一变化看似增强了自序文本的写实性,但是"S会馆"在将原本不确定的会馆与"S(城)"勾连在一起时,对写作主体鲁迅而言,无疑会召唤出体量更为庞大的记忆。会馆本是跟鲁迅日常生活息息相关的一种传统乡土文明的再现,绍兴会馆对于最初抵京的鲁迅来说客观上起到很大帮助,但与此同时"S会馆"也在强化着鲁迅有关故乡的记忆。"它不仅仅是鲁迅蛰伏七年的寓所,一种包容日常起居的物质空间,更重要的是,它已经化为与鲁迅的心境高度贴合的心理空间,成为一种积淀着丰厚的文化内涵使他无法挣脱的精神巢穴。由于会馆自身区域文化的高度浓缩性,这个精神巢穴中充斥着浓郁的乡土气息。"④所以说从"会馆"到"S会馆"看似波澜不惊,却由此可以看出写作主体鲁迅的心绪已然发生了很大变化,源自童年故乡的不幸记忆便也在"S(城)"中获得再度体认。"S会馆"作为故乡的一个缩影,弥漫其中的乡贤文化更是在时刻提醒着鲁迅与绍兴的

---

① 鲁迅:《呐喊·自序》,《鲁迅全集》第1卷,第440页。
② 萧振鸣、郎永:《鲁迅与北京会馆》,《北京纪事》2020年第2期。
③ 鲁迅:《呐喊·兔和猫》,《鲁迅全集》第1卷,第580页。
④ 彭晓丰、舒建华:《"S会馆"与五四新文学的起源》,湖南教育出版社1995年版,第6页。

关系,由此延续并强化着鲁迅关于故乡的记忆。

可以肯定,鲁迅用"S城"指代绍兴,是对"S会馆"书写习惯的一种不自觉延续,然而,对鲁迅来说,延续下来的不仅是一种书写习惯,还有书写习惯之下更为隐秘的情感体验。比之于较为中性的"S会馆"来说,"S城"则更能透视鲁迅对于故乡绍兴的复杂心境。尽管如此,"S会馆"的表述以及唤起的相关记忆在某种程度上的确加重了鲁迅对于"S城"的负面印象。一方面,"S城"与"S会馆"共同带有故乡绍兴的记忆,从这个维度说,将近一年前"S会馆"的启用,表明鲁迅已经在思考自我跟故乡的关系;另一方面,"S会馆"又跟绍兴一起成为鲁迅再度体验"S城"的一种新的因素,甚至发生在"S会馆"时期的某些不快,鲁迅也会不自觉转嫁给"S城"。总之,从"S会馆"到"S城"的逻辑演进,延续的不仅是一种书写方式,鲁迅也在不自觉中继承了经由"S会馆"勾连起的有关故乡的不快记忆,"S会馆"的寂寞和压抑又在某种程度上放大了这份个人记忆,所以"S城"的用法之所以会在这一时段频频出现,某种意义上正是一种基于自我保护的有意识的情感疏离。

(二)"S城"的多重呈现

鲁迅多次在小说、散文、杂文等文体中以"S城"指称绍兴,但这一现象至今尚未引起学界注意,通常未作分辨就默认了"S城"=绍兴。①这对于鲁迅启用"S城"的心理动因来说,无疑稍显武断。鲁迅在《论照相之类》开篇就否认了绍兴与"S城"之间的绝对对等,一方面说"我幼小的时候,在S城",这里的"S城"似乎指向绍兴;另一方面又说"所谓S城者,我不说他的真名字,何以不说之故,也不说"。尽管有人指出鲁迅用"S城"指称绍兴,是出于一种汉字拉丁化的书写习惯②,但综合来看,这种解释显然过于简单。在《在酒楼上》中,鲁迅更是将"S城"与"我"的故乡明确区隔开来:"我从北地向东南旅行,绕道访了我的家乡,就到S城。这城离我的故乡不过三十里,坐了小船,小半天可到,我曾在这里的学校里当过一年的教员。"③更重要的是,鲁迅数次提及"S城",均指向其负面形象,如"S城"人谣传洋鬼子腌眼睛、害怕精神被照去而不爱照相,等等。总之,《论照相之类》展现出绍兴社会落后、愚昧

---

① 李欧梵在《铁屋中的呐喊》中认为S城显然就是绍兴。参见[美]李欧梵:《铁屋中的呐喊》,尹慧珉译,岳麓书社1999年版,第66页。《鲁迅全集》注者也直接指出"S城,这里指绍兴城"。参见《朝花夕拾·父亲的病》注释[2],《鲁迅全集》第2卷,第299页。

② "鲁迅与钱玄同都是废除汉字、采用拉丁字母拼音的积极提倡者,除作品中常使用拉丁字母,如S城、S门、N城、阿Q、小D、O·K等外,也常用其汉字译音。"参见谢德铣:《鲁迅作品中的绍兴方言注释》,浙江人民出版社1979年版,第83页。

③ 鲁迅:《彷徨·在酒楼上》,《鲁迅全集》第2卷,第24页。

的一面，鲁迅之所以不愿说出绍兴的名字，而以"S城"代之，某种意义上正是出于叙述上的一种自觉。"S城"固然指向绍兴，但"S城"又不仅指绍兴，鲁迅以"S城"指称绍兴，一方面使得作为故乡的绍兴他者化，便于叙述者以一种抽身在外的客观姿态对其展开批判；另一方面，此处所谓"S城"及其展现出的与现代性格格不入的蒙昧状态，可以看作传统中国的一个缩影。张定璜在分析鲁迅笔下的"鲁镇"形象时指出："鲁镇只是中国乡间，随便我们走到那里去都遇得见的一个镇，镇上的生活也是我们从乡间来的人儿时所习见的生活。"①某种意义上"S城"只是一个放大版的鲁镇。

鲁迅《呐喊》《彷徨》中的很多小说也是以绍兴为背景创作的，"鲁迅的《呐喊》和《彷徨》十分之六七为他本乡绍兴的故事"②。李欧梵说："从一种现实的基础开始，在他二十五篇小说的十四篇中，我们仿佛进入了一个以S城（显然就是绍兴）和鲁镇（他母亲的故乡）为中心的城镇世界。"③在小说《在酒楼上》《孤独者》等文本中，小说文体的虚构性本身赋予了"S城"远大于绍兴的象征意义，"经过虚构以后的鲁迅故乡，已经不再是绍兴或鲁镇这个具体地方，而是中国农村社会的一个缩影了"④。不仅如此，鲁迅笔下"S城"的景致总是呈现出一种凄清乃至灰色的调子。

> 我从北地向东南旅行，绕道访了我的家乡，就到S城……深冬雪后，风景凄清……
> 窗外只有渍痕斑驳的墙壁，帖着枯死的莓苔；上面是铅色的天，白皑皑的绝无精采，而且微雪又飞舞起来了。(《在酒楼上》)
> ……我便又决计回S城去了。到时是春初的下午，天气欲雨不雨，一切都罩在灰色中。(《孤独者》)

鲁迅笔下与"S城"相关的未庄、鲁镇的景致也大抵如此，研究者据此指出，鲁迅之所以无意于绍兴山明水秀的自然景观，而去描写越地凄清阴冷的景色，是因为"鲁迅在创作这些小说时，是一个'内在的人'，从自我感受出发，背向日常性的、经验性的事实，所以发现的风景不仅仅存在于外部，而且还有着内面的颠倒"，并最终认为这是越地文化对鲁迅负面影响的一种表

---

① 张定璜：《鲁迅先生》，李宗英、张梦阳编：《六十年来鲁迅研究论文选(上)》，中国社会科学出版社1982年版，第34页。
② 苏雪林：《苏雪林文集》，华夏出版社2000年版，第327页。
③④ ［美］李欧梵：《铁屋中的呐喊》，尹慧珉译，岳麓书社1999年版，第66页。

现。①此外，小说中看似不起眼的寥寥几笔同样给我们留下"S城"极为保守的印象："S城人最不愿意有人发些没有顾忌的议论，一有，一定要暗暗地来叮他，这是向来如此的，连殳自己也知道。""……不但器具所余无几了，连书籍也只剩了在S城决没有人会要的几本洋装书。"②不仅如此，《孤独者》中魏连殳与"S城"的关系也颇为紧张，如"S城"人视魏连殳为异类，谣传他挣得许多钱；"S城"人不愿听到魏连殳发表的毫无顾忌的议论，魏连殳遂遭校方辞退；魏连殳有关父亲去世后族人夺取房子的叙述等。熟悉鲁迅生平者一眼即可看出，魏连殳与"S城"的上述紧张关系，恰恰折射出鲁迅与绍兴的诸多现实纠葛。总之，鲁迅小说中的"S城"不仅景致凄清阴冷，而且主人公甚至叙述者与"S城"通常也呈现出一种内在的紧张。

这种负面情绪在散文中也同样有所体现。在写实性散文《父亲的病》和《琐记》中，鲁迅多次用"S城"指称绍兴。《父亲的病》写因父亲生病与"S城"几位名医之间的遭遇，据周作人回忆："后来的两个名叫姚芝仙与何莲臣，都是有名的'郎中'，但因此也就都是江湖派，每开药方，必用新奇的'药引'，要忙上大半天才能办到，结果自然是仍无效用。"③医治无效后又以"医能医病，不能医命"之词加以推脱，"我想，可以请人看一看，可有什么冤愆……医能医病，不能医命，对不对？""S城"的这种愚昧是与其保守的文化心态分不开的，"S城那时不但没有西医，并且谁也还没有想到天下有所谓西医"，鲁迅便从中获得一种觉悟，"渐渐的悟得中医不过是一种有意的或无意的骗子"④，字里行间折射出整个绍兴社会的保守和愚昧。《琐记》同样展现了一个保守的"S城"形象，这从全城笑骂"中西学堂"即可看出，"那时为全城所笑骂的是一个开得不久的学校，叫作中西学堂，汉文之外，又教些洋文和算学。然而已经成为众矢之的了；熟读圣贤书的秀才们，还集了'四书'的句子，做一篇八股来嘲诮它"。而来自衍太太之流的"侮辱"与"流言"更让鲁迅寒心，"这实在使我觉得有如掉在冷水里"⑤。因此，鲁迅以"S城"指称绍兴，在将绍兴他者化的同时，也使得自己跳出了故乡带来的先验视角对其情感的掣肘与叙述的限制。

可以说，鲁迅用"S城"指称绍兴并非完全出于一种书写习惯或者游戏笔法，而是自觉的对于故乡的情感疏离。"S城人的脸早经看熟，如此而已，连

---

① 朱文斌：《风景之发现——论越文化对鲁迅的负面影响》，《鲁迅研究月刊》2005年第3期。
② 鲁迅：《彷徨·孤独者》，《鲁迅全集》第2卷，第95—97页。
③ 周作人著，止庵校订：《鲁迅小说里的人物》，河北教育出版社2002年版，第7—8页。
④ 鲁迅：《呐喊·自序》，《鲁迅全集》第1卷，第438页。
⑤ 鲁迅：《朝花夕拾·琐记》，《鲁迅全集》第2卷，第302—303页。

心肝也似乎有些了然。总得寻别一类人们去,去寻为 S 城人所诟病的人们,无论其为畜生或魔鬼。"①周作人指出:"这里他表示出对于庸俗的乡人的憎恶。"并进一步补充道:"S 城人的确有些恶质。"②从情感疏离到现实逃离,"走异路、逃异地,寻求别样的人们",可以肯定,作为"S 城"之原型的绍兴留给鲁迅的记忆是不快的,这也就成为鲁迅对故乡展开书写的情感基础。

(三)"S 城":"被描写"的故乡

1925 年 5 月留美归国后的闻一多,写下了"这不是我的中华,不对,不对!"③的诗句,在书写重新"发现"故国的同时,表达着置身于"异"中的感受。何以去国三年就让闻一多拥有了一种置身异域的感受呢？王富仁分析说三年间(1922—1925)故乡其实并没有太大变化,而是作为主体的闻一多变了,闻一多在经历三年的西式教育后,其观察事物的方式发生了改变,所以归国后才会有重新发现的惊讶。④鲁迅同样表达过这种置身故乡间的陌生感,在《故乡》开头鲁迅写道:"阿！这不是我二十年来时时记得的故乡？""我所记得的故乡全不如此。"⑤如果说"这不是我的中华"是闻一多对于故国的重新发现,那么"S 城"无疑是鲁迅在拒斥现实故乡之后的一种建构式书写。这种建构式书写是与其五四时期的启蒙叙事策略密不可分的,"加入《新青年》之后的鲁迅,接受了新文化运动的启蒙主义理念,形成了自己的启蒙主体性","在'启蒙之眼'的关照下,鲁迅的乡村书写就此出现了明显的负面化逆转"。⑥换言之,鲁迅启蒙主义的立场,使其拥有了一整套自足的意义系统,正是这一套获得性的启蒙主义话语,使得鲁迅观察事物的方式、立场发生了质的变化,原本熟悉的故乡在他面前展现出一种异样感,所以,所谓的"S 城"同样是被发现的结果,更是作为主体的鲁迅的一种镜像投射。正如刘春勇在分析闻一多《发现》一诗时所指出的:"当他反观自己的故乡时,他其实将它'图象化'了,也就是将之变为了他者世界,从而无法形成认同。"⑦某种意义上,"S 城"正是鲁迅在启蒙主义视域下将故乡图像化、他者化的结果。

鲁迅将绍兴写作"S 城"时,他是以一种外在视角对曾经的故土进行审

---

① 鲁迅:《朝花夕拾·琐记》,《鲁迅全集》第 2 卷,第 303 页。
② 周作人著,止庵校订:《鲁迅小说里的人物》,河北教育出版社 2002 年版,第 260 页。
③ 闻一多:《闻一多选集》(第一卷),四川文艺出版社 1987 年版,第 99 页。
④ 王富仁:《闻一多诗论》,参见《现代作家新论》,山西教育出版社 1998 年版,第 255—281 页。
⑤ 鲁迅:《呐喊·故乡》,《鲁迅全集》第 1 卷,第 501 页。
⑥ 邱焕星:《再造故乡:鲁迅小说启蒙叙事研究》,《中国现代文学研究丛刊》2018 年第 2 期。
⑦ 刘春勇:《多疑鲁迅:鲁迅世界中主体生成困境之研究》,中国传媒大学出版社 2009 年版,第 48 页。

视的,这一角度不仅失去了理解之同情的情感立场,而且对于本真的故乡来说,"S城"明显带有"被描写"的启蒙式过滤。1934年,鲁迅在谈到外国文学作品中的中国人形象时,提醒国人"要觉悟着被描写"①的命运,在郜元宝看来,这几乎可以成为解读鲁迅的一个基点②。所谓"被描写",最重要的一点,无疑是书写者先入为主的先验立场、动机以及由此捕获的先在印象。以此说,鲁迅在1924—1926年间对于"S城"的书写明显具有这种"被描写"的性质,鲁迅笔下的"S城"显然只是对现实绍兴过滤之后的片面印象,一种经过现代性熏陶之后的先入为主的书写。譬如《论照相之类》中"S城"人传闻洋人腌眼睛的愚昧,我想这一印象并非出于作为绍兴人的鲁迅的观察,而是作为现代知识分子的鲁迅对于故乡的一种再审视的结果。同样,鲁迅在《父亲的病》《琐记》中所展现的"S城"中医的愚昧无稽以及宗族之间的世态炎凉等,也是写作主体鲁迅对于故乡重现发现的结果。而《在酒楼上》《孤独者》等小说文本中出现的"S城"灰色的影像,某种意义上恰恰是写作者鲁迅对于"S城"之主观印象的投射,因为说到底风景的变化源于"我们的认识装置本身发生了变化这一事实"③。

具有现代意味的"S城",彰显的不仅是书写者的现代知识分子属性,而且是对绍兴城市命名史的一种颠覆。在绍兴这座城市的命名史上,"绍兴"二字最为晚出,且容易让人想起南宋小朝廷的种种屈辱,因此也为周氏兄弟这样的绍兴人所鄙夷。他们更愿沿用较为古朴的"会稽""于越""越中""山阴"等称谓,上述指称不仅古朴文雅,而且隐含着较为深远的历史符码,这个意义上的绍兴是与古中国的辉煌交相辉映的。"会稽""于越""越中""山阴""绍兴"等有关绍兴的传统指称虽有差异,但这些不同历史时期的命名恰恰从纵向上勾勒出绍兴这座城市的建城史与变迁史。简言之,上述指称是在同一意涵(即从绍兴建城史乃至传统中国的历史语境中去辨别进而界定绍兴这座城市)中去言说绍兴的,变化的只是作为纵坐标的不同时间刻度。鲁迅以"S城"指称绍兴,某种意义上是对绍兴历史上所有命名的一种颠覆。即是说,鲁迅主动割断了绍兴的命名史,而提出一个具有划时代意义的"S城",在鲁迅心中"S城"已然不再是传统绍兴的现代延续。它不仅逸出了传统绍兴的命名序列,而且成为世界城市群这个"他者"映照下生成的一个"镜像"。

---

① 鲁迅:《花边文学·未来的光荣》,《鲁迅全集》第5卷,第444页。
② 参见郜元宝:《反抗"被描写"——解说鲁迅的一个基点》,《鲁迅研究月刊》2000年第1期。
③ [日]柄谷行人:《日本现代文学的起源》,赵京华译,生活·读书·新知三联书店2003年版,第9页。

"S城"是鲁迅在历经多年都市生活后对绍兴的一种追加命名,在此时鲁迅的视野中,"S城"与N(南京)、杭州、北京、东京、仙台处于同一维度。即是说,"S城"是具有现代主义认知乃至世界主义视野的写作者鲁迅对处于前现代的中国小城镇的一种追溯性书写,这种书写方式不仅简化甚至扭曲了鲁迅对故乡的原有认知,而且不断撕裂着他跟故乡之间的情感关系,驱使他从故乡逃离。由此彰显出转型时代中国社会变迁与现代知识分子想象之间的差距,这种看似在现代性进程上隶属于时间的差距,恰恰反映出书写者在个人情感乃至身份认同上的无所适从。

(四)"S城"与自我认同困境

鲁迅笔下的"S城"不仅展现出故乡绍兴"被描写"的命运,同时反映出鲁迅对故乡的情感态度以及由此生发的自我认同已经迈入了新的境地。"S城"不仅是现代知识分子鲁迅对于故乡重现发现的结果,同时也是启蒙主体鲁迅确认其身份的一种"他性"建构,鲁迅通过对"S城"的系列书写,建构起一个不同于现实故乡的文学空间,以此来确立启蒙知识分子的自我认同,因为"文学是人的身份问题得到了最具启发性的揭示的空间"[①]。鲁迅将绍兴写作"S城",不仅表现出作为现代知识分子的鲁迅在不断抽离自我与故乡的精神联系,同时启蒙主义的先入为主,已经将"S城"置于现代性进程的框架中,在书写"S城"落后、愚昧的同时,也就是在宣告启蒙的必要性与合法性。

在此意义上,所谓的"S城"已经不再是鲁迅的故乡,因为无论是南京时期对"家乡"的发现,还是日本时期对"故园/吾乡"的惦念,对于那个实存形态的"家乡"或"故园"来说,尽管鲁迅置身异乡/异域,但他的精神依然安置在"家乡""故园"之中。即是说,在当时鲁迅的认知中,自我是跟"家乡""故园"同在的,某种意义上正是"家乡""故园"赋予青年鲁迅一种身份认同,进而使得鲁迅认识到自我的存在。而"S城"的出现,一方面意味着鲁迅对故乡的认知方式和情感立场发生了很大变化,"S城"虽脱胎于绍兴,但鲁迅与这个冷冰冰的名词之间断然不会生发出他跟故乡之间的情感关系,毋宁说这是鲁迅与故乡关系走向恶化的一种表征;另一方面,当鲁迅将绍兴写作"S城"时,其实也就表明他已经具备了这样一种能力,即鲁迅不再需要借助故乡的存在来定位自我进而认知自我,相反,作为启蒙主体/写作主体的鲁迅此时已经获得了从外部视角审视故乡的能力。

这种能力在宣告鲁迅主体性意识趋于成熟的同时,也在无形中瓦解着

[①] [英]安德鲁·本尼特、尼古拉·罗伊尔:《关键词:文学、批评与理论导论》,汪正龙、李永新译,广西师范大学出版社2007年版,第121页。

他跟故乡原有的情感关系。鲁迅对故乡的情感已经不再是单一的乡愁,而上升到一种理性主义的批判高度,尽管这种批判同样根植于爱,但这种爱背后的情感动力已然不再是对于故土的单纯怀念,而是一种基于对未来世界图景想象的重建故乡的冲动。这种冲动恰恰根源于现代性这项世界性工程,透过作为主体的鲁迅对作为客体的故乡的一种重构。正因为鲁迅拥有了对于未来世界的想象,故乡才会变得陌生起来,以至生于斯长于斯的绍兴沦为他笔下毫无情感色彩的"S城"。这一外在性视角,不仅试图将自我从污名化的故乡中择出来,定义成跟故乡精神实质完全不同的另一个,而且试图用自己的方式来观察、书写、重构故乡,从而展现出20世纪20年代现代知识分子与中国社会"在而不属于"的现实处境。

但正如勒文森在分析梁启超时所指出的那样,作为过渡时代的知识分子,在对于故乡及其所象征的传统人伦关系上,他们明显表现出感情和理智上的矛盾。①鲁迅也不例外,"作为一个二十世纪接受了现代文化的知识者","价值上早已告别了'故乡'以及与之相连的一整套童年生活经验;然而令人绝望的现实人生却又激动起'我'对童年故乡的追忆,这追忆从一开始便织进了'我'最神奇的梦幻之境,成为对抗'绝望'的'希望'源泉"。②鲁迅用"S城"指称绍兴的1924—1926年间,正是启蒙主义时代强音发生动摇的时候,鲁迅虽然在反省新文化运动的基础上坚定了其思想启蒙的立场③,但最后十年鲁迅笔下非但再未出现"S城"这一用法,甚至一度说出"我们绍兴人"④这样的话来。可见,鲁迅在坚持启蒙主义立场的同时,也在不断调适着自我跟故乡的关系,某种意义上,"S城"只是特定语境中鲁迅对于故乡的一

---

① 美国学者勒文森在研究中国近代人物时洞察到他们在"感情"和"价值"上存在着深层矛盾,"每个人对历史都有一种感情上的义务,对价值有一种理智上的义务,并且每个人都力求使这两种义务相一致"。这种"感情"和"价值"上的矛盾,也就不可避免地导致他们在面对熟悉的传统文化时出现两难心境,勒文森以梁启超为例指出:"由于看到其他国度的价值,在理智上疏远了本国的文化传统;由于受历史制约,在感情上仍然与本国传统相联系。"([美]约瑟夫·阿·勒文森:《梁启超与中国近代思想》,刘伟、刘丽、姜铁军译,四川人民出版社1986年版,第3—4页。)

② 汪晖:《反抗绝望——鲁迅的精神结构与〈呐喊〉〈彷徨〉研究》,上海人民出版社1991年版,第273页。

③ "我想,现在的办法,首先还得用那几年以前《新青年》上已经说过的'思想革命'。还是这一句话,虽然未免可悲,但我以为除此没有别的法。而且还是准备'思想革命'的战士,和目下的社会无关。待到战士养成了,于是再决胜负。"(鲁迅:《华盖集·通讯》,《鲁迅全集》第3卷,第23页。)

④ 鲁迅:《且介亭杂文末编·女吊》,《鲁迅全集》第6卷,第637页。

种带有偏至的情感表达。

因此，我们既不能将"S城"简单等同于绍兴，也不能将鲁迅笔下的"S城"跟鲁迅印象中的绍兴画上等号，这一时期鲁迅借着"S城"所书写的故乡，折射出作为启蒙者的鲁迅对作为"他者"的故乡的一种审视，是一种带有潜在意图的符码化书写。可以肯定，1924—1926年间鲁迅用"S城"指称绍兴，是对现实绍兴的一种简单化描写，这种近乎漫画式的书写，不仅表现出鲁迅跟故乡关系的疏远，某种意义上也可看作1923年兄弟失和导致的对于亲情乃至故乡的一种深度逃离。但是，从鲁迅跟故乡的关系来说，正因为有了作为媒介（异化的媒介）的"S城"，才缓和了他跟现实故乡的情感关系。进言之，在此时鲁迅心中，故乡已经分化成两个不同的层面，即文学世界中的"S城"和现实中的故乡绍兴，鲁迅笔下接连出现的承载着故乡诸多负面印象的"S城"，使得作为启蒙主体的鲁迅跟现实故乡之间多了一个情感宣泄的出口。在此意义上，"S城"一方面缓解了鲁迅因错位认知引发的对于故乡的负面情绪，另一方面也折射出价值主体鲁迅与情感主体鲁迅之间的认同困境。

综上，鲁迅在1924—1926年间多次用"S城"指称绍兴，不仅是五四作家用拉丁字母指代人名、地名这一书写习惯的延续，更是鲁迅与故乡情感疏远的一种下意识表达。鲁迅跟故乡关系的疏离，一方面有着亲情破裂带来的影响，另一方面也有着启蒙主义挫折引发继续启蒙的思想背景。但无论是亲情的恶化还是启蒙的受挫，均无法改变写作主体鲁迅的现实境遇，更无从改变其对于自我身份的认同。此时鲁迅不仅肯定了自身"侨寓"的现实处境[1]，更意识到其"客子"的尴尬身份[2]，因此，所谓的"S城"其实是多种因素共同催生的结果。简言之，鲁迅笔下的"S城"，是以其启蒙主义立场为基础、以简单化符码化为表现形式的一种书写，充分彰显出鲁迅对于自我启蒙知识分子之身份的认同。但是从"客子"到"过客"的文学演绎，又让鲁迅意识到故乡于人之存在的重要意义，因此"S城"实际上也就成为鲁迅与故乡之间的一次深层对话，鲁迅在以启蒙主义立场审视故乡的同时，事实上已经展开

---

[1] "凡在北京用笔写出他的胸臆来的人们，无论他自称为用主观或客观，其实往往是乡土文学，从北京这方面说，则是侨寓文学的作者。但这又非如勃兰兑斯（G.Brandes）所说的'侨民文学'，侨寓的只是作者自己，却不是这作者所写的文章，因此也只见隐现着乡愁，很难有异域情调来开拓读者的心胸，或者眩耀他的眼界。"（鲁迅：《且介亭杂文二集·〈中国新文学大系〉小说二集序》，《鲁迅全集》第6卷，第255页。）

[2] "觉得北方固不是我的旧乡，但南来又只能算一个客子，无论那边的干雪怎样纷飞，这里的柔雪又怎样的依恋，于我都没有什么关系了。"（鲁迅：《彷徨·在酒楼上》，《鲁迅全集》第2卷，第25页。）

了其精神返乡之旅。

第二节 "思乡的蛊惑"与精神故乡建构

鲁迅写作生涯中曾两次较为集中地书写自己的故乡,一次是1926年在"思乡的蛊惑"下写作的以"旧事重提"为总题(结集出版时改为《朝花夕拾》)的系列作品,另一次则是生命的最后时期,鲁迅写下《女吊》《我的第一个师傅》等故乡题材散文。① 这两个时期,对于鲁迅来说均是其生命周期中最为脆弱甚至最为无助的时刻,在这种时刻选择回到故乡、书写故乡,不得不说,无论是作为写作者还是启蒙知识分子,故乡仍是鲁迅时时反顾的一个精神源头,这种根植于童年的乡愁,既不会因为时间的流逝而遗忘,也不会因为各种"主义"的干扰而变质。

一、"思乡的蛊惑"与"过客"境遇

鲁迅在《朝花夕拾·小引》中曾深情写道:

> 我有一时,曾经屡次忆起儿时在故乡所吃的蔬果:菱角,罗汉豆,茭白,香瓜。凡这些,都是极其鲜美可口的;都曾是使我思乡的蛊惑。后来,我在久别之后尝到了,也不过如此;惟独在记忆上,还有旧来的意味留存。他们也许要哄骗我一生,使我时时反顾。

虽然故乡的菱角、罗汉豆、茭白等蔬果久别之后尝到的味道"也不过如此",但它们依然成为"蛊惑"鲁迅"思乡"的记忆符号。其实,鲁迅不能忘却的并非这些蔬果,而是"儿时在故乡所吃的蔬果"所象征的"旧来的意味",正是出于对"旧来的意味"的难以忘怀,鲁迅才不得不时时反顾。引发鲁迅反顾的又何尝只是故乡的这些蔬果呢?《故乡》中所描写的由西瓜地、月亮、少年闰土所构成的童年画卷,《社戏》中的水乡、戏台、罗汉豆、儿时的伙伴,以及《好的故事》中对于山阴道上应接不暇之风景的幻想,所有这些都是鲁迅心心念念的故乡。这些精神上的返乡之旅,不仅成为困顿中的鲁迅的精神

---

① 据冯雪峰回忆,鲁迅本打算写一系列这样的文章,如构思中还有关于母爱和贫穷等的文章。参见冯雪峰:《鲁迅先生计划而未完成的著作》,《雪峰文集》第4卷,人民文学出版社1981年版,第16—21页。

慰藉,更成为支撑其走出绝望的精神动力,正如有论者所指出的那样:"在对故乡的时时反顾中,鲁迅并不仅仅是获得了一种精神性的抚慰与安宁,更重要的是他从这一精神家园中寻求到抵抗黑暗的精神资源与力量,从而支撑他走出绝望,迎来新生。"①

但是,现实生活中鲁迅跟故乡的关系却在随着时间的流逝而愈发疏远。1927年,身处广州的鲁迅曾跟浙籍朋友说过,虽然接下来到哪里去尚且"未定",但他明确表示"我也不想回浙"②,对于定居之地的犹疑和不回故乡的笃定之间,明显表现出鲁迅自弃于故乡的决绝态度。这种决绝一方面源于故乡先前给他留下的阴影,如家道中落、辫子之灾、木瓜之役,等等,这些源自故乡不同时期的屈辱经历都成为鲁迅与故乡之间的一种阻碍;另一方面也展示了鲁迅对现实绍兴的失望,《故乡》开头所描写的那个"苍黄的天底下,远近横着几个萧索的荒村"的故乡大约留给鲁迅太深刻的印象吧。同年在给邵文熔的信中,鲁迅又谈起他跟故乡的关系,"离乡一久,并故乡亦不易归矣"③。此语较之"不想回浙"的决绝更加透露出鲁迅的一种无奈,一种根植于记忆与现实的怨恨。而"不易归"某种意义上恰恰预示了鲁迅跟故乡关系的一种前景。1928年9月至1930年由浙江省党部上演的从查禁《语丝》到通缉"堕落文人"鲁迅的一系列行径,无疑深深伤害到鲁迅与故乡原本脆弱的情感关系,许广平在回忆中说:"为了这一纸文书,使先生从此自弃于故乡,也使故乡负斥逐先生之恶名。"④说鲁迅因为一纸文书自弃于故乡,当然稍显简单,但这一事件无疑加剧了鲁迅与现实故乡之间的情感裂痕,此后鲁迅多次提及此事,语气虽不免自嘲,但其间的情绪却隐约可见:"待到一九三〇年我签名于自由大同盟,浙江省党部呈请中央通缉'堕落文人鲁迅等'的时候……"⑤"为了自由大同盟而呈请中央通缉'堕落文人鲁迅',也是浙江省党部发起的。"⑥与其说鲁迅介意的是"堕落文人鲁迅"的官方定性,倒不如说"浙江省党部"几个字对他的冲击来得更大。直到晚年鲁迅对此仍耿耿于怀,1936年2月他在拒绝黄苹荪(即黄萍荪)约稿的信中再次提及此事:"但仍为六七年前以自由大同盟关系,由浙江党部率先呈请通缉之人,'会稽乃报仇

---

① 王晓初:《"思乡的蛊惑":〈朝花夕拾〉及其他——论鲁迅的"第二次绝望"与思想的发展》,《学术月刊》2008年第12期。
② 鲁迅:《书信·270515致章廷谦》,《鲁迅全集》第12卷,第33页。
③ 鲁迅:《书信·271219致邵文熔》,《鲁迅全集》第12卷,第98页。
④ 许广平著,马蹄疾辑录:《许广平忆鲁迅》,广东人民出版社1979年版,第241页。
⑤ 鲁迅:《两地书·序言》,《鲁迅全集》第11卷,第3—4页。
⑥ 鲁迅:《且介亭杂文二集·后记》,《鲁迅全集》第6卷,第476页。

雪耻之乡'，身为越人，未忘斯义，肯在此辈治下，腾其口说哉。"①

　　鲁迅将此事与崇尚"报仇雪耻"的会稽复仇传统相提并论可谓意味深长，不得不说鲁迅之所以自弃于故乡，跟现实故乡带给他的精神创伤是分不开的。1936年鲁迅逝世前曾写有一纸短文，上面记有鲁迅参加"中国自由大同盟"后，呈请国民党浙江省党部"通缉"鲁迅的相关人物。②鲁迅再次以"会稽乃报仇雪耻之乡"的抗争精神提及此事，说明这一事件已经与家道中落的屈辱、无辜之灾的创伤、木瓜之役的愤慨等现实体验一起，成为阻隔鲁迅与故乡亲密接触的重要因素。因此鲁迅虽然在给曹聚仁的信中表示"暂时居乡，本为夙愿"，但与此同时他又深知"故乡又不能归去"③，此种"暂时居乡"的夙愿与"不能归去"的体认之间的悖论一直萦绕在鲁迅心头。某种意义上，正是这种"不能归去"的现实境遇迫使鲁迅几度以精神返乡的形式来接近记忆中的故乡，重构理想的故乡形态。但是，这种精神返乡并未改变现实境遇中鲁迅跟故乡的情感关系，毋宁说精神故乡/诗意故乡④的营构，某种意义上恰恰加剧了他跟实存故乡之间的裂痕，进一步迫使鲁迅不得不给出一个让自己信服的解释。有意思的是，在鲁迅首次用"S城"指代绍兴的《在酒楼上》这篇小说中，出现了一个与故乡相对的意象"客子"：

　　　　觉得北方固不是我的旧乡，但南来又只能算一个客子，无论那边的干雪怎样纷飞，这里的柔雪又怎样的依恋，于我都没有什么关系了。

　　小说中"我"的这一心绪无疑是写作者鲁迅真实心境的袒露，对鲁迅来说，"S城"这一指称在隐去现实绍兴的同时，其实还在试图掩盖"我"作为"客子"的身份体认。然而，正是通过这次返乡之旅，鲁迅真正意识到自己的"客子"身份，并促使他最终创造出"过客"这一艺术形象。当然，过客对于故乡的决绝已经超越了个体对于家乡的情感认知，而上升到对于存在意义的一系列形而上追问，但背对故乡的决绝态度，确实成为鲁迅探索过客境遇的一

---

① 鲁迅：《书信·360210致黄苹荪》，《鲁迅全集》第14卷，第24页。
② "当我加入自由大同盟时，浙江台州人许绍棣，温州人叶溯中，首先献媚，呈请南京政府下令通缉。二人果渐腾达，许官至浙江教育厅长，叶为官办之正中书局大员。有黄萍荪者，又伏许叶嗾使，办一小报，约每月必诋我两次，则得薪金三十。黄竟以此起家，为教育厅小官，遂编《越风》，函约'名人'撰稿，谈忠烈遗闻，名流轶事，自忘其本来面目矣。'会稽乃报仇雪耻之乡'，殆一遇叭儿，亦复途穷道尽！"（鲁迅：《集外集拾遗补编·关于许绍棣叶溯中黄萍荪》，《鲁迅全集》第8卷，第450页。）
③ 鲁迅：《鲁迅全集》第14卷，第411页。
④ 参见张全之：《背对故乡——鲁迅的思乡心理与其小说创作》，《齐鲁学刊》1997年第4期。

个起点,换言之,当我们去思考过客形象的意义时,不能忘却鲁迅与故乡的这种微妙关系。可以说,从"客子"身份的发现到"过客"境遇的体认,鲁迅某种意义上触及到了现代人在原有世界价值体系崩塌之后无家可归、永世流浪的一种生存困境。①过客道出的"我憎恶他们,我不回转去!"的决绝象征着切断一切过往,然而,在切断过往的同时,前面的路又未可知,过客所处的就是这样一种困境。其实,这种困境正是写作主体鲁迅心绪的流露,鲁迅在斩断自我跟故乡的联系甚至以一种外在视角加以审视时,他已经成为一个无根的现代知识分子,然而人的存在又需要一种精神性的认同来获得归属感,进而确认存在的价值。正是在此意义上,鲁迅在以一种夸张、决绝的态度告别现实故乡的同时,却在不断为自己建构一个文化的、民间的故乡,这个由质朴的弥漫着原始生命力的民间故乡和深厚的历史传承所积淀起来的文化故乡,成为鲁迅跟故乡之间一根不可忽视的精神纽带,促使鲁迅在更深的层次上与故乡达成了某种和解。

二、鲁迅精神故乡的建构:以其对绍兴的不同指称为中心

绍兴是鲁迅的故乡,但鲁迅对绍兴却表现出了较之其他作家更为复杂的情感认同,仅鲁迅对绍兴的命名来说就存在多种,除去通行的"绍兴"外,尚有"S城""少兴府""于越""越中""越城""会稽""山阴",等等。上述鲁迅对于绍兴的种种指称,看似随意,有些甚至含有玩笑意味,但联系鲁迅启用它们的具体情境来看,可以发现鲁迅对于绍兴的各种指称并非率性为之,而实有深意存焉。因此,辨析鲁迅对于故乡绍兴的不同指称,可以更加深入理解鲁迅对故乡的微妙情感与认同关系。

(一)"绍兴":"在而不属于"的"吾乡"

周作人曾说:"著者(按:指鲁迅)对于他的故乡一向没有表示过深的怀念,这不但在小说上,就是《朝华夕拾》上也是如此。"②在《知堂回想录》中,周作人还对鲁迅为何不喜欢别人称他为绍兴人作了进一步解释:

> 但是绍兴人似乎有点不喜欢"绍兴"这个名称,这个原因不曾深究,但是大约总不出这几个理由。第一是这不够古雅,於越起自三代,会稽亦在秦汉,绍兴之名则是南宋才有。第二是小康王南渡偷安,但用吉祥

---

① 参见王家平:《永世流浪和"过客"境遇——鲁迅对精神探索者的生存方式与悲剧命运的体认》,《鲁迅研究月刊》1999年第2期。
② 周作人著,止庵校订:《鲁迅小说里的人物》,河北教育出版社2002年版,第211页。

字面做年号，妄意改换地名，这是很可笑的事情。第三是绍兴人满天飞，《越谚》也登载"麻雀豆腐绍兴人"的俗语，谓三者到处皆有，实际是到处被人厌恶，即如在北京这地方绍兴人便不很吃香，因此人多不肯承认是绍兴人，鲁迅便是这样，人家问他籍贯，回答说是浙江。①

鲁迅毕竟在绍兴生活多年，现实生活中也无法否认自己绍兴人的身份属性，甚至人际交往的绍兴圈子也在不时提醒着他是绍兴人这一事实。②即是说，尽管鲁迅不愿承认自己是绍兴人，但又不得不经常提及绍兴，因此，在鲁迅笔下，绍兴出现的频率颇高。除用作宋高宗年号外，还有如下几种常见用法。

其一，用作不含任何情感色彩的纯粹地名。鲁迅对于绍兴的这一用法与通行用法并无二致，主要用于正式场合的自我介绍，如在写于不同时期的三篇《自传》中③，鲁迅均以生于绍兴来介绍自己，"我于一八八一年生于浙江省绍兴府城里一家姓周的家里"。在谈到小说的创作背景及绍兴民俗时，鲁迅也会说"我是绍兴人"，并称绍兴为"吾乡"。④此外，鲁迅在书信、日记等私人语境中记载信件收发、人员往来等日常情况，通常也径直写作"绍兴"，类似的情况还有鲁迅对有关绍兴书籍的记载，如平氏《绍兴志》《绍兴府碑目》等。⑤概言之，在以上情形中鲁迅笔下的绍兴，仅表一地名耳，其间并未掺杂任何情感色彩。

其二，用在特定术语"绍兴师爷"中。在中国传统衙署文化乃至政治文化中，师爷似乎与绍兴有着天然的亲密关系，以至于有所谓"无绍不成衙"之说。对于这一现象，作为浙江同乡的蒋梦麟曾做过详尽解释："'刑名钱谷酒，会稽之美。'这是越谚所称道的。刑名讲刑法，钱谷讲民法，统称为绍兴师爷。宋南渡时把中央的图书律令，搬到绍兴。前清末造，我们在绍兴的大宅子门前常见有'南渡世家'匾额，大概与宋室南渡有关。绍兴人就把南渡的文物当吃饭家伙，享受了七百多年的专利，使全国官署没有一处无绍兴

---

① 周作人著，止庵校订：《知堂回想录》，河北教育出版社2002年版，第350—351页。
② 黄乔生：《鲁迅在北京——绍兴会馆与绍兴人》，《北京纪事》2013年第1期。
③ 鲁迅三篇自传分别为《俄文译本〈阿Q正传〉序及著者自叙传略》(1925)、《鲁迅自传》(1930)、《自传》(1934)，后两篇收入《集外集拾遗补编》。
④ "……譬如'日'之神话，《山海经》中有之，但吾乡(绍兴)皆谓太阳之生日为三月十九日。"(鲁迅：《书信·250315致梁绳祎》，《鲁迅全集》第11卷，第464页。)
⑤ "平氏《绍兴志》云：康熙初张希良以意属读，得二十九字，寻其隅角，当为五行，行二十六字。"(鲁迅：《集外集拾遗补编·会稽禹庙窆石考》，《鲁迅全集》第8卷，第65页。)"写《舆地纪胜》中《绍兴府碑目》四叶。"(鲁迅：《甲寅日记》，《鲁迅全集》第15卷，第101页。)

人,所谓'无绍不成衙',因为熟谙法令律例故知追求事实,辨别是非;亦善于歪曲事实,使是非混淆。因此养成了一种尖锐锋利的目光,精密深刻的头脑,舞文弄笔的习惯。"①但在并不崇尚诉讼的传统宗法社会,师爷虽然凭借职业技能获得了谋生手段,但在平民社会中并未赢得声誉,反而有被丑化乃至污名化的倾向,故师爷又被称为"刀笔吏",因其为人苛刻、文辞圆滑、睚眦必报等特质著称。因此当鲁迅以其匕首般的杂文驰骋文坛时,很多批评者便由此联想到绍兴师爷,其中,梁实秋、陈源等对鲁迅的指责尤为著名。梁实秋在跟鲁迅打笔仗时说鲁迅"单有一腹牢骚,一腔怨气",接着便以他的籍贯来攻击,说"他是绍兴人,也许先天的有一点'刀笔吏'的素质,为文极尖酸刻薄之能事"②。在女师大事件中,陈源面对鲁迅的批评无力招架之时,也以其籍贯来攻击鲁迅,说鲁迅"有他们贵乡绍兴的刑名师爷的脾气"③。事实上,鲁迅对绍兴师爷的负面影响是自觉的,所以他说"我总不肯学做幕友或商人,——这是我乡衰落了的读书人家子弟所常走的两条路"④,"然而古语说,'察见渊鱼者不祥',所以'刑名师爷'总没有好结果,这是我早经知道的"⑤。周作人也说鲁迅"大抵对于乡下的人士最有反感,除了一般封建的士大夫以外,特殊的是师爷和钱店伙计(乡下叫作'钱店官')这两类,气味都有点恶劣"⑥。因此,"绍兴"与"师爷"的紧密结合,以及陈源等以此为由发起的攻击,某种意义上也加深了绍兴留给鲁迅的负面印象,正是在此意义上,有论者指出:"'师爷'在鲁迅的意识中,实际上是一种旧'S城'的否定性的象征之一。"⑦

其三,当鲁迅表达对绍兴现实层面的不满时,大多情形下用的也是"绍兴"。因为家庭、婚姻、人事等多方面的纠缠,使得"绍兴"在鲁迅印象中通常呈现出一种负面色彩,承载着他对这座城市的诸多不满,进而加剧了情感上的自我疏离。他在与好友许寿裳的通信中,不止一次表露过自己与绍兴的这种"在而不属于"的疏离感,甚至直言:"不复有越人安越之想。而近来与绍兴之感情亦日恶,殊不自至[知]其何故也。"⑧鲁迅不仅批评过绍兴的落

---

① 蒋梦麟:《西潮与新潮》,人民出版社2012年版,第349—350页。
② 梁实秋:《关于鲁迅》,《梁实秋论文学》,时报文化出版事业有限公司1978年版,第573页。
③ 陈西滢:《致志摩》,《晨报副刊》1926年1月30日。
④ 鲁迅:《集外集拾遗补编·鲁迅自传》,《鲁迅全集》第8卷,第342页。
⑤ 鲁迅:《华盖集续编·不是信》,《鲁迅全集》第3卷,第237页。
⑥ 周作人著,止庵校订:《鲁迅小说里的人物》,河北教育出版社2002年版,第211页。
⑦ 陈越:《摆脱陈源的阴影——也谈鲁迅与"绍兴师爷"》,《鲁迅研究月刊》2004年第10期。
⑧ 鲁迅:《书信·190116致许寿裳》,《鲁迅全集》第11卷,第370页。

后、愚昧、势利,甚至对绍兴菜也大为不满:"对于绍兴,陈源教授所憎恶的是'师爷'和'刀笔吏的笔尖',我所憎恶的是饭菜。……我将来很想查一查,究竟绍兴遇着过多少回大饥馑,竟这样地吓怕了居民,仿佛明天便要到世界末日似的,专喜欢储藏干物品。有菜,就晒干;有鱼,也晒干;有豆,又晒干;有笋,又晒得它不像样;菱角是以富于水分,肉嫩而脆为特色的,也还要将它风干……"①在与友人的通信中也明确表示对于绍兴食物并无好感,"绍兴东西,并不想吃,请无须'带奉'"②。

虽然鲁迅对绍兴常常表现出一种不满甚或批评,但他对这座城市的情感依然充满暧昧,不仅"儿时在故乡所吃的蔬果:菱角,罗汉豆,茭白,香瓜"成为其"思乡的蛊惑"③,鲁迅批评的往往只是绍兴的现实人事、社会风气等,一旦提及绍兴的方言俚语或者历史典故却表现出另一种态度,不仅毫无轻蔑之感,甚至表现出一种欣赏的姿态。绍兴很多俚语鲁迅张口即来,如"胎里疾""拉拉藤"等,《呐喊》《彷徨》中充斥着更多的绍兴方言④和殡葬、祝福、抢婚等地方习俗。此外,鲁迅对绍兴戏文也十分注意,《阿Q正传》《社戏》里多次提及绍兴地方戏,事实上,这些方言、习俗、戏文所构成的民间文化业已成为蛊惑鲁迅思乡的另一重因素。

与"绍兴"相似,鲁迅笔下的"S城"亦承载了鲁迅对故乡的诸多负面印象,反映出鲁迅对于现实绍兴的自我疏离。正如上节所言,"S城"是鲁迅在启蒙主义视野下对故乡进行简单化、符码化书写的结果,是作为转型期知识分子的鲁迅故乡认同困境的集中展现。跟"绍兴"和"S城"不同,鲁迅对"越中""会稽"的运用,大多是从其文化层面着眼的,某种意义上表现出鲁迅在故乡认同困境发生后自觉构建文化故乡的努力。

(二)"越中":先贤故书与现实体认的纠葛

鲁迅亦常用"越中"("于越")来指称绍兴。越是绍兴的古称,绍兴夏称"于越",亦称"大越",简称"越",春秋时,于越民族以今绍兴一带为中心建立越国,隋大业元年始称"越州"。故后人多以"越中"指称绍兴,李白有《越中览古》,姜夔有《越中士女春游》,刘禹锡更有"越中蔼蔼繁华地"的名句。总之,"越"(越中、于越)有着较为悠久的历史。周作人在解释鲁迅何以不喜欢

---

① 鲁迅:《华盖集续编·马上支日记》,《鲁迅全集》第3卷,第350页。
② 鲁迅:《书信·261130致章廷谦》,《鲁迅全集》第11卷,第637页。
③ 鲁迅:《朝花夕拾·小引》,《鲁迅全集》第2卷,第236页。
④ 参见谢德铣:《鲁迅作品中的绍兴方言注释》,浙江人民出版社1979年版;孙旭升:《越中乡音漫录》,南京大学出版社2015年版。

外界称自己为绍兴人时,举出的第一个理由就是绍兴"不够古雅,於越起自三代,会稽亦在秦汉。绍兴之名则是南宋才有"①。鲁迅自幼就对乡贤故书情有独钟,后在《二西堂丛书》启发下,开始留意蒐集乡贤故书,留日期间又受到章太炎"文学复古"思想的影响,这些文化熏陶使得鲁迅在文化上更加认同古雅的"于越"("越中"),也是情理之中的事。

考察鲁迅的阅读书目,可以发现鲁迅热衷的乡贤故书中有很大一部分是以"越中"命名的,如《越中先贤祠目》《越中古刻九种》《越中三不朽图赞》《越中金石记》《越中三子诗》等,鲁迅也曾计划编一部《越中专录》,鲁迅之所以用"越中"指称绍兴,不能不说是受到这一阅读效果的影响。值得进一步指出的是,鲁迅使用"越中"一词指代绍兴,主要集中在1919年之前②,而这与鲁迅集中阅读上述乡贤典籍的时间恰好吻合。即是说,这些冠以"越中"字样的先贤故书,不仅奠定了鲁迅此后大半生的阅读兴趣与治学方向,某种意义上也表现出鲁迅对绍兴历史文化遗产的肯认。总之,以"越中"为焦点的绍兴历史文化,不仅激起鲁迅探索绍兴历史的趣味,同时也在潜移默化中形塑着鲁迅的思想,培植着鲁迅与"越中"的情感交流乃至身份认同。正是在此意义上,"越中"与"会稽"一起,成为鲁迅"时时反顾"的文化之根。

此外,鲁迅对"越中"的运用还有一个不得不提及的特点,即"越中"大部分出现在鲁迅的书信、日记等私人语境中③,因此,"越中"有时也承担着类似于绍兴的现实指称功能。比如,鲁迅日记中关于收发书信、包裹、行程的诸多记载,其中的"越中"与绍兴并无大异,只是纯粹意义上的地名而已。值得注意的是,鲁迅对于绍兴的不满有时也会诉诸"越中",这在他1911年前后写给许寿裳的几封信中表现得尤为明显,如"仆不愿居越中也,留以年杪为度"④,"……而越中亦迷阳遍地,不可以行","越中理事,难于杭州。技俩奇觚,鬼蜮退舍"⑤。"越中棘地不可居,倘得北行,意当较善乎?"⑥"闭居越中,与新颢气久不相接,未二载遽成村人,不足自悲悼耶。"⑦这些言语明显表达出

---

① 周作人著,止庵校订:《知堂回想录》,河北教育出版社2002年版,第350页。
② 根据鲁迅著作全编检索系统的统计,"越中"一词在《鲁迅全集》中共出现62次,其中55次出现在1919年前,占88.7%。
③ 根据鲁迅著作全编检索系统的统计,"越中"在《鲁迅全集》中出现62次,其中59次用在书信、日记等私人语境中,占95.2%。
④ 鲁迅:《书信·100815致许寿裳》,《鲁迅全集》第11卷,第333页。
⑤ 鲁迅:《书信·110102致许寿裳》,《鲁迅全集》第11卷,第341页。
⑥ 鲁迅:《书信·110307致许寿裳》,《鲁迅全集》第11卷,第345页。
⑦ 鲁迅:《书信·110731致许寿裳》,《鲁迅全集》第11卷,第348页。

鲁迅对于现实绍兴的不满,甚至由此萌生出一种强烈的逃离之感。由此可见,在"越中"指称现实层面的绍兴时,鲁迅表现出了与作为历史文化焦点的"越中"全然不同的主体情感与价值认同。

从绍兴城市命名的演变史来看,"越中"("于越")最为古朴,但是鲁迅并未对此表现出完全认同,准确地说,"越中"一语对鲁迅而言,同时指向了两个截然相反的方向,即先贤故书所构建的文化"越中"与置身其间的现实"越中"。对于前者鲁迅大体是认可的,这一点从鲁迅对《於越三不朽图》的重视即可看出。①对于后者,鲁迅则夹杂着更为切己、更加复杂的个体感受,总之,"越中"折射出的两个层面不仅有着较大的时间跨度,而且鲁迅由此表露出的情感也迥然有别。某种意义上,"越中"在鲁迅对绍兴的情感体验与认知过程中处于一种纠葛状态,一方面鲁迅对以"越中"为焦点所形成的越地灿烂文化表现出由衷钦佩;另一方面自我在"越中"的现实处境以及由此唤起的不快记忆②,又使得鲁迅产生了逃离的冲动。

(三)"会稽":时时反顾中的自我身份认同

考察鲁迅对于绍兴另一古称的运用却别有一番意味。论古雅,"会稽"之名不敌"于越",吊诡的是,鲁迅对"会稽"却表现出了迥然不同的情感态度与自我认同。

诚然,鲁迅对于"会稽"的运用,也有着与"越中"相似的地方。第一,鲁迅自幼注意收罗乡贤故书,在此过程中受到以"会稽"命名的各种典籍、文物之影响,这些乡贤故书又反过来影响到鲁迅对"会稽后学"之自我身份的认同,这从鲁迅花费大量时间、精力编撰《会稽郡故书杂集》即可见一斑。③不仅如此,乡贤故书也一直是他购阅的重点。在现存鲁迅手迹中,留有一份

---

① 鲁迅对张岱这部意在彰扬乡贤忠义、名德、才俊的书籍十分重视,日记中留下多次购买翻阅、补缺阙叶、抄录跋文的相关记载,如"夜补绘《於越三不朽图》阙叶三枚"。(鲁迅:《壬子日记》,《鲁迅全集》第15卷,第5页。)"补绘《於越三不朽图赞》三叶,属三弟录赞并跋一叶。"(鲁迅:《癸丑日记》,《鲁迅全集》第15卷,第72页。)"午后访季市未见,因赴留黎厂……得影北宋本《二李唱和集》一册,一元;陈氏重刻《越中三不朽图赞》一册,五角,又别买一册,拟作副本,或以遗人。"(鲁迅:《甲寅日记》,《鲁迅全集》第15卷,第104页。)第二天就将之送给了最为亲密的朋友许寿裳,"晚季市来,赠以《三不朽图赞》一册"。(鲁迅:《甲寅日记》,《鲁迅全集》第15卷,第105页。)

② 鲁迅日记中多次以"越中"记载其与朱宅的交往,尤其是20世纪30年代"越中"二字逐渐淡出鲁迅笔下后,竟然三次用"越中"记载其与绍兴朱宅的交往情景,此处之越中与民元前后鲁迅对于越中的诸多指责以及现实越中留给鲁迅的印象,这二者之间是否存在某些情感方面的关联呢?

③ 参见李亮:《鲁迅与〈会稽郡故书杂集〉》,《鲁迅研究月刊》2006年第1期。

《旧绍兴八县乡人著作目录》,这份目录共收入绍兴籍作者所著书78种,"从鲁迅后来所购书籍情况看,上述目录中所录,依然是鲁迅购藏书的一个重点"①。徐小蛮指出,鲁迅辑录古籍是"以会稽郡为横坐标,以魏晋时代为纵坐标"②展开的,这些辑录乡贤古籍、收集乡人著作的行为,无疑加深了鲁迅对"会稽"的认可。第二,跟"越中"一样,鲁迅偶尔也会以"会稽"来指称现实层面的绍兴,如"六月中,中弟起明归会稽,遂见此竟"③,"十年已后,归于会稽"④等。在此类用法中,"会稽"与"越中"甚至"S城"一样,均指向了绍兴的地名意义层,并未表现出明显的情感色彩与价值判断。

虽然鲁迅偶尔会用"会稽"指称现实层面的绍兴,但他从未借此流露出对"会稽"所指称的绍兴的丝毫不满,相反鲁迅还多次表现出对会稽后裔的身份认同。早在少年时期撰写的《祭书神文》中,"会稽戛剑生"⑤的自我称谓就清楚表明了这一点。留日初期,鲁迅在寄回绍兴的照片上的题词中也有"会稽山下之平民"⑥的自我指称,而在为《域外小说集》第一册所作广告中,落款也是"会稽周树人白"⑦。直到民国初年鲁迅在撰写《会稽郡故书杂集》序时,虽署名"会稽周作人",其实是托周作人之名发表的⑧,同样彰显出鲁迅对自我"会稽"身份的肯认。如果说少年时代"会稽戛剑生"的署名和留日时期"会稽山下之平民""会稽周树人"的自称,还是一种地理/空间层面上的认同的话,那么鲁迅晚年几次自觉将自己与"会稽"联系起来,就不仅仅是地理/空间意义上的了,而象征着一种文化意义上的身份认同。他晚年在两篇不太为人注意的短文中的自我指称均是"会稽鲁迅"。其中为曹靖华之父所作的碑文《河南卢氏曹先生教泽碑文》,落款为"会稽后学鲁迅谨撰"⑨,而为内山书店店员镰田诚一所作的《镰田诚一墓记》,同样署有"会稽鲁迅撰"⑩的字样。鲁迅此处"会稽"一语的运用,固然与文章的文言体例较为适宜,但"会稽"也并非唯一选择,"于越""越中"均够古雅,而鲁迅偏偏选中"会稽",这表明鲁迅已经将自己镶嵌进以"会稽"为轴心的绍兴文化传统之中。此

---

① 张杰:《鲁迅杂考》,福建教育出版社2006年版,第70页。
② 徐小蛮:《鲁迅辑校古籍手稿及其研究价值》,《鲁迅研究动态》1987年第8期。
③ 鲁迅:《集外集拾遗补编·吕超墓出土吴郡郑蔓镜考》,《鲁迅全集》第8卷,第86页。
④ 鲁迅:《古籍序跋集·〈会稽郡故书杂集〉序》,《鲁迅全集》第10卷,第35页。
⑤ 鲁迅:《集外集拾遗补编·祭书神文》,《鲁迅全集》第8卷,第534页。
⑥ 鲁迅:《集外集拾遗补编·题照赠仲弟》,《鲁迅全集》第8卷,第542页。
⑦ 鲁迅:《集外集拾遗补编·〈域外小说集〉第一册》,《鲁迅全集》第8卷,第455页。
⑧ 周作人著,止庵校订:《鲁迅的青年时代》,河北教育出版社2002年版,第120页。
⑨ 鲁迅:《且介亭杂文·河南卢氏曹先生教泽碑文》,《鲁迅全集》第6卷,第203页。
⑩ 鲁迅:《且介亭杂文二集·镰田诚一墓记》,《鲁迅全集》第6卷,第317页。

外,鲁迅对于"会稽"的偏爱在其遗印中同样有所体现,其中,友人陈师曾就曾给鲁迅刻过两方印章,分别为"会稽周氏收臧(藏)"与"会稽周氏"①,鲁迅还托陈师曾往琉璃厂同古堂订刻过印章,在鲁迅遗印中有一方仿汉砖楷体的"会稽周氏藏本"的长条,边款署有"丁巳年二月陈师曾书属越丞刻"②,"会稽"均是其中的核心词语,正如有论者指出的:"落款留印这种深远的文化传统和个人志趣说明了鲁迅在精神文化中始终以会稽为自己的精神渊源和身份认同。"③由此可见,鲁迅对于"会稽"的运用意味着一种文化自觉,"会稽"已经成为鲁迅自我身份认同乃至精神家园建构的一个重要文化符号。

换言之,在鲁迅有关绍兴的所有指称中,唯独"会稽"没有流露出他对于故乡绍兴的任何负面情绪,不仅如此,会稽所象征的灿烂历史文化还带给鲁迅一种文化上的优越感,他不止一次表露过对于会稽的赞赏:"会稽古称沃衍,珍宝所聚,海岳精液,善生俊异,而远于京夏,厥美弗彰"④,"近读史数册,见会稽往往出奇士"⑤。这种文化上的自豪又反过来加深了鲁迅对于"会稽后学"之自我身份的认同。那么,鲁迅为何会对"会稽"表现出迥异于绍兴其他指称的情感体验与身份认同呢?

首先,鲁迅之所以对"会稽"二字充满好感,无疑跟他会稽县人的籍贯有一定关系。正如前文指出,在历代绍兴的各种地名中,"绍兴"这一名称最为晚出,会稽郡之名自秦王政二十五年(前222年)即有。秦始皇三十七年(前210年)置山阴县,此后山阴一直是会稽郡下属县,直到南朝陈后主时,析山阴东部置会稽县,隋大业元年,改称"越州",直到南宋,改越州为绍兴府,从此便形成会稽、山阴与绍兴府共治一城的现象,宣统三年(1911年),并山阴会稽为绍兴县。准确地说,鲁迅出生于绍兴府会稽县,"绍兴"与鲁迅之间还隔着会稽县这一行政单位,换言之,会稽让鲁迅更为亲近,并赋予其明确的身份属性,因此鲁迅才一直以会稽后裔自居。

其次,笔者以为,鲁迅对会稽的认同其实是对"会稽"所象征的文化遗产与人格精神的肯认,其中较为重要的有以下三点:第一,大禹及会稽山的远古传说。顾颉刚曾明确指出禹与会稽之关系:"禹是南方民族的神话中的人

---

① 分别见乙卯日记(1915)九月三日:"托师曾刻印,报以十银",八日:"陈师曾刻收藏印成,文六,曰'会稽周氏收臧(藏)'。"(鲁迅:《鲁迅全集》第15卷,第185页、186页)。己未日记(1919)一月:"陈师曾为刻一印,文曰'会稽周氏'。"(鲁迅:《鲁迅全集》第15卷,第357页。)
② 陈子善:《鲁迅遗印考略》,《双子星座:管窥鲁迅与周作人》,中华书局2015年版,第86页。
③ 何巧云:《鲁迅故乡情感之历时考察》,《鲁迅研究月刊》2019年第8期。
④ 鲁迅:《古籍序跋集·〈会稽郡故书杂集〉序》,《鲁迅全集》第10卷,第35页。
⑤ 鲁迅:《书信·19110102致许寿裳》,《鲁迅全集》第11卷,第341页。

物","这个神话的中心点在越(会稽)"。①会稽山之得名确是因为禹,"或言禹会诸侯江南,计功而崩,因葬焉,命曰会稽"。因此,会稽与大禹实际上是一种一体两面的精神象征,鲁迅从小对大禹精神由衷钦佩,多次登临会稽山,自然会对其产生一种强烈的认同感。第二,会稽郡故书所承载的先贤人格精神。鲁迅不断收集整理《会稽郡故书杂集》,校勘并辑成《谢沈后汉书》,多次校勘《嵇康集》等一系列辑佚工作,即是对会稽文化的一种认可与褒扬,在此意义上有论者指出,"从鲁迅花费大量时间精力在与故乡有关的典籍上可看出他在重建一个故乡历史文化的传统"②,而这一历史文化传统无疑是以"会稽"为中心展开的。第三,"会稽乃报仇雪耻之乡"所表达的复仇精神。鲁迅晚年多次提及明末王思任这句话,不仅明确表示"身为越人,未忘斯义"③,"这对于我们绍兴人很有光彩"④,而且鲁迅在《铸剑》《女吊》等作品中塑造了一系列勇于复仇的人物形象,表达了强烈的复仇精神。总之,鲁迅自始至终表现出对于"会稽"的认同,其实正是基于对上述三个维度的会稽精神传统的认可。

鲁迅在发现"会稽"学统进而将自己嵌入其中以实现自我身份认同的同时,故乡质朴的充满原始生命力的民间文化同样成为他时时反顾并明显肯定的一种思想资源。鲁迅对故乡民间文化的发掘主要集中在《朝花夕拾》《故事新编》以及晚年的几篇散文中,尤其是对以无常文化为代表的民间信仰和以女吊形象为象征的复仇文化的阐发最为生动。鲁迅不仅从中读出了"鬼"世界的异常魅力⑤,更欣赏其中的复仇精神,鲁迅不仅创作了《铸剑》《复仇》《女吊》等复仇主题的文学作品,塑造出一系列复仇者形象,在其临终遗言中,更是以"一个都不宽恕"的执着将复仇精神进行到底。"我的怨敌可谓多矣,倘有新式的人问起我来,怎么回答呢? 我想了一想,决定的是:让他们怨恨去,我也一个都不宽恕。"⑥这种决绝的不宽恕的抗争精神,某种意义上正是鲁迅对作为"报仇雪耻之乡"的"会稽"的文化传承。

总之,鲁迅在现实世界中体认到自己与故乡之间处于一种"过客"般的

---

① 顾颉刚:《讨论古史答刘胡二先生》,《顾颉刚古史论文集》第1册,中华书局1988年版,第151页。
② 卢建红:《论鲁迅的乡愁认同之路》,《中南大学学报(社会科学版)》2016年第2期。
③ 鲁迅:《书信·360210致黄苹荪》,《鲁迅全集》第14卷,第24页。
④ 鲁迅:《且介亭杂文末编·女吊》,《鲁迅全集》第6卷,第637页。
⑤ 参见王风:《鬼和与鬼有关的——鲁迅〈女吊〉讲稿》,《鲁迅研究月刊》2005年第1期;钱理群:《鲁迅笔下的鬼——读〈无常〉和〈女吊〉》,《语文建设》2010年第11期、第12期。
⑥ 鲁迅:《且介亭杂文末编·死》,《鲁迅全集》第6卷,第635页。

生存困境，这一方面促使他在形而上的方向探寻存在的意义，由此生发出"中间物"的哲学认知和"反抗绝望"的人生哲学。另一方面，其实鲁迅也并未完全切断自身与故乡的精神联系，某种意义上，正是与故乡的现实遭遇，迫使鲁迅在文化层面去发现与故乡的另一重联系，于是鲁迅首先从熟悉的会稽学术文化脉络着手，在与以会稽为轴心的故乡文化的对话中，不断强化着自我与故乡学术传统之间的联系，最终从"会稽后学"的角度实现了自我与故乡的崭新定位。与此同时，朴野的民间文化也成为鲁迅与故乡展开对话的一个通道，鲁迅临终前，虽然否认了"鬼"世界的存在，"在这时候，我才确信，我是到底相信人死无鬼的"[①]。但所谓"谈鬼物正像人间"[②]，鲁迅塑造的无常、女吊等一系列鬼物形象，可以说是他对故乡另一面的发现，同时也是其潜在个性的抒发，因此，以"鬼"世界和复仇精神为核心的故乡民间文化，顺理成章成为鲁迅与现实故乡之间的一个缓冲地带。鲁迅最终在与文化故乡和民间故乡的对话中实现了自我身份认同的重建，缓解了"彷徨于无地"的无家可归的惶惑，获得了重新出发的精神动力。

第三节　鲁迅故乡书写及其自我认同的演化

　　鲁迅在不同文本、不同语境中对绍兴的多种指称，固然共同指向了绍兴地名层面的语义，但更重要的，是通过对鲁迅关于绍兴指称的具体辨析，可以看出它们之间的细微差别以及由此彰显出的鲁迅对于不同维度的故乡的迥异态度。作为最切己的现实层面的"绍兴"，对生于斯长于斯的鲁迅而言，虽然其间夹杂着诸多不快甚或屈辱，但乡情温馨的一面却也成为鲁迅一生的蛊惑，因此绍兴对于鲁迅可视作一种在而不属于的"吾乡"；文学文本中以"S城"取代绍兴，不仅表现出鲁迅西化的书写习惯，在将绍兴他者化的同时，更折射出鲁迅对于现实绍兴的一种主动疏离，在此意义上"S城"则是这种情绪的符号化表达；而"越中"则在某种程度上反映出鲁迅与绍兴情感体验与身份认同中的过渡状态。一方面，以越中为焦点的古越灿烂文化遗产，在吸引鲁迅、塑造鲁迅的同时，也缓和了鲁迅与现实绍兴之间的紧张。另一方面，置身其间的诸多遭遇又使得鲁迅感知到现实"越中"带给自己的种种窘迫，甚至由此生出一种逃离的冲动；唯独"会稽"成为鲁迅对绍兴所有美好想

---

　　① 鲁迅：《且介亭杂文末编·死》，《鲁迅全集》第6卷，第634页。
　　② 鲁迅：《集外集拾遗·〈何典〉题记》，《鲁迅全集》第7卷，第308页。

象的代名词,鲁迅不仅努力收集关于会稽的故书、文物,会稽所指向的大禹传说和复仇精神也获得鲁迅肯认,正是在此层面上,鲁迅在多次剥离自我与绍兴关系的同时,却努力将自己定位成"会稽"后裔。总之,鲁迅在对绍兴的不同指称中,经历了漫长的情感体验与身份辨识,最终实现了"会稽鲁迅"的自我身份认同。

查尔斯·泰勒在《现代性中的社会想象》一书中指出,传统社会向现代社会转型过程中发生过一场"大脱嵌"的轴心革命。具体说,传统社会的现实世界和意义世界,是镶嵌在一整套与之相应的宇宙、自然和社会框架之中的,就中国而言,"在古代中国,乃是一个家国天下连续体"。因此,"个人的行动和生活的意义,只有置于这样的框架之中才能得到理解并获得价值的正当性"[1]。随着清末以降,以"冲决网罗"为代表的对于封建伦常的革命性批判,不仅造成原有"家国天下连续体"的断裂,而且使自我在摆脱原有社会文化共同体的同时,成为独立的个人。但是,对于转型期的中国知识分子来说,挣脱专制政体与封建伦理的束缚成为真正独立的个人,并非易事。一方面,近代中国日益严峻的民族危机,迫使他们在高扬民族主义思潮的同时,将刚刚获得自由的自我重新镶嵌在现代民族—国家格局之中,从而取得"国民"的身份认同。[2]现代民族—国家与传统专制政体虽迥然有别,但是民族—国家秩序所推崇的"群"相对于作为"个"的自我而言,压抑依然存在。另一方面,正如查尔斯·泰勒所言:"一个人不能基于他自身而是自我,只有在与某些对话者的关系中,我才是自我。"[3]即是说,个人对于自我身份的认同,必须要在与他者的对话中才能实现。然而,中国现代知识分子在冲决封建伦理之网罗的同时,也失去了原有"家国天下"价值体系所提供的对话路径与精神支撑,"成为赤裸裸、孤零零、无所牵挂、无所依傍的自我"。换言之,这个独立自我在成为个人的同时,也就面临着无家可归的惶惑,这种惶惑以及对于惶惑的追问,迫使现代知识分子不得不直面自我身份确认中的第二个层面的问题,即自我与自我或身与心的问题。所谓自我认同实际上就是个人主体的身份感,具体表现在个体性的自我认同的建构中,自我认同的建构一方面涉及自我与他者的关系问题,自我与他者的关系为我们的思

---

[1] 许纪霖:《家国天下:现代中国的个人、国家与世界认同》,上海人民出版社2017年版,第1页。
[2] 张枬、王忍之编:《辛亥革命前十年间时论选集》第一卷(上册),生活·读书·新知三联书店1960年版,第72—77页。
[3] [加]查尔斯·泰勒:《自我的根源:现代认同的形成》,韩震等译,译林出版社2001年版,第50页。

考提供了基本的框架/坐标,另一方面则涉及自我与自我的关系问题,这个维度的自我认同某种意义上就逼近了存在主义哲学对于存在意义的追问。1924—1926年间,鲁迅从对"客子"意象的发现到"过客"存在境遇的认知,乃至其"中间物"思想的提出,某种意义上恰恰反映出这一阶段鲁迅对于自我存在方式、存在意义等问题的持续思考,而"过客"的自我定位又反过来影响着他对故乡的有意识疏离。

总之,鲁迅在人生不同阶段表现出的对于故乡迥然有别的态度,恰恰反映出他不同时期自我身份认同的变迁。从1898年求学南京到留日初期,鲁迅笔下的"家乡"传达的是一个生活在温情脉脉的宗法制社会中的游子对于家乡和亲人的思念,这是对中国文学中乡愁主题的自觉赓续,此时鲁迅借助家乡所表达的也是一种类似于传统游子吟的情感。这进一步表明鲁迅是在通过对于家乡的情感抒发来确立自我身份,甚至借此确认自我的存在。1906年,置身日本的鲁迅写下"灵台无计逃神矢,风雨如磐闇故园。寄意寒星荃不察,我以我血荐轩辕"的诗句。诗中的"故园"与"轩辕"是中国传统文学的常见意象,但是结合这一时期鲁迅思想的"民族主义"走向来看,这里的"故园"已经不再是一己之小家,而指向了风雨飘摇中的祖国。换言之,此时的鲁迅从对于"故园"情感的表达,逐渐发展到对于危难中的祖国的思念,这种双向的情感表达正是传统中国家国同构秩序与现代民族主义思潮相互激荡的产物,同时这也反映出鲁迅自我认同从传统(宗法制社会中的游子)到现代(民族国家视野下的国民)的过渡状态。

而"S城"的出现,彰显的不仅是一种书写习惯,也不仅是一种现代知识分子的眼光,"S城"在表达着鲁迅自弃于故乡的同时,更表现出鲁迅的一种决绝以及这种决绝所透露出的鲁迅对于故乡情感的变化,即此时的鲁迅在自我与故乡的关系问题上已经摆脱了日本时期的过渡状态,完全可以以一种置身事外的客观视角来冷静书写故乡。所以"S城"不仅展现出鲁迅启蒙者的姿态,更重要的是,通过对于故乡的疏离与异化,表达出鲁迅自我的存在不再需要故乡这个他者来界定,他已经成长为一个具有自我主体性的独立个人。他不仅不再需要故乡来定位自我,反过来,他要通过自己的主体性来重写故乡,对于故乡的异化描写实际上隐藏着鲁迅对于一个理想的故乡/诗意故乡的想象。这种对于诗意故乡的追求与无法回归故乡的悖论,使得鲁迅最终为自己和故乡之间寻找到一个中间值,即文化故乡/民间故乡。自幼便沉浸在浙东典籍文化中的鲁迅与故乡的传统文化发生共鸣,是情理之中的事,"会稽后学"的自我定位赋予了鲁迅文化传承者的自我认同,而民间文化的滋养则使鲁迅跨越了精英文化而回归故乡质朴的乡土文明。这表明作为主体的鲁迅虽然自弃于故乡,不再需要故乡这个他者来定义自我的存在,但他依然无法斩断自我跟故乡的精神联系,无论是"身为越人"的自我认知还是"会稽后学"的自我定位,都表现出鲁迅与故乡深厚的文化传统之间千丝万缕的联系。尽管如此,故乡不易归的现实体认又加深了鲁迅跟故乡之间的裂隙,他终于在"过客"的意义上定位了自我跟故乡的关系,正是经由这一生命体验,鲁迅迫近了存在主义对于自我存在困境的思考。

在此意义上,可以说,鲁迅通过与故乡这个他者的不断对话,不仅完成了不同阶段的自我身份认同,而且实现了其对于自我存在的更深层次的认知。因此,鲁迅对于故乡的书写,不仅是传统乡愁的现代演绎,也不仅是启蒙知识分子的有意味的书写,而是转型时期现代性主体意识建构的一个重要通道。

第四节　逃离与归家:鲁迅对故乡的两难心境

鲁迅大半生的漂泊带给他情感上与故乡的疏离甚至隔膜,过客形象某种意义上正是鲁迅的一种自我对象化。[①]中年之后,鲁迅也曾尝试返回故乡,《朝花夕拾》就是一次精神上的返乡之旅,但鲁迅深知自己已经无法回归故土,他只能在心灵深处接近现实中无法抵达的故乡,即以一种背对故乡的方式构筑自我的精神家园。过客形象及其内在意蕴,准确展现出鲁迅对故乡的两难心境。

一、"走异路,逃异地":被迫无奈的漂泊

过客永不停息的行走,某种意义上可以看作一种对于故乡的逃离,一种自我放逐,因为那里"没一处没有名目,没一处没有地主,没一处没有驱逐和牢笼,没一处没有皮面的笑容,没一处没有眶外的眼泪。我憎恶他们,我不回转去"[②]。或许,这是孤独而孱弱的个体对抗强大的宗法制社会唯一行之有效的方法,虽然这种方法是以丧失某种东西为前提的。过客所失去的不仅是现实中的故乡,更是象征意义上的故乡,即维系一个人的生存、决定一个人身份的"根",过客毅然决然向前走去的悲壮,并非因为他知道前面是坟

[①] 关于鲁迅在过客形象中寄予的自我因素,详见本书第五章相关分析。
[②] 鲁迅:《野草·过客》,《鲁迅全集》第2卷,第196页。

而坚持走去这层所谓"反抗绝望"的意思。在我看来,他的行为之所以悲壮,之所以引人深思,恰恰是过客的这种无根状态。无根状态,是现代社会人们普遍感受到的一种远离故土的漂泊感以及由此引发的心灵空虚,从根本上说,这是一种丧失了对于自身准确认知和前进方向的恐惧。过客某种意义上就是这个家族中的一员,他从记事起就在不停地走,不知道从什么地方来,也不知道要去到哪里,这一形象很容易让人想起英国诗人艾略特笔下的"空心人"("稻草人"):

> 我们是空心人
> 我们是稻草人
> 互相依靠
> 头脑子塞满了稻草。唉!
> 当我们一起耳语时
> 我们干涩的声音
> 毫无起伏,毫无意义①

过客的行走给人的最初印象也是"毫无意义"的重复,甚至是一种盲目的毫无方向感的能量消耗,但考察《野草》的整个创作过程,可知《过客》是鲁迅怀着"绝望之为虚妄,正与希望相同"这种既复杂又矛盾的思想一路走来的结果,因此,过客的举动并非毫无意义。它准确传达出一个后发国家的先进知识分子所能遭遇的所有苦闷、彷徨和挣扎。鲁迅像他那个时代的优秀知识分子一样,身处两个迥异的历史时期,因而产生了一种"在而不属于两个社会"②的被抛感。这一感受的形成固然由于转型期思想文化上的种种刺激,但不得不承认,他大半生的漂泊也加剧了这一生存感受的生成。

鲁迅18岁独自到南京求学,"我要到N进K学堂去了,仿佛是想走异路,逃异地,去寻求别样的人们"③。此后的大半生他从未停止漂泊,先在南京生活四年,其间对他影响最大的是进化论思想,但南京留给他的印象并不怎么好,比如学校的保守、迷信,旗人子弟对他的侮辱,等等。之后便是长达七年有半的留日生涯,其间虽有过筹办《新生》的踌躇满志,也有藤野先生、章太炎先生等师长的无私关怀,但也会出现学校要求祭拜孔子的不快以及

---

① [英]托·艾略特:《四个四重奏》,裘小龙译,漓江出版社1985年版,第99页。
② 汪晖:《反抗绝望:鲁迅及其文学世界》(增订版),生活·读书·新知三联书店2008年版,第112页。
③ 鲁迅:《呐喊·自序》,《鲁迅全集》第1卷,第437页。

杂志流产的心痛。总体而言，相比于回国后的情景，这段日子应该可以看作鲁迅一生中难能可贵的活泼记忆。

鲁迅归国初期分别在杭州和绍兴的学校教书，相对于日本开放的社会形态，中国内地的闭塞、保守甚至愚昧每每让鲁迅痛心不已，他在给友人的信中写道："闭居越中，与新颢气久不相接，未二载遽成村人，不足自悲悼耶。"[1]直到辛亥革命，他仿佛看到一丝希望，"说起民元的事来，那时确是光明得多，当时我也在南京教育部，觉得中国将来很有希望"[2]。于是积极投身家乡的教育事业，但辛亥革命带来的只是一场权力更替，并未能够改变几千年来中国人形成的诸多劣根性，鲁迅后来禁不住感慨："最初的革命是排满，容易做到的，其次的改革是要国民改革自己的坏根性，于是就不肯了。"[3]这话某种意义上是鲁迅以自己的经历换来的痛苦认识，加上"越中理事，难于杭州，伎俩奇觚，鬼蜮退舍"的现实境遇，所以鲁迅在给许寿裳的信中，一再提到离开故乡、他就别处的愿望："他处有可容足者不？仆不愿居越中也，留以年杪为度。"[4]"越中棘地不可居，倘得北行，意当较善乎？"[5]这一时期鲁迅跟故乡的紧张关系，更可从下面一段话看出端倪："近读史数册，见会稽往往出奇士，今何不然？甚可悼叹！上自士大夫，下至台隶，居心卑险，不可施救，神赫斯怒，湮以洪水可也。"[6]所以，当许寿裳为他在刚刚成立的教育部找到差事时，他立刻走马上任，不久又随教育部迁往北京。

在北京的十几年间，鲁迅也未尝停止过漂泊，先在绍兴会馆寓居七年，尽管有论者称，"S会馆时期的鲁迅"只给我们留下了"晦暗的影子"[7]，但这一时期的重要性却越来越为研究界所重视，日本学者竹内好尤其看重这一时段，认为在此孕育出了"生命的、原理的鲁迅"："我想象，鲁迅是否在这沉思中抓到了对他的一生来说都具有决定意义，可以叫做回心的那种东西……他此后的思想趋向，都是有迹可寻的，但成为其根干的鲁迅本身，一种生命的、原理的鲁迅，却只能认为是形成在这个时期的黑暗里。"[8]平心而论，正是

---

[1] 鲁迅：《书信·110731致许寿裳》，《鲁迅全集》第11卷，第348页。
[2] 鲁迅：《两地书·八》，《鲁迅全集》第11卷，第31页。
[3] 同上书，第31—32页。
[4] 鲁迅：《书信·100815致许寿裳》，《鲁迅全集》第11卷，第333页。
[5] 鲁迅：《书信·110307致许寿裳》，《鲁迅全集》第11卷，第345页。
[6] 鲁迅：《书信·110102致许寿裳》，《鲁迅全集》第11卷，第341页。
[7] 吴晓东：《S会馆时期的鲁迅》，《读书》2001年第1期。
[8] ［日］竹内好：《近代的超克》，李冬木、赵京华、孙歌译，生活·读书·新知三联书店2005年版，第45—46页。

这一时期思想与阅历双方面的积淀，奠定了鲁迅日后创作的基调。1919年鲁迅购置了八道湾寓所，将全家接到北京，这是他真正告别家乡、彻底切断自己与故土联系的第一步。这样做也是迫于无奈，鲁迅在1919年初写给许寿裳的信中说："仆年来仍事嬉游，一无善状，但思想似稍变迁。明年，在绍之屋为族人所迫，必须卖去，便拟挈眷居于北京，不复有越人安越之想。而近来与绍兴之感情亦日恶，殊不自至(知)其何故也。"①他之所以感觉到"与绍兴之感情亦日恶"，和族人逼迫他变卖祖屋不无关系，祖屋是他与故乡联系的一根精神纽带，一旦将祖屋变卖，他就再也无法回归这片土地，只能作为一个远离故乡的"客子"生活下去。但鲁迅最终还是选择离开，因为一个崭新的充满着希望的家正在北方等着他。

然而好景不长，1923年7月，由于兄弟失和，鲁迅被周作人夫妇从自己呕心沥血经营起来的八道湾寓所赶了出来，再次成为一个名副其实的漂泊者，和别人合租在砖塔胡同61号。后来又因为和"正人君子"之流的论战，加之日益紧张的局势以及感情上的烦恼，鲁迅不得不于1926年8月逃难南方，先是厦门，再是广州，历经了一年多漂泊不定的生活，直到次年10月才在上海定居下来。由此可见，过客实际上就是现实中不断迁徙、不断漂泊的鲁迅的一种艺术化，换言之，过客永不停息的行走某种意义上正是鲁迅对自己生活经验的一种提炼。而且鲁迅紧接着发现自己老了，并发觉这段日子以来自己喜好回忆往事，而能够承载记忆的地方只能是故乡。或许这就是鲁迅所说的"人多是'生命之川'之中的一滴，承着过去，向着未来"，"倘不是真的特出到异乎寻常的，便都不免并含着向前和反顾"。②在此意义上，不断行走、不断背离故土的过客正是现实鲁迅的一种形象化表达，因为谁也不愿回味那些被称为"乞食者"的日子，更不愿回味那些从高高的当铺上直射下来的鄙夷的目光，还有那些脸上挂着笑、心里却盘算着这座老宅的所谓族人，是他们的势利、贪婪阻隔了鲁迅与故土的亲近，是他们一次次将鲁迅与故乡的距离拉开，于是鲁迅唯一的出路只能是"走异路，逃异地，去寻求别样的人们"③。

二、"时时反顾"：返回故乡的尝试

随着中年的临近，鲁迅对于故乡的感情变得复杂起来。也许是逃离的

---

① 鲁迅：《书信·190116致许寿裳》，《鲁迅全集》第11卷，第370页。
② 鲁迅：《集外集拾遗·〈十二个〉后记》，《鲁迅全集》第7卷，第312页。
③ 鲁迅：《呐喊·自序》，《鲁迅全集》第1卷，第437页。

时空距离已经足以抵消记忆中的不快,也许是中年心境更能包容,他开始尝试着去接近那个魂牵梦绕的地方,这首先表现为过客中途的停顿。"过客从东面的杂树间跄踉走出,暂时踌蹰之后,慢慢地走近老翁去。"①过客主动走向老翁这一举动,不经意间透露出他试图和自己的过去以及故乡和解的意愿,或许在中年之后的人生征途上,心头揣着故乡更有一种安全感和皈依感吧,所以过客才有了他上路以来的第一次停顿。

在青年鲁迅的记忆中,故乡是一片苍凉的所在,那里上演着在封建宗法制掩饰下上对下的精神虐杀(《祝福》),邻人间本无恶意却带来巨大精神创伤的嘲弄(《风波》),亲族之间因为利益而发生的告发(《药》),以及在这种环境中被迫疯狂的景象(《狂人日记》)……鲁迅在创作中一次次发泄着对于故乡的不满,也愈加意识到改造国民性的急迫。但随着中年的临近,鲁迅竟开始怀念起故乡温暖、安详的一面来:

> 我有一时,曾经屡次忆起儿时在故乡所吃的蔬果:菱角,罗汉豆,茭白,香瓜。凡这些,都是极其鲜美可口的;都曾是使我思乡的蛊惑。后来,我在久别之后尝到了,也不过如此;惟独在记忆上,还有旧来的意味留存。他们也许要哄骗我一生,使我时时反顾。②

将《朝花夕拾》与鲁迅此前小说中呈现的故乡相比,可以发现,鲁迅对故乡的态度发生了极大转变,笔下的感情也明显不同于此前。小说中的故乡只是一个朦胧的透过叙述者有色眼镜的轮廓,加之这个虚构的背景上演的又是一些令人不快的事件,所以作为叙述主体的鲁迅才故意与它拉开距离。或许这可以看作鲁迅主观上对于故土的逃离,他在书写故乡的同时也远离着带给他不快的故乡,所以他小说中的人物总是经历着一个"离去—归来—再离去"的叙事模式(亦称"归乡"模式),最典型的莫过于《故乡》《祝福》《在酒楼上》诸篇。值得注意的是,这些篇章无一例外都采取了复调式的叙述手法,小说主要部分讲述着一个似乎与叙述主体无关的事件,但这个故事又镶嵌在"归乡模式"之中,于是叙述主体原本单一的"归乡"情绪,却因故事中出现的不快事件而复杂起来。比如《故乡》,虽然结构上采用了"归乡"模式,但因为中间插入的闰土等人的故事,使得叙述者在再次离开故乡时的情感明显比初次离开时更为复杂,虽然也有一种逃离式的解脱,但更多的却是对故

---

① 鲁迅:《野草·过客》,《鲁迅全集》第2卷,第194页。
② 鲁迅:《朝花夕拾·小引》,《鲁迅全集》第2卷,第236页。

乡这块土地的理解以及因这份理解而产生的渺茫希望,希望宏儿和水生不再隔膜,更希望他们有着我们未曾经历过的新的生活。小说结尾更是出现了一段明亮色调的文字:"我想:希望是本无所谓有,无所谓无的。这正如地上的路;其实地上本没有路,走的人多了,也便成了路。"①这与小说开篇叙述者从船舱中看到的毫无生气的故乡形成一种鲜明对比,由此可以看出鲁迅对于故乡的复杂感情,一方面看不惯它的保守、势利,总是挣扎着试图离开,甚至在创作中有故意夸张或丑化之嫌;另一方面,在离开的同时又难以割舍,所以叙述主体在终于得以离开甚至是永别的同时,心中又涌出一股眷恋,因此他的"归乡模式"小说总是让人在慨叹故事主人公不幸的同时,不忘咀嚼叙述主体对于故乡复杂得几近矛盾的情感,从而彰显出整篇小说的艺术张力。

《朝花夕拾》无疑是鲁迅对于故乡的一次接近,钱理群先生经过细致考察,发现"鲁迅一生中对于故乡、童年及爱我者的'反顾',主要有两次,即写作《朝花夕拾》的一九二六年间,以及着手于《夜记》写作计划的一九三六年"。虽然"两个时期的具体情况不一,但存在着类似的心理与情绪需求,即'在纷扰中寻出一点闲静来'"。进言之,则是"在生养自己的'母亲'(这是一个宽泛的概念,包括大自然,慈母,亲人与人民)怀里,用'母爱'(同样是宽泛的大自然之爱,慈母亲人之爱及人民之爱)来医治心灵的创伤,平息内心的痛苦"②。1926年只身伏处厦门的情形刚好给了鲁迅整理个人思绪的时空。对于身处异地的鲁迅来说,他和故乡稍显紧张的关系亟须重新梳理,因为这一关系还关涉他对中国传统文化以及对自我的准确认知。一方面,在鲁迅的日常经验和文化开蒙中,传统是鲜活的、实实在在的,而赋予他这种印象的则是故乡,换言之,故乡在鲁迅而言承载着传统文化可以触摸得到的种种因子;另一方面,只有厘清了自己与传统文化的关系,鲁迅才能准确定位自己,从而处理好自身与自身的紧张关系。

在我看来,"彷徨—野草"时期鲁迅正在试图处理这几个对他而言十分急迫的问题,所以相对于前期的小说和杂文,他这一时期的作品更多直指自己的内面世界,少了一份向外扩张的"呐喊"式的张力,却多了一份自我拷问的冷静和成熟。从《在酒楼上》开始,直到整部《野草》,包括杂文集《华盖集》、《华盖集续集》、散文集《朝花夕拾》以及与许广平的通信,这一系列作品,都可以看作鲁迅试图解决上述问题进而突破自我的一种尝试。钱理群

---

① 鲁迅:《呐喊·故乡》,《鲁迅全集》第1卷,第510页。
② 钱理群:《心灵的探寻》,北京大学出版社1999年版,第135页。

先生更是提醒我们"应该把这四部著作统一起来看,把它看成一个有机的整体,或者可能比孤立地研究看出更多的一些东西"①。我认为,直到《过客》,鲁迅已经基本厘清了自己与故乡的情感状态,那就是"在而不属于"的关系,故乡依旧在那里,而自己也仍然可以回去看看,就像《在酒楼上》中那个寓居北方的客子,只是再也找不回记忆中的感觉,更无法深入其中,因此"我"成了一个漂泊无据的游魂,正如那个永不停息的过客。

过客不停地行走着、漂泊着,他知道再也无法回转去,所以只能不间断地走下去,当老翁问他到底要走向哪里时,他说不知道,其实他心里清楚,他之所以坚持走下去,是因为他想通过另一种方式回归故土。鲁迅这一时期的作品亦可作如是观,所以他笔下的故乡相比于小说中的含混,开始变得明朗、温暖起来,出现了南国的雪,纷纷洒洒,仿佛一则童话,在这样的背景中他又记起了儿时对于弟弟的"精神的虐杀",虽然这是一件并不光彩的事,但可以想见鲁迅回忆这件往事时内心还是温暖的,就像那些纷纷扬扬的雪片是温暖的一样。因为它们承载着关于故乡的记忆,传递着关于故乡的讯息,更流露出鲁迅与故乡和解的愿望,而这一愿望的彻底达成则是几乎贯穿整个1926年的《朝花夕拾》的写作。

《朝花夕拾》是鲁迅为数不多较为明朗、较为温暖的作品,他将细腻的笔触伸进了记忆的最深处,这里有正直的长妈妈以及她带给鲁迅的《山海经》的神话世界,有儿时全家去看五猖会的兴奋,以及父亲突然检查功课的沮丧和最终得以出行的轻松,更有"从百草园到三味书屋"的诸多趣事。当然故乡也留有让他不快的记忆,这就是父亲的病以及随之而来的家道中落,还有好友范爱农的自沉,等等。但有一点可以肯定,即通过这次整体性的回忆,鲁迅在潜意识深处完成了一次归乡之旅,"实际上在对故乡的时时反顾中,鲁迅并不仅仅是获得了一种精神性的抚慰与安宁,更重要的是他从这一精神家园中寻求到抵抗黑暗的精神资源与力量,从而支撑他走出绝望,迎来新生"②。对故乡的"反顾"在某种程度上缓解了鲁迅与故乡的紧张关系,他虽然一时无法回归故乡,但对故乡的理解的确比先前更加成熟更加审慎。正如夏志清在谈到鲁迅以故乡为背景的几篇小说时指出的那样:"鲁迅对于农村人物的懒散、迷信、残酷和虚伪深感悲愤;新思想无法改变他们,鲁迅因之摈弃了他的故乡,在象征的意义上也摈弃了中国传统的生活方式。然而,正

---

① 钱理群:《与鲁迅相遇:北大演讲录之二》,生活·读书·新知三联书店2003年版,第266页。
② 王晓初:《"思乡的蛊惑":〈朝花夕拾〉及其他——论鲁迅的"第二次绝望"与思想的发展》,《学术月刊》2008年第12期。

与乔伊斯的情形一样,故乡同故乡的人物仍然是鲁迅作品的实质。"[1]即是说,鲁迅并未真正摒弃、忘怀他的故乡,某种意义上,正是他对故乡的复杂心境成就了他作品的多重意蕴。

三、"走""成为唯一有意义的行动":精神家园的重建

大致来说,鲁迅跟故乡的关系经历了两个阶段,即逃离与回归。自1898年远赴南京求学到早期小说中对故乡阴暗面的暴露,可以看作第一个阶段。第二个阶段则始于1923年跟周作人关系的破裂,"兄弟怡怡"的亲情的破裂让鲁迅深刻体验到个体的孤独感和毫无皈依的漂泊感。正是在这种心境下,鲁迅开始重新审视自身与故乡的关系,他笔下的叙述者也开始了返乡之旅,在一次次的返乡中,他发现了故乡的另一面,或者说纠正了他原先设定的跟故乡的关系,在逃离的同时也感受到了不舍和眷念。这种复杂的感情最终转化为一个背对故乡的过客形象,过客永不停息的行走表面看去距离故乡越来越远,实际上是在一步一步逼近故乡,这份饱含深情的皈依感最终缓解了他与故乡之间的紧张关系。

过客的这一心路历程某种意义上正是鲁迅自己的真实感受,鲁迅最终的回归是必然的,这也是许多现代艺术家共同的经历,比如卡夫卡。卡夫卡与布拉格也是一种"在而不属于"的紧张关系,他通过种种象征、变形、夸张的艺术手法表达了自身与这个现实环境的隔膜和紧张(如《城堡》《变形记》等),可他最后还是理解了这片土地。值得追问的是,这种心理转变是如何发生的,又发生在何时?就鲁迅而言,他与故乡关系的转变主要发生在两个关键时段,这两个时段直接导致了他对故乡情感的变化。第一个时段就是前文提及的1923年兄弟失和前后,第二个则是他只身寓居北京绍兴会馆的七年。在现有文献中,除去简短的日记和少量书信,这一阶段鲁迅基本是"缺席"的,但也因此成为学界关注的焦点,有人称之为鲁迅"蛰伏的时期"[2],也有人视之为鲁迅发生个体"自觉"的关键期,更多的人则将这段时期视为鲁迅创作的准备期。我更倾向于竹内好的"自觉"说:"鲁迅的文学,在其根源上是应该称作'无'的某种东西。因为是获得了根本上的自觉,才使他成为文学者的,所以如果没有了这根柢上的东西,民族主义者鲁迅,爱国主义

---

[1] 夏志清:《中国现代小说史》,刘绍铭等译,复旦大学出版社2005年版,第26页。
[2] 林语堂:《忆念学者鲁迅》,子通主编:《鲁迅评说八十年》,中国华侨出版社2005年版,第15页。

者鲁迅,也就都成了空话。"①但问题是,这一阶段鲁迅所从事的却是一些传统文化精英所属意的科目,如金石、佛经、古籍整理与校勘等。这些似乎与现代意义上的个体"自觉"格格不入,这个问题较为复杂,暂不深究。这里试图探讨的是,长达七年有半的寓居生涯使鲁迅跟故乡的关系发生了怎样的变化。

可以肯定的是,随着时空距离的进一步拉开,鲁迅与故乡的关系也日渐冷淡,除了每个月从银行寄出的家用还在提醒他是绍兴人。这种时空上的错位无疑影响到他日后对故乡的误读,或者说遮蔽了他更全面地去审视自己的故乡。于是当有机会拿起笔写文章时,他就不遗余力地写出记忆中故乡的印象——一个保守、势利、压抑甚至疯狂的世界,这就是他早期小说中努力营构的狂人、孔乙己、夏瑜、阿Q等所生活的世界,他痛恨这个世界,于是决定绝不回转去。但正如弗洛伊德指出的那样:"所谓的童年期回忆并不真是记忆的痕迹,却是后来润饰过了的产品,这种润饰承受着多种日后发展的心智力量的影响。"②因此,鲁迅前期文本中对于故乡种种阴暗面的暴露,实际上并非有关故乡的原质记忆,而更多的承载着他改造国民性的启蒙使命,一种"怒其不争,哀其不幸"的爱,一种"爱憎不相离,不但不离而且相争"③的爱。正如增田涉所说:"我认为他对现实的中国和本国人辛辣的,有时甚至是恶骂的笔锋,实际上是他对本国和本国人民热烈的爱情的一种变形。那样冷彻刻薄的笔锋,只是一个旁观的人,当然是使用不来的。"④并且,我隐约觉得这一时期他所从事的上述传统科目也在潜意识里劝他回去,换言之,正是传统文化的浸淫,埋下了他回归故乡的思想因子,直到"呐喊"的狂飙过去之后,这些思想因子才与兄弟失和所产生的孤寂一起呈现出来,咬噬着他孤独的灵魂。逃离还是归家,这才成为一个不得不直面的问题。

正是在这一问题上,鲁迅显示了他作为社会转型期先觉个体的全部复杂感受。也正是在这一问题上,他贯通了与西方现代主义文学/哲学的联系,成为一个具有"桥梁"意义的典范。在西方近代社会,由于工业文明的发展,特别是自然科学的进步,人们从中世纪的宗教禁锢中解放出来,人成了这个世界真正的主宰,这种思想发展到尼采这里,就直言不讳地宣布了上帝的死刑,"上帝死了"。信仰缺失使得现代人在获得个性解放、精神自由的同

---

① [日]竹内好:《近代的超克》,李冬木、赵京华、孙歌译,生活·读书·新知三联书店2005年版,第58页。
② [奥]弗洛伊德:《日常生活的心理奥秘》,林克明译,甘肃人民出版社1986年版,第44页。
③ 鲁迅:《译文序跋集·〈幸福〉译者附记》,《鲁迅全集》第10卷,第188页。
④ [日]增田涉:《鲁迅的印象》,钟敬文译,湖南人民出版社1980年版,第22页。

时,必然会导致一种价值的虚无感,这就是西方现代社会普遍存在的一种精神危机。许多哲学家和文学家都意识到这个问题,并试图作出某种纠正,海德格尔的努力是回向古希腊哲学,这不仅是一种词源学上的回溯,更是一种思想上的回归,这种回归特别体现在他"思与诗的对话"中,他将人与存在、人与自然、人与天地神的关系归结为一种"成已发生"。[①]这在某种程度上更新了现代人的认知方式,但与此同时是否也有为克服心灵空虚、信仰危机而手造另一个上帝的嫌疑呢？正如鲁迅想起闰土要香炉和烛台时所发出的感慨,"他总是崇拜偶像,什么时候都不忘却。现在我所谓希望,不也是我自己手制的偶像么？只是他的愿望切近,我的愿望茫远罢了"[②]。海德格尔的哲学思想看似玄奥,实际上却关涉现代人的精神危机以及重建信仰的努力,特别是他的后期思想更表现出这种回归趋势,他说:"只还有一个上帝能救渡我们。留给我们的唯一可能是,在思想与诗歌中为上帝之出现准备或者为在没落中上帝之不出现作准备。"[③]但在现代社会,上帝毕竟离我们远去了,贝克特笔下的弗拉基米尔和艾斯特拉冈最终也没能等来上帝(上帝即戈多,法语"戈多"一词即来源于上帝),整个舞台上演的尽是他们摆弄靴子和帽子的几近无聊的场景和简单重复的对话,贝克特此举无非是要凸现出现代人在上帝缺席、价值虚无之后的荒诞和无聊。但弗拉基米尔和艾斯特拉冈毕竟没有停下,他们依然在等待着,生活着,而这才是《等待戈多》的意义所在:"《等待戈多》表现了失去信仰、意识到自己失去了信仰,企图重新找回信仰,并且意识到不可能重新找回信仰的人的状态。"《等待戈多》之所以引人深思,主要在于它是一出人类的悲剧,其悲剧性就在于"人生而为人,必然遇到重重困难,但人并不屈服,人还要寻找,他还抱着一线希望,永远奋斗下去",因为"在这个荒诞已被确证的世界上,等待也许是最悲壮的奋斗了"[④]。过客亦是如此,对一直在路上的过客而言,"走""已经成为在无意义威胁下唯一有意义的行动"[⑤]。过客的行走类似于贝克特笔下人物的等待,也许他们一开始就清楚根本等不到一个叫作戈多的人,就像过客未必能够抵达他所心仪的远方,但他们并未因此而气馁而放弃——这恰恰是信仰缺失、价值虚无最易导致的现代心病,但他们用自己的行动填充着虚无,并试图重建人类新

[①] 参见余虹:《艺术与归家——尼采·海德格尔·福柯》,中国人民大学出版社2005年版,第105—117页。
[②] 鲁迅:《呐喊·故乡》,《鲁迅全集》第1卷,第510页。
[③] 熊伟译,王炜编:《熊译海德格尔》,同济大学出版社2004年版,第285页。
[④] 汪介之:《20世纪欧美文学史》,南京师范大学出版社2005年版,第345页。
[⑤] [美]李欧梵:《铁屋中的呐喊——鲁迅研究》,尹慧珉译,岳麓书社1999年版,第116页。

的信仰,这种重建信仰的心路历程某种意义上即是精神的归家之旅。

人到中年又"彷徨于无地"的鲁迅,借助过客这一不断行走的坚毅形象,在心灵深处逐渐接近着现实中无法回归的故乡,并从那里汲取到抵抗黑暗、走出绝望的精神力量。而他写于弥留之际的最后一组散文(《我的第一个师父》《女吊》等)则最终定位了他与故乡的关系。其实,鲁迅一直将故乡揣在怀中,他要在生命尽头表达这样一份真挚的情感:虽然他少小离家、四处漂泊,甚至无数次暴露故乡的阴暗,但他从未忘怀更未摈弃故乡的一切,他一直深爱着这片土地,他用不同于常人的方式,即背对故乡的方式,最终走进了故乡的怀抱。[1]

---

[1] 参见张全之:《背对故乡——鲁迅的思乡心理与其小说创作》,《齐鲁学刊》1997年第4期。

第二章 "感激""慰安""牺牲"：鲁迅对母亲的矛盾心境

鲁迅与母亲的关系算不上一个新颖的研究课题，围绕这一话题学界已经取得不少成果，约言之，现有研究要么关注鲁迅对母亲性格特质之继承，要么考察母亲对鲁迅亲近乡村社会的影响[①]，要么聚焦于母亲安排的婚姻带给鲁迅的心理阴影。这几点固然是鲁迅跟母亲之间的重要关联，但是，从生平研究角度去考察鲁迅与母亲的关系，时至今日已经很难出新，那么，如何突破生平研究的藩篱，从这些既成事件中读出新意，进而加深鲁迅与母亲的关系研究呢？换言之，我们应该从什么角度来看待这一课题，研究鲁迅跟母亲关系的学术意义究竟何在？

我觉得，一方面，鲁迅跟母亲的关系虽然是私人性的，但它某种意义上又代表着"转型时代"一代人甚至几代人的母子关系，从大的范围来说，它已然成为一种带有普遍性的社会现象，因此，考察鲁迅跟母亲的关系，可以由此加深对于作为转型时代社会现象的母子关系的理解；另一方面，现有研究主要是从"从鲁瑞到鲁迅"的角度即从母亲对鲁迅的影响角度来审视鲁迅跟母亲关系的，其实我们更应该跳出这一视角，尝试从鲁迅的角度去看。在目前呈现的鲁迅与母亲的关系中，鲁迅不仅是被动地接受，更有反思、掩饰甚至其他的情绪表达，有些情感还进一步表现在他的创作中。正如王得后先生所指出的："熟悉鲁迅的前辈，在回忆鲁迅而涉及他和母亲以及他和儿子的关系的时候，大都强调鲁迅对母亲的'孝敬'和对儿子的挚爱，这是事实，

[①] "如众所知，鲁迅虽然生长在一个小城市里，但是他和农村有着深厚的联系。他自己虽然出身于士大夫官僚家庭，但是由于母亲出身于农家，所以从小就和广大农民的'野孩子'混在一起。因此，在整个民主革命时期，截然不同于同时代的一些知识分子，他以广大农民和一切被压迫阶级的代言人自居，替他们呼号，为他们请命。"（许广平：《鲁迅回忆录》，鲁迅博物馆等编：《鲁迅回忆录·专著》下册，北京出版社1999年版，第1089页。）此外，孙伏园、荆有麟等人在回忆录中也曾谈及鲁瑞对鲁迅性格、习惯等方面的影响，详见许钦文、孙伏园等：《鲁迅先生二三事·早期弟子忆鲁迅》，河北教育出版社2000年版。

也合乎人情,无疑是不错的。但也只是一个方面,还有另一个方面,即鲁迅感到困苦和不满的一面。"①即是说,考察鲁迅与母亲的情感关系,亦能更好地理解鲁迅作品中的母亲书写。更重要的是,在我们的论题中,从鲁迅跟母亲的关系角度切入,能够相对轻松地打开鲁迅的心灵世界,进而透过这一关系展现作为个体的鲁迅内心的敏感、纠缠、矛盾等复杂心境。即是说,我们并不是从生平或传记的角度来审视鲁迅跟母亲的亲情关系,而是试图在这一关系中展现鲁迅某一侧面的真实心境。

亲情体验在个人情感生活中所占比重很大,作家也经常借助亲情书写来传达对于情感以及这种情感关系中的自我和他人的看法。在亲情关系中,他人既是外在于自我的,又是跟自我处于同一关系中的双向存在,因此,透过亲情书写,我们通常不仅能够看到作家笔下的他人形象,更能够从中读出作家对于自我的审视和理解。之所以选择母亲鲁瑞作为进入鲁迅因亲情而触发的复杂心境,是因为在鲁迅与亲人的关系中,不仅与母亲的情感关系持续时间最长,也最复杂,更重要的是,鲁迅在日记、书信甚至创作中对于这种母子关系一直有所揭示。他有不少文字涉及这种情感的表达。但总的说来,目前学界对鲁迅与母亲关系的研究还不够深入,未能剖析这种关系带给鲁迅的极其复杂的情感体验与心境变化。

事实上,在鲁迅与母亲的亲情关系中,有很多隐而不彰的细微处,其中最重要的无疑是鲁迅跟朱安的婚事。尽管周建人说,鲁迅"对婚姻虽然失望,但他丝毫也没有责备母亲,对她的态度还是和以前一样,既亲切又尊重,有什么事情总愿意和母亲说说"②。但当代学者吴俊却认为:"鲁迅一生始终都在不断地压抑着他因对母亲的感情而产生的痛苦。这样,对于痛苦的承担和压抑,便不仅影响了他的个性心态,也直接导致了他对母亲的感情的矛盾倾向。"③我们都知道,鲁迅一生给母亲写了很多封家信,尤其是上海十年期间,鲁迅跟母亲之间书信不断,表面上呈现出一种浓浓的亲情与拳拳的孝心,但是,谢泳却从鲁迅致母亲书信中读出了作为主体的鲁迅的自我压抑,而这种情绪又反过来导致了鲁迅内心的复杂情绪进而影响到其文学创作。"鲁迅给母亲的信是很特殊的,除了数量之多外,信的格式、内容都有别于鲁迅其他书简的习惯,特别是致母亲书的语言、文气都给人一种压抑之感,这个特征不仅仅由于辈份的原因,它与鲁迅深层心理中潜在的对母亲的愧疚

---

① 王得后编著:《〈两地书〉研究》,天津人民出版社1982年版,第353页。
② 周建人口述,周晔编写:《鲁迅故家的败落》,湖南人民出版社1984年版,第243页。
③ 吴俊:《鲁迅个性心理研究》,华东师范大学出版社1992年版,第149页。

有一定关系。"①当然,在鲁迅与母亲关系中,这种隐秘的甚至相互纠缠的情感纠葛还有很多,这些情感纠葛都在不同程度上影响到鲁迅复杂心境的生成。因此,研究鲁迅与母亲的情感关系,并由此探讨鲁迅复杂心境的生成及其影响,具有重要学术意义。

第一节 "八元的川资"与"母亲的礼物"

"鲁迅"这个笔名是鲁迅发表《狂人日记》时启用的,其中的"迅"字来自于鲁迅日本时期所用的笔名之一"迅行","鲁迅就是承迅行而来的,因为那时的《新青年》编辑者不愿意有别号一般的署名"②。而作为姓氏的"鲁"字则取自母亲鲁瑞,鲁迅也对此做过解释:"我从前用过迅行的别号是你所知道的,所以临时命名如此。理由是:(一)母亲姓鲁,(二)周鲁是同姓之国,(三)取愚鲁而迅速之意。"③当然,这肯定是作为知识人的鲁迅考虑的一个维度,更加直观的感受是,"鲁迅"这个笔名中无疑饱含了鲁迅对于母亲的肯定和挚爱,他在"鲁迅"诞生之初就以这种方式让母亲的爱和自己的生命关联得更加紧密。

但是,鲁迅直接谈及自己母亲的文字并不多,几篇自传性质的文字中涉及母亲的部分也十分简略,而且叙述文字几乎一样,前两次的自传中都是:"母亲姓鲁,乡下人,她以自修得到能够看书的学力。"④唯一不同的是,在1934年的一份材料中,鲁迅写的是:"她以自修到能看文学作品的程度。"⑤将原来较为含混的"看书"改成了"看文学作品",这固然体现出鲁迅写作态度的严谨,但是对于我们理解鲁迅跟母亲的关系来说,其间的意义差别并不大。倒是鲁迅介绍母亲的几点内容值得注意,他对母亲的介绍突出了三点:姓氏、乡下人出身以及阅读能力。这三点无疑是作为知识分子的鲁迅最看重、也是令其印象最深的地方,对鲁瑞而言,这样的介绍并没有什么不妥,但是文字的过于中性甚至僵硬,还是能够让我们从中感受到鲁迅对母亲的一些下意识心态。

其实,鲁瑞并非一般乡下人,她生于书香门第,"鲁瑞出生于绍兴城内昌

---

① 谢泳:《鲁迅致母亲书的文化意义》,《鲁迅研究月刊》1993年第8期。
② 鲁迅:《华盖集续编·〈阿Q正传〉的成因》,《鲁迅全集》第3卷,第395页。
③ 许寿裳著,马会芹编:《挚友的怀念——许寿裳忆鲁迅》,河北教育出版社2000年版,第28页。
④ 鲁迅:《集外集·俄文译本〈阿Q正传〉序及著者自叙传略》,《鲁迅全集》第7卷,第85页。
⑤ 鲁迅:《集外集拾遗补编·自传》,《鲁迅全集》第8卷,第401页。

安街,四岁时才随家搬回安桥头"。鲁迅的"外公鲁晴轩,名希曾,从事过盐务,后来中了举人,在京城做户部主事"。"因为同乡和公务的关系,鲁晴轩就决定把女儿鲁瑞嫁到绍兴城里覆盆桥周家。"①而且鲁瑞自幼读过一点书,"她老人家告诉我们,在她幼小的时候,她哥哥(也许是弟弟,记不清了)读书,老师给他上课时,她站在旁边听课将近一年。以后,由于封建陋规的影响,家里不准她听课了。她自己找些书看,遇到不认识的字,就问别人"②。就是凭着坚持不懈的自修,鲁瑞获得了基本的阅读能力。

  鲁迅与母亲鲁瑞的关系在其13岁前没有留下太多信息,只是小说《故乡》中隐约写到一点母亲带"我"在皇甫庄度假、看社戏的经历,其中应该有鲁迅幼时在安桥头外婆家的记忆。即便是在鲁迅称为"回忆的记事"③的《朝花夕拾》中,母亲的形象出现得也很少,而且几乎每次都是作为背景性人物或者功能性人物出现的④,没有太多的细节描写,也未尝流露出作者对母亲的情感态度。但事实上在1893年鲁迅祖父周福清科场案发,尤其是父亲周伯宜生病后,作为长子的鲁迅与母亲鲁瑞的关系因为家庭的变故而愈加紧密起来。科场案发后,为了尽量减轻这一事件带给孩子的负面影响,母亲鲁瑞领着鲁迅兄弟二人到皇甫庄避难,尽管鲁迅后来回忆起这段寄人篱下的生活,言辞中难掩屈辱:"但到我十三岁时,我家忽而遭了一场很大的变故,几乎什么也没有了;我寄住在一个亲戚家,有时还被称为乞食者。"⑤一句"乞食者"对鲁迅自尊心的伤害可想而知,这种屈辱感更来自于因家道衰落而引发的对于世人真面目的认识,正如他后来在跟人聊天时所说:"我小的时候,因为家境好,人们看我像王子一样;但是,一当我家庭发生变故后,人们就把我看成叫花子都不如了。"⑥在这种情形下,母亲无疑成为少年鲁迅的庇护者,为他撑起了一片天空。

  更重要的是,在父亲生病直到去世的几年里,作为长子的鲁迅与家庭的实际掌权者鲁瑞之间的复杂关系。鲁迅因为祖父入狱、父亲生病而过早承

---

① 朱忞、谢德铣、王德林、裘士雄编著:《鲁迅在绍兴》,浙江文艺出版社1997年版,第56页。
② 萧红、俞芳等著:《我记忆中的鲁迅先生:女性笔下的鲁迅》,河北教育出版社2000年版,第211页。
③ 鲁迅:《南腔北调集·〈自选集〉自序》,《鲁迅全集》第4卷,第469页。
④ 《〈二十四孝图〉》《五猖会》中的母亲形象是作为背景性人物出场的,而在《阿长和〈山海经〉》《父亲的病》中,母亲则主要是作为功能性人物出现的,所谓功能性人物是指这个人物的出场是为了塑造其他人物(通常是主要人物)或者叙事的需要出现的。
⑤ 鲁迅:《集外集·俄文译本〈阿Q正传〉序及著者自叙传略》,《鲁迅全集》第7卷,第85页。
⑥ 林楚君:《鲁迅热切关怀文艺青年》,薛绥之主编:《鲁迅生平史汇编》第四辑,天津人民出版社1983年版,第359页。

担起了家庭的责任:"我有四年多,曾经常常,——几乎是每天,出入于质铺和药店里,年纪可是忘却了,总之是药店的柜台正和我一样高,质铺的是比我高一倍,我从一倍高的柜台外送上衣服或首饰去,在侮蔑里接了钱,再到一样高的柜台上给我久病的父亲去买药。"①此外,大家族中的很多事情也要鲁迅作为家庭代表参与,令他记忆深刻的是在家族商议重新分配住房的会议上,连一向和蔼的玉田叔祖竟也逼迫他接受压缩住房的议案②,这对于鲁迅的心理伤害可想而知。尽管鲁迅清楚他做这些事情是"不得已"的,但在潜意识深处未必没有他这样做是在为母亲分忧的想法。换言之,在少年鲁迅心里泛起种种屈辱时,当他还没有能力分辨母亲的角色定位与传统道德之间的复杂关系时,他或多或少会把这种屈辱与母亲联系起来。然而,在耳濡目染的传统文化道德境遇中,鲁迅又不自觉地承担起了长房长孙所应肩负的使命。即是说,在少年鲁迅心目中,因为家庭接二连三的变故,让他过早经历了"应当"和"不情愿"这种情绪上的矛盾、挣扎与痛苦。长子的身份让鲁迅意识到不得不承担起家庭的重负,然而少年的敏感、不成熟又让他试图逃避这种负担,但是无声的母亲让鲁迅不得不放弃挣扎、抛开羞涩,去直面那些成人世界的真面目。也就是说,在家道中落过程中,鲁迅除去看清了世人的真面目,更重要的还在于经历着自己与母亲乃至广义的亲情的重新定位。

因为家道中落,原本温情脉脉的亲情关系不复存在,少年鲁迅不得不直面成人世界的残酷,面对那些来自母亲的有声无声的命令,鲁迅理智上知道必须按照母亲的吩咐去做,但是在此过程中不断遭遇的冷眼、屈辱又让他幼小的心灵难以承受。从这个意义上说,在成年过程中鲁迅与母亲之间就存在着一种双向的关系,表面上是鲁迅对母亲无条件的服从、遵循,但在这种遵循与服从背后,外界的冷眼和屈辱,实际上也在鲁迅内心积攒着诸多不快甚至不满,并且这种隐隐的不满还不能在母亲面前表现出来,所以压抑便成了鲁迅对母亲的一种长期的情感状态,正如谢泳从鲁迅致母亲的书信中感受到的那样。其实,这种压抑可以一直追寻到鲁迅少年时期。

尽管这些遭遇给少年鲁迅带来诸多不快,但早熟的他还是能够理解母亲的苦衷,而母亲赞成其上新学堂这一决定不仅彻底改变了鲁迅的命运,也

---

① 鲁迅:《呐喊·自序》,《鲁迅全集》第1卷,第437页。
② "有一次,本家长辈们要重新分配住房,集会商议,我大哥去参加了。他们借口我们房里人少,所以要压缩我们的住房。……谁知我大哥说,祖父还在狱中,这样的事自己不能作主,要禀告祖父,不肯签字画押。平时似乎很和蔼可亲的玉田公公,也声色俱厉地斥责我大哥起来。"(周建人口述,周晔编写:《鲁迅故家的败落》,湖南人民出版社1984年版,第138页。)

在某种意义上重新定位了鲁迅对母亲的认知。多年后鲁迅回忆起这段生活时,心中还是充满感激之情:

> 我的母亲没有法,办了八元的川资,说是由我的自便;然而伊哭了,这正是情理中的事,因为那时读书应试是正路,所谓学洋务,社会上便以为是一种走投无路的人,只得将灵魂卖给鬼子,要加倍的奚落而且排斥的,而况伊又看不见自己的儿子了。①

我们可以从这段话中看出鲁迅对母亲复杂心境的理解,"没有办法"是母亲当年的真实处境,然而她还是"办了八元川资",这表明了母亲对鲁迅的爱,尽管家境窘迫却仍在为孩子的前程着想。"然而伊哭了",这里的"哭"不仅饱含着作为母亲对少年鲁迅的愧疚,同时也有着对即将外出求学的儿子的不舍,"而况伊又看不见自己的儿子了"。若干年后,鲁迅在写作这段文字时,内心的情绪一定也是极为复杂的,当他接过母亲递来的八元川资时,内心也许同样有着一份愧疚,因为他不再能够跟母亲一起承担家庭的重负。另一方面,目睹着母亲的艰难,鲁迅似乎又一下子理解了母亲的难处,同时也似乎原谅了来自母亲的那些吩咐,在那一瞬间,过去的屈辱仿佛一下子照亮了这个青年的内心,他在更高的意义上跟过去达成和解。正如房向东指出的那样:"鲁迅的父亲去世时,鲁迅已经到了能够为家庭分忧的年龄,况且,他又是长子,所以,鲁迅事实上替母亲遮挡了许多'严相逼'的风刀霜剑。"②所有这一切,鲁瑞心里是最清楚的,所以她后来对人说起这段共同经历的困境,言语中明显带着对鲁迅的赞赏:"在那艰难的岁月里,他最能体谅我的难处;特别是进当铺典当东西,要遭受到多少势利人的白眼,甚至奚落;可他为了减少我的忧愁和痛苦,从来不在我面前吐露他难堪的遭遇。而且,对于这些有损自尊心的苦差使,他从没有推托过,每次都是默默地把事情办好,将典当来的钱如数交给我,不吐半句怨言。"③然而,对鲁迅来说,从未吐露难堪和怨言,并不代表没有遭遇难堪没有任何怨言,只是因为体谅寡母的难处,所以才不去提及,"正因为都是寡母抚养大的,这就客观上决定了他们无法反抗母亲,只能接受'母亲的礼物',接受无爱的婚姻"④,但事实上这些难堪和怨言却在鲁迅内心形成了一种挥之不去的阴影。

---

① 鲁迅:《呐喊·自序》,《鲁迅全集》第1卷,第437—438页。
② 房向东:《鲁迅与胡适:"立人"与"立宪"》,上海交通大学出版社2016年版,第4页。
③ 俞芳:《我记忆中的鲁迅先生》,浙江人民出版社1981年版,第95页。
④ 房向东:《鲁迅与胡适:"立人"与"立宪"》,上海交通大学出版社2016年版,第4页。

鲁迅在分担母亲的家庭负荷中过早看清了世人的真面目，品尝到前所未有的难堪和屈辱，并对其个性思想和文学创作产生了很大影响。[1]可鲁迅并未因此埋怨母亲，他对母亲即便有过不理解，但也因为母亲支持自己读书而感受到了来自母亲的爱，所以他才会在跟友人的通信中说"我的母亲是很爱我的"[2]。鲁迅跟母亲之间最大的分歧无疑来自母亲给他安排的婚姻。从鲁瑞的角度来说，她的初衷肯定是好的，正如周建人所分析的那样："母亲极爱我大哥，为什么不给他找一个好媳妇呢，为什么要使他终身不幸呢？……那只有一种解释，那就是，(她)认为朱安一定胜过她所有的侄女、甥女。"[3]周作人则认为母亲是"上了本家极要好的妯娌的当"："'新人'是丁家弄的朱宅，乃是本家叔祖母玉田夫人的同族，由玉田的儿媳伯挍夫人做媒成功的，伯挍夫人乃出于观音桥赵氏，也是绍兴的大族，人极漂亮能干，有王凤姐之风，平素和鲁老太太也顶讲得来，可是这一件事却做的十分不高明。新人极为矮小，颇有发育不全的样子，这些情形姑媳不会得不晓得，却是成心欺骗，这是很对不起人的。"[4]无论是出于什么原因，总之，这桩婚事一开始就很不幸，长期在周家作佣的王鹤照的回忆颇能说明问题："鲁迅先生结婚是在楼上，过了一夜，第二夜鲁迅先生就睡到书房里去了，听说印花被的靛青把鲁迅先生的脸也染青了，他很不高兴。当时照老例新婚夫妇是要去老台门拜祠堂的，但是鲁迅先生没有去。"[5]新婚当夜，鲁迅以泪洗面，其间的甘苦可以想见。

而最能体现鲁迅对于这桩婚姻及婚姻安排者态度的，就是鲁迅坚持将朱安看作"母亲的礼物"。对于这段婚姻，鲁迅也曾提出抗议，但遭到了母亲的拒绝，后来又提出过要新人"放脚""读书"等两项建议，最终也没有得到落实，所以鲁迅和朱安之间的确没有感情基础，甚至可以说他们完全是两个世界里的人。所以鲁迅在跟友人的谈话中才一直将朱安视作"母亲给我的一件礼物"，说迎娶朱安是"母亲娶媳妇"，朱安"是母亲给我的一件礼物，我只能好好地供养它，爱情是我所不知道的。"[6]甚至还说："她是我母亲的太太，

---

[1] 参见[日]丸尾常喜：《耻辱与恢复——〈呐喊〉与〈野草〉》第一部分"从耻辱启程"，秦弓、孙丽华译，北京大学出版社2009年版。
[2] 鲁迅：《书信·19350824致萧军》，《鲁迅全集》第13卷，第528页。
[3] 周建人口述，周晔编写：《鲁迅故家的败落》，湖南人民出版社1984年版，第242—243页。
[4] 周作人著，止庵校订：《知堂回想录》，河北教育出版社2002年版，第199—200页。
[5] 王鹤照：《回忆鲁迅先生》，鲁迅博物馆等编：《鲁迅回忆录·散篇》上册，北京出版社1999年版，第13页。
[6] 许寿裳著，马会芹编：《挚友的怀念——许寿裳忆鲁迅》，河北教育出版社2000年版，第35页。

不是我的太太。"①五四时期,鲁迅曾在一则杂感中借着青年诗人的口吻发表过对于包办婚姻的看法:"我年十九,父母给我讨老婆。于今数年,我们两个,也还和睦。可是这婚姻,是全凭别人主张,别人撮合:把他们一日戏言,当我们百年的盟约。仿佛两个牲口听着主人的命令:'咄,你们好好的住在一块儿罢!'"诗人在追叙自己的婚姻生活后得出了如下结论:"爱情!可怜我不知道你是什么!"②

应该说,诗中的青年要比鲁迅来的幸福,因为他们夫妻之间尚能和睦相处,鲁迅的婚姻更加凄苦。鲁迅跟朱安之间徒有夫妻之名而已,连平时交流都很少,有人曾用一天只讲"三句话"来描述他们之间的日常生活:

> 而鲁迅常年四季,除例话外,又不大与太太谈天。据他家老妈讲:"大先生与太太每天只有三句话,早晨太太喊先生起来,先生答应一声'哼',太太喊先生吃饭,先生又是'哼',晚上先生睡觉迟,太太睡觉早,太太总要问:门关不关?这时节,先生才有一句简单话:'关',或者'不关',要不,是太太向先生要家用钱,先生才会讲着较多的话。"③

文字或许不免有些夸张,却从侧面表现出他们日常生活的真实状态。由这样的实际生活出发,我们更能从鲁迅"母亲的礼物"说中读出无爱婚姻带给他心理和情感上的巨大痛苦。一方面朱安是母亲出面定下的婚姻,尽管鲁迅提出过取消婚约,但是为了不让母亲难堪,他最终还是接受了这门婚姻。可事实上,就情感而言鲁迅对于这桩婚姻从一开始就是被动的,之所以不能抗拒,除去考虑到取消婚约对于朱安的影响外,更重要的是,他不愿让寡母为难,所以说这桩婚姻对鲁迅来说就是各种情感互相制衡的结果,而非爱情的结晶。另一方面,礼物本是一种等待主体赋值的附属性存在,自身并没有主体性。但是作为"礼物"的朱安,是个活生生的人,既不能休回,还要好好供养,尽管鲁迅理性上知道错不在朱安,"但在女性一方面,本来也没什么罪,现在是做了就习惯的牺牲",所以他早就做好了"陪着做一世牺牲"的思想准备,"我们既然自觉着人类的道德,良心上不肯犯他们少的老的的罪,

---

① [日]内山完造:《我认识鲁迅先生的经过》,转引自陈漱渝:《许广平传》,人民日报出版社2011年版,第45页。
② 鲁迅:《热风·四十》,《鲁迅全集》第1卷,第337页。
③ 荆有麟:《鲁迅回忆断片》,许钦文、孙伏园等:《鲁迅先生二三事:前期弟子忆鲁迅》,河北教育出版社2000年版,第225页。

又不能责备异性,也只好陪着做一世牺牲,完结了四千年的旧账"。①但与此同时鲁迅深知"做一世牺牲,是万分可怕的事",在长年累月的相处中,面对面的尴尬与痛苦带给鲁迅的身心折磨或许不啻婚姻本身吧。最后,鲁迅竟然以此来自我否定,说自己不知道爱情。鲁迅所谓的不知道爱情,其实是说他从这段婚姻中并未品尝到爱情的滋味,而非真的不知道何为爱情。他在跟一位青年朋友的通信中明确表示过:"其实呢,异性,我是爱的,但我一向不敢,因为我自己明白各种缺点,深恐辱没了对手。然而一到爱起来,气起来,是什么都不管的。"②可见,鲁迅不仅拥有爱的能力,同样拥有爱的气魄,但是现实生活中却要固守一段无爱的婚姻,从这个逻辑看,这段婚姻对鲁迅来说无疑是一个致命的打击。

所以,这段婚姻即便抛开形而下的肉体苦痛不说,仅是精神上的痛苦也在一直折磨着鲁迅,而这桩婚姻的决定者恰恰是母亲,所以说,一句"母亲的礼物"里该是蕴藏着多少鲁迅对于母亲不能说破的不满啊。朱安尚且可以像礼物一样供养起来,可是母亲呢?不仅无法回避,而且鲁迅还要竭力保持一个孝子的形象和姿态——在这个意义上,与其说给鲁迅带来这枚苦果的是朱安,不如说是母亲,鲁迅后来所说的"但最悲苦的是死于慈母或爱人误进的毒药"③,恐怕也不是一句空穴来风的感慨。由此出发,鲁迅对母爱获得了一个超越性的辩证认识,进而得出了诸多不同凡响的结论,晚年鲁迅甚至对冯雪峰说过这样的话:"我以为母爱的伟大真可怕,差不多是盲目的。"④可以说,鲁迅的不幸婚姻,正是母爱之可怕的一则注脚。鲁迅对于母爱的认识,尽管与我们通常的理解不尽相同,甚至有些令人难以接受,但是对鲁迅来说,这种辩证认识却在某种意义上缓解了他因不幸婚姻引发的对于母亲的不满。进言之,鲁迅对于母爱一分为二的认识使他更加理性地理解了母爱,因此这些看似决绝的论断,不仅流露出鲁迅对于母亲的不满,而且表达了一种更高意义上的对于母亲的理解与怜爱。

总而言之,"八元的川资"与"母亲的礼物"二者共同构成了鲁迅与母亲关系中两个互相矛盾的情感基点。鲁迅对于多方筹措八元川资以帮助自己求学的那个母亲,无疑是心存感激的,倘没有这笔旅费,鲁迅也就不可能走出故乡,不可能接触到外面的世界,更没有后来的文学成就,所以,母亲的这

---

① 鲁迅:《热风·四十》,《鲁迅全集》第1卷,第338页。
② 鲁迅:《书信·290322致韦素园》,《鲁迅全集》第12卷,第157页。
③ 鲁迅:《华盖集·杂感》,《鲁迅全集》第3卷,第51页。
④ 冯雪峰:《鲁迅先生计划而未完成的著作》,《雪峰文集》第4卷,人民文学出版社1981年版,第17页。

一行为是鲁迅后来一切认可、谅解、接受的情感基础。与此相对的则是那个送"礼物"的母亲形象,鲁迅对这个意义上的母亲,内心无疑更加复杂,其中固然有不满,更有压抑。这种无法排解的不满与"翻类书,荟集古逸书数种""以代醇酒妇人"[①]的现实生活放在一起,可以想见鲁迅当时的内心感受,但是鲁迅后来对母爱多元化的理解某种程度上缓解了他对母亲的不满情绪。无论如何,"八元的川资"与"母亲的礼物"不仅构成了鲁迅有关母亲的记忆焦点,同时也成为鲁迅与母亲关系的情感基点,甚至已经成为鲁迅跟母亲相处中不时唤起的一种情感记忆。或许正因为此,鲁迅在小说中塑造的母亲的形象才会如此复杂,这里面固然有塑造人物的需要,但是否也隐含着诸多现实中鲁迅对母亲乃至广义上的母爱的理解呢? 所以,洞悉鲁迅与母亲的情感关系以及由此造成的鲁迅心境的起伏,某种意义上也为进一步理解鲁迅文学作品提供了一种视角。

第二节 "远念"与隔膜共生

1926年8月,鲁迅南下后便结束了跟母亲朝夕相处的日常生活,代之而起的是彼此之间的书信交流。鲁瑞虽以自修得到能够看书的学力,却不太会写,她跟鲁迅之间的信件都是由别人代写的,而且"别人代写的信,都是以写者署名的,因此大先生的回信,也是写给他们的。关于太师母的事,只在他们的信里附上几句,由他们转告,这样,老人家总觉得自己和儿子隔了一层"[②]。俞芳的出现,让鲁迅和母亲之间的"直接通信"成为可能。据俞芳回忆,鲁瑞写给鲁迅的信件,从称呼、格式、内容都是鲁瑞决定的:"信稿写好,我慢慢念给太师母听。……她听到不合适的地方,就提出意见,叫我修改。我边念边改,改到她老人家满意为止。"[③]这样,俞芳便以"代笔"的角色实现了鲁迅和母亲之间的直接通信。据《鲁迅日记》可知,鲁迅跟母亲之间的往来书信达271封。遗憾的是,大部分书信没能保存下来,现在只能看到鲁迅写给母亲的50封信。

从现存鲁迅致母亲书信可以看出,他们交流最多的是日常生活,鲁瑞对这个千里之外的长子颇为牵挂。鲁迅在信中除表达对母亲的问候与惦念之

---

① 鲁迅:《书信·101115致许寿裳》,《鲁迅全集》第11卷,第335页。
② 俞芳:《我记忆中的鲁迅先生》,浙江人民出版社1981年版,第111页。
③ 同上书,第110页。

外,话题主要围绕海婴的成长经历、一家人的日常生活、自己的病情等内容展开,当然还会涉及同在上海的周建人一家的近况。而且,我们从鲁迅对母亲书信中流露的恭敬态度可以察觉到,鲁迅对于自己离开母亲另建家庭心中是存有愧疚的,所以无论遇到什么事情,鲁迅总是表现得很平静,以免母亲牵挂,信中最常见的字眼就是"勿念""乞勿远念""请释念"等。其实,写信恰恰是"念"之表现,透过鲁迅跟母亲书信中简短的片言只语,我们能看出上海时期尤其是1932—1935年间鲁迅在极其紧张的笔战状态下的别样心境。在此意义上,鲁迅致母亲的这批书信,不仅是我们了解鲁迅和鲁瑞母子情感关系的重要资料,更为我们解读鲁迅真实心境提供了难能可贵的一手材料。

鲁迅跟母亲通信中谈的最多的就是对彼此的牵挂。鲁迅多次提醒母亲注意身体,尤其是他在得知母亲胃病复发之后,多次提醒母亲要注意调养,注意饮食,"大人的胃病,近来不知如何,万乞千万小心调养为要"[1]。在获悉母亲牙齿松动时又给出建议:"牙既作痛,恐怕就要摇动,一摇动,即易于拔去,故男以为俟稍凉似可与一向看惯之牙医生一商量,倘他说可保无痛,则不如拔去,另装全口假牙,不便也不过一二十天,用惯之后,即与真牙无异矣。"[2]一年多后得知母亲的牙已经拔去时又提醒说:"其实时时要痛,原不如拔去为佳,惟此后食物,务乞多吃柔软之物,以免胃不消化为要。"[3]鲁迅不仅关心母亲身体,还时时照顾到母亲的心情,不想让母亲因琐事生气。1933年的老家修坟之事尤其能体现鲁迅对母亲的关心。鲁迅在得知老家修坟之事后立即预付50元,"修坟已择定旧历九月廿八日动工,共需洋三十元,又有亩捐,约需洋二十元,大约连太爷之祭田在内,已由男汇去五十元,倘略有不足,俟细账开来后,当补寄,请勿念"[4]。几天后又在通信中特别提醒母亲不要跟周作人夫妇提及此事,"此项经费,已由男预先寄去五十元,大约已所差无几,请大人不必再向八道湾提起,免得因为一点小事,或至于淘气也"[5]。羽太信子向来不够通情达理,鲁迅担心母亲因此跟羽太信子起冲突而不快,故有此提醒。据俞芳说:"太师母看到这信十分感动,称赞大先生体谅老人,处处为别人着想,他经济很紧,但情愿自己节省,也不愿使母亲淘气,他为母亲想得多么周到呵。"[6]确实如此,鲁迅虽不在母亲身边,但他一直对母亲在

---

[1] 鲁迅:《书信·350331致母亲》,《鲁迅全集》第13卷,第429页。
[2] 鲁迅:《书信·340712致母亲》,《鲁迅全集》第13卷,第173页。
[3] 鲁迅:《书信·351204致母亲》,《鲁迅全集》第13卷,第594—595页。
[4] 鲁迅:《书信·331112致母亲》,《鲁迅全集》第12卷,第490页。
[5] 鲁迅:《书信·331219致母亲》,《鲁迅全集》第12卷,第517页。
[6] 俞芳:《我记忆中的鲁迅先生》,浙江人民出版社1981年版,第118页。

父亲去世后独立支撑整个家庭心存感激,他多次对人说"我娘是苦过的"。

而母亲鲁瑞同样对远在千里之外的长子十分惦记,上海时期鲁迅经历的几番谣言每次都让母亲异常担心。1931年1月柔石、胡也频等五位"左联"作家被捕,柔石被捕时身上恰好带着鲁迅手抄的印书合同,鲁迅因此受到当局怀疑[1],甚至有小报谣传鲁迅被捕。鲁瑞看到这一消息非常焦急,直到2月初收到鲁迅的亲笔辟谣信才释怀。次年"一·二八事变"发生后,由于鲁迅和周建人所在的北四川路成为战场,"太师母这次确是急得吃不下饭,睡不好觉。接着又传闻大先生'失踪'的消息,老人家越加焦急了"[2]。同年11月,鲁瑞病重,鲁迅收到电报即动身回京探望,尽管鲁迅在京期间忙得不可开交,可"他侍奉太师母,为之延医诊治,进言珍摄之道"[3],可以说无微不至。"大先生离京不久,又传来了谣言,说大先生在途中被捕。好在很快即收到大先生平安抵沪的来信,太师母才放下心来。"[4]后来,中国民权保障同盟总干事杨杏佛遇害后,鲁迅等人亦处境危险,1934年春又有小道消息说鲁迅患上脑膜炎[5],等等。鲁瑞每每听到这种传闻,自然免不了会跟着提心吊胆,从这个意义上说,时空的阻隔无疑加剧了鲁迅和母亲对彼此的牵挂,但也促进了母子间的情感交流。

在现存的50封鲁迅致母亲书信中,鲁迅着墨最多的自然是爱子海婴。鲁迅写给母亲的大部分书信均会提及海婴,一方面体现出鲁迅对海婴的浓浓爱意,另一方面这些内容也是鲁瑞所急于了解的,在此意义上,海婴便成为鲁迅跟母亲之间情感交流的一根纽带。因此,从海婴的饮食起居、生病痊愈、上幼稚园乃至平日的种种调皮捣蛋行为,鲁迅均事无巨细的向母亲进行讲述。我们且看几条鲁迅的相关描述:

> 海婴疹子见点之前一天,尚在街上吹了半天风,但次日却发得很好,移至旅馆,又值下雪而大冷,亦并无妨碍,至十八夜,热已退净,遂一同回寓。现在胃口很好,人亦活泼,而更加顽皮,因无别个孩子同玩,所

---

[1] "明日书店要出一种期刊,请柔石去做编辑,他答应了;书店还想印我的译著,托他来问版税的办法,我便将我和北新书局所订的合同,抄了一份交给他,他向衣袋里一塞,匆匆的走了。""第二天,他就在一个会场上被捕了,衣袋里还藏着我那印书的合同,听说官厅因此正在找寻我。"(鲁迅:《南腔北调集·为了忘却的记念》,《鲁迅全集》第4卷,第498—499页。)

[2] 俞芳:《我记忆中的鲁迅先生》,浙江人民出版社1981年版,第113页。

[3] 同上书,第115页。

[4] 同上书,第108页。

[5] "近闻天津报上,有登男生脑炎症者,全系谣言,请勿念为要。"(鲁迅:《书信·340315致母亲》,《鲁迅全集》第13卷,第45页。)

以只在大人身边吵嚷,令男不能安静。所说之话亦更多,大抵为绍兴话,且喜吃咸,如霉豆腐,盐菜之类。现已大抵吃饭及粥,牛乳只吃两回矣。

这是现存鲁迅致母亲的最早一封信,写于1932年3月20日,此时海婴已经两岁半,鲁迅在信中主要讲到了海婴出疹子(病)、饮食情况、个性以及对自己工作的影响等。这份信中涉及的上述内容也是鲁迅在接下来跟母亲通信的主要话题,如在同年7月的一封信中鲁迅写道:

海婴现已全愈,且又胖起来,与生病以前相差无几,但还在吃粥,明后天就要给他吃饭了。他很喜欢玩耍,日前给他买了一套孩子玩的木匠家生,所以现在天天在敲钉,不过不久就要玩厌的。近来也常常领他到公园去,因为在家里也实在闹得令人心烦。①

值得注意的是,鲁迅两次都提到海婴在家的嬉闹影响到自己的工作,"令男不能安静""实在闹得令人心烦",后来的信中还多次提到此类影响。② 随着海婴的成长,鲁迅又感受到了新的烦恼,在信中他告诉母亲说每晚给海婴讲故事费时不少③、海婴颇调皮④、管束起来颇为费力⑤,等等。应该说这些都是实情,小孩子好动,又爱热闹,难免会影响到鲁迅的写作。但是,这种生

---

① 鲁迅:《书信·320702致母亲》,《鲁迅全集》第12卷,第316页。
② "他只怕男一个人,不过在楼下闹,也仍使男不能安心看书,真是没有法子想。"(鲁迅:《书信·340821致母亲》,《鲁迅全集》第13卷,第201页。)"从二十日起,已将他送进幼稚园去,地址很近,每日关他半天,使家中可以清静一点而已。"(鲁迅:《书信·350831致母亲》,《鲁迅全集》第13卷,第531页。)"但被他粘缠起来的时候,我看实在也讨厌之至。"(鲁迅:《书信·360922致母亲》,《鲁迅全集》第14卷,第152页。)"海婴仍不读书,专在家里捣乱,拆破玩具,但比上半年懂事得多,且较为听话了。"(鲁迅:《书信·331219致母亲》,《鲁迅全集》第12卷,第517页。)"现在每天很忙,专门吵闹,以及管闲事。"(鲁迅:《书信·340916致母亲》,《鲁迅全集》第13卷,第208页。)
③ "海婴很好,脸已晒黑,身体亦较去年强健,且近来似较为听话,不甚无理取闹,当因年纪渐大之故,惟每晚必须听故事,讲狗熊如何生活,萝卜如何长大等等,颇为费去不少工夫耳。"(鲁迅:《书信·331112致母亲》,《鲁迅全集》第12卷,第490页。)
④ "海婴……日见其长,但不胖,议论极多,在家时简直说个不歇。动物是不能给他玩的,他有时优待,有时则要虐待,寓中养着一匹老鼠,前几天他就用蜡烛将后脚烧坏了。"(鲁迅:《书信·340613致母亲》,《鲁迅全集》第13卷,第149页。)
⑤ "惟海婴日见长大,自有主意,常出门外与一切人捣乱,不问大小,都去冲突,管束颇觉吃力耳。"(鲁迅:《书信·340529致母亲》,《鲁迅全集》第13卷,第128页。)

活也是鲁迅此前没有体验过的。如果他还记得羽太信子不让家里的孩子跟鲁迅玩,还说"冷清得他要死"①之类的话,那么,我想鲁迅在给母亲以及其他人的信中抱怨海婴吵闹、顽皮的同时,内心也未尝没有一点别样的欣喜。我以为,书信中的以下几段文字最能表现鲁迅的此种心境:

> 海婴这人,其实平常总是很顽皮的,这回照相,却显得很老实。②
> ……来信并小包两个,均于昨日下午收到。这许多东西,海婴高兴得很,他奇怪道:娘娘怎么会认识我的呢?③
> 他现在胖得圆圆的,比先前听话,这几天最得意的有三件事,一,是亦能陪客(其实是来捣乱),二是自来水龙头要修的时候,他认识工人的住处,能去叫来,三是刻了一块印章。在信后面说的就是。但字却不大愿意认,说是每天认字,也不确的。④
> 他什么事情都想模仿我,用我来做比,只有衣服不肯学我的随便,爱漂亮,要穿洋服了。⑤
> 他只怕男一个人,但又说,男打起来,声音虽然响,却不痛的。⑥
> 他大约已认识了二百字,曾对男说,你如果字写不出来了,只要问我就是。⑦
> 他同玛利很要好,因为他一向是喜欢客人,爱热闹的,平常也时时口出怨言,说没有兄弟姊妹,只生他一个,冷静得很。⑧

鲁迅寥寥几笔便形象的描绘出海婴可爱、童真的一面,我想鲁迅在将海婴以上这些情况写信告诉母亲时,内心一定是喜悦的,而鲁瑞在阅读这些文字时,也一定能够准确感受到这个不在身边的孙儿调皮但又不失可爱的一面。对鲁迅而言,对于海婴童年世界的书写,至少让他暂时告别了文坛的纷争与政治的压力,获得了片刻的轻松。同时,这些以书写海婴为中心内容的

---

① "因为长久没有小孩子,曾有人说,这是我做人不好的报应,要绝种的。房东太太讨厌我的时候,就不准她的孩子们到我这里玩,叫作'给他冷清冷清,冷清得他要死!'"(鲁迅:《且介亭杂文·从孩子的照相说起》,《鲁迅全集》第6卷,第82页。)
② 鲁迅:《书信·340831致母亲》,《鲁迅全集》第13卷,第202页。
③ 鲁迅:《书信·341118致母亲》,《鲁迅全集》第13卷,第261页。
④ 鲁迅:《书信·341216致母亲》,《鲁迅全集》第13卷,第299—300页。
⑤ 鲁迅:《书信·351115致母亲》,《鲁迅全集》第13卷,第581页。
⑥ 鲁迅:《书信·360108致母亲》,《鲁迅全集》第14卷,第7页。
⑦ 鲁迅:《书信·360121致母亲》,《鲁迅全集》第14卷,第12页。
⑧ 鲁迅:《书信·360922致母亲》,《鲁迅全集》第14卷,第152页。

书信,也释放了鲁迅对母亲的情感,表达了对母亲的惦念,可以说,正是母亲的存在,让鲁迅拥有了一条可以分享这份喜悦的渠道,在缓释内心压力的同时,获得了更加健康的心态。

由上可知,鲁迅致母亲书信中有关海婴的文字占了大多篇幅,这一现象从积极的方面看,可以说海婴的确成为鲁迅跟母亲之间情感交流的一个重要纽带,在加强鲁迅母子情感方面起到重要的媒介作用。但是,如果换个角度看,这一现象或许并不完全是欣喜,试想一下如果将鲁迅写给母亲信中有关海婴的文字全部删去,那么还能剩下什么?为了不让母亲担心,鲁迅很少在信中谈及自己的工作状态及由此引发的来自各方面的压力,在长达数年的通信中只有几次隐约涉及这一话题。①在1934年后的通信中,鲁迅倒是多次谈及自己的身体状况,或许是为了让母亲心里有所准备吧。此外,二人通信中虽然不时涉及老家亲友或是宋紫佩、许羡苏和许钦文兄妹、李秉中等熟人,但是其他方面的交流真不算多,这自然跟鲁迅工作的紧张有关,但是否也反映出鲁迅和母亲之间共同的话题越来越少呢?或许正因为此,鲁迅才在谈到自己虽然身心疲惫但是无法减少写作时说:

> 此后也很想少做点事情,不过已有这样的一个局面,恐怕也不容易收缩,正如既是新台门周家,就必须撑这样的空场面相同。②

鲁迅以当年硬撑周家台门的空场面来比喻自己当下的处境未必恰当,不难看出,他其实是在用母亲熟悉的台门往事来尽量缩小他们在某些问题上存在的认知差距。尽管如此,就像新台门周家一去不复返一样,鲁迅跟母亲之间也早已不可能处在同一认识水平上了。换言之,鲁迅和母亲之间的

---

① "男一切如常,但因平日多讲话,毫不客气,所以怀恨者颇多,现在不大走出外面去,只在寓里看看书,但也仍做文章,因为这是吃饭所必需,无法停止也,然而因此又会遇到危险,真是无法可想。"(鲁迅:《书信·330711致母亲》,《鲁迅全集》第12卷,第418页。)"男为生活计,只能漂浮于外,毫无恒产,真所谓做一日,算一日,对于自己,且不能知明日之办法,京寓离开已久,更无从知道详情及将来,所以此等事情,可请太太自行酌定,男并无意见,且亦无从有何主张也。"(鲁迅:《书信·340529致母亲》,《鲁迅全集》第13卷,第128页。)"卖文为活,和别的职业不同,工作的时间总不能每天一定,闲起来整天玩,一忙就夜里也不能多睡觉,而且就是不写的时候,也不免在想想,很容易疲劳的。"(《鲁迅:书信·341118致母亲》,《鲁迅全集》第13卷,第262页。)"男仍安好,但因颇忙,故亦难得工夫休息,此乃靠笔墨为生者必然之情形,亦无法可想。"(鲁迅:《书信·350717致母亲》,《鲁迅全集》第13卷,第504页。)

② 鲁迅:《书信·341118致母亲》,《鲁迅全集》第13卷,第262页。

书信在传达出彼此牵挂的同时,也让早已存在的隔阂逐渐显现出来。这在鲁迅为迎合母亲阅读趣味,竭力为其收集张恨水小说一事上表现得尤为明显。

鲁瑞自修得到能够看书的学力,平日十分喜欢看书,也注意留心时事,"每天看好几份报",并且"很能接受新事物,新思想",比如在放脚、剪头发等新鲜事物上她都很乐意接受,而且"遇到不平的事情,是要斗斗(斗争的意思)的"①,这一点跟鲁迅很相像。尽管如此,鲁迅与母亲思想之间还是存在着不小隔阂,比如鲁瑞虽然默认了鲁迅与许广平的结合,但是在她心中,许广平和朱安的地位还是存在差距的。同样,鲁迅在《在酒楼上》中写到的回乡给幼弟迁坟等,就是鲁迅的亲身经历,而且正是按照母亲的吩咐去做的②,从这件事上也能看出两代人之间的隔膜。鲁迅与母亲之间的这些隔膜,某种意义上是由两代人的时代属性所决定的,换言之,上述种种隔膜并非鲁迅与母亲所独有,而是具有一定的时代普遍性。更重要的是,鲁迅与母亲在文学趣味上的隔膜,鲁迅明知这种隔膜的存在,仍要努力跨越隔膜去跟母亲进行对话,或许这种内心的撕裂感较之于隔膜本身对于鲁迅的伤害来得更大。

我们先来看这一隔膜的由来以及鲁迅为了跟母亲对话付出的种种努力。自1918年发表《狂人日记》以来,作为新文学大家的鲁迅的影响日益深入人心,但据荆有麟回忆,就在《呐喊》出版之后,章衣萍的夫人吴曙天女士曾拿给鲁迅母亲看,告诉她其中《故乡》写得最好。但鲁瑞看过之后,却冷冷地说了句"没啥好看",并进一步解释道:"我们乡间,也有这样事情,这怎么也可以算小说呢?"③母亲对鲁迅小说的否定,表面看是二人对文学(小说)的理解不尽相同,因为鲁迅一直坚持的是启蒙文学的立场:"说到'为什么'做小说罢,我仍抱着十多年前的'启蒙主义',以为必须是'为人生',而且要改良这人生。我深恶先前的称小说为'闲书',而且将'为艺术的艺术',看作不过是'消闲'的新式的别号。所以我的取材,多采自病态社会的不幸的人们中,意思是在揭出病苦,引起疗救的注意。"④而鲁瑞平时所看的恰恰是"消闲"类的通俗小说,"举凡《三国志》、《三国演义》、《红楼梦》、《水浒传》、《官场现形记》、《西游记》、《镜花缘》等书,她不知看过多少遍。……她老人家也爱

---

① 俞芳:《我记忆中的鲁迅先生》,浙江人民出版社1981年版,第80页。
② 周作人著,止庵校订:《鲁迅小说里的人物》,河北教育出版社2002年版,第205—206页。
③ 荆有麟:《鲁迅回忆断片》,孙伏园、许钦文等著:《鲁迅先生二三事:前期弟子忆鲁迅》,河北教育出版社2000年版,第187页。
④ 鲁迅:《南腔北调集·我怎么做起小说来》,《鲁迅全集》第4卷,第526页。

看《广陵潮》《啼笑因缘》《金粉世家》等小说"[1]。鲁迅曾对荆有麟说起:"老太太看书,多偏于才子佳人一类的故事,她又过于动感情,其结局太悲惨的,她看了还会难过好几天,有些缺少才子佳人的书,她又不高兴看。"[2]相对于鲁迅的启蒙文学立场,鲁瑞看重的是小说的"好看",注重故事情节的跌宕起伏,依然停留在传统小说传奇性的一面,广义来说仍属于猎奇式阅读。

我们知道,鸳鸯蝴蝶派的作品在五四前后遭到新文学作家的一致批判,张恨水是鸳鸯蝴蝶派代表作家之一。鸳鸯蝴蝶派发端于20世纪初叶的上海"十里洋场",以文学的娱乐性、消遣性、趣味性为标志,擅长铺陈痴男怨女的爱恨情仇。可以说,鲁迅等五四知识分子对其批判实属正常,然而鲁瑞却依然停留在通俗文学的审美趣味里,鲁迅深知彼此间这种认识上的对立,所以他隐约指出过这种"成见"的存在:"她们的成见,比什么都深,你费了九牛二虎之力,顶多只能改变十之一二,但没有多少时候,仍旧复原了。你若再想改革,那她们简直不得了。真没办法。"[3]所谓成见,固然不是一时一地形成的,所以难以改变,阅读习惯亦是如此,本不必强求,鲁迅也没有要改变母亲阅读趣味的想法,反而会想方设法为母亲收集此类小说,来满足鲁瑞的阅读兴致。荆有麟曾回忆说,"……因为老太太记性好,改头换面的东西,她一看,就讲出来,说与什么书是相同的"[4],所以鲁迅经常要给母亲找书看,尤其是搬出八道湾后,原本兄弟两人共同的任务便落在了鲁迅身上,许钦文说:"后来鲁迅先生在上海,我在杭州。鲁迅先生常要我做两件事,买霉干菜以外,就是到旧书店里去搜购旧小说书,那开来的书目,多半是我没有见过的。因为一般的旧小说书,她都已经看过了。"[5]其中最典型的莫过于鲁迅到上海后多方为母亲搜罗张恨水小说的经历。

1933年1月13日鲁迅在日记中写道:"矛尘自越往北平过沪,夜同小峰来访,以《啼笑因缘》一函托其持呈母亲。"[6]由此可见,鲁瑞此前曾跟鲁迅提过张恨水小说,并要鲁迅代为搜罗。二人关于张恨水小说的讨论在1934年最为集中,鲁迅在1934年5月16日信中说:"三日前曾买《金粉世家》一部十

---

[1] 俞芳:《我记忆中的鲁迅先生》,浙江人民出版社1981年版,第75、76页。

[2] 荆有麟:《鲁迅回忆》,引自王得后:《〈两地书〉研究》,天津人民出版社1982年版,第357页。

[3] 荆有麟:《鲁迅回忆断片》,孙伏园、许钦文等著:《鲁迅先生二三事:前期弟子忆鲁迅》,河北教育出版社2000年版,第188页。

[4] 同上书,第187页。

[5] 许钦文:《〈鲁迅日记〉中的我》,孙伏园、许钦文等著:《鲁迅先生二三事:前期弟子忆鲁迅》,河北教育出版社2000年版,第111页。

[6] 鲁迅:《日记廿二》,《鲁迅全集》第16卷,第354页。

二本,又《美人恩》一部三本,皆张恨水所作,分二包,由世界书局寄上,想已到。"①8月21日,他写信给母亲:"张恨水们的小说,已托人去买去了,大约不出一礼拜之内,当可由书局直接寄上。"②8月31日又在信中说:"小说已于前日买好,即托书店寄出,计程瞻庐作的二种,张恨水作的三种,想现在当已早到了。"③据鲁迅研究学者荣挺进考证,事实上鲁迅寄给母亲的张恨水的作品共有5部:"根据30年代前半段张恨水小说的出版时间,尤其是出版机构,我排比了一个时间表,再对照鲁迅购书的方式,我认为应该是这三种:《春明外史》、《落霞孤鹜》和《满江红》。鲁迅说,我让书局直接给寄上《金粉世家》十二本、《美人恩》三本。另外没提名字的三种也是从世界书局购书、直接寄北京的,恰恰《春明外史》、《落霞孤鹜》和《满江红》是1931年、1932年世界书局出版的,我可以肯定就是这三种。"④由此可见,鲁瑞对张恨水小说痴迷之深,这也从侧面表现出张恨水小说在当年的流行程度,更重要的是,我们由此可以看出鲁迅为了满足母亲的阅读愿望而付出的多方努力。

不仅如此,鲁迅还会亲自为母亲挑选书籍,告诉她哪一部书更值得一读。为了宽慰母亲,让她不要有经济上的心理负荷,鲁迅在信中还一再说:"张恨水的小说,定价虽贵,但托熟人去买,可打对折,其实是不贵的。即如此次所寄五种,一看好像要二十元,实则连邮费不过十元而已。"⑤有人说,鲁迅之所以千方百计搜罗张恨水等人的小说来满足母亲的阅读欲,说到底还是为了弥补自己的疏于照顾。我们关心的是,在此过程中鲁迅的心境是怎样的,换言之,张恨水作品在带给鲁瑞阅读快感的同时,带给了鲁迅怎样的情感体验乃至心绪变化。

可以肯定,鲁迅对张恨水及其小说的评价并不高,正如他在《上海文艺之一瞥》中谈到鸳鸯蝴蝶派作品时所指出的,他们热衷于写才子和佳人"相悦相恋,分拆不开,柳阴花下,像一对胡蝶,一双鸳鸯一样"⑥,讽刺之情跃然纸上。如果不是母亲鲁瑞爱看张恨水小说,鲁迅大约不会去关注《啼笑因缘》《金粉世家》之类的通俗文学作品,更不会托人去选购,即是说,从一开始鲁迅就在压抑内心对张恨水小说的厌恶之情。因此,透过有关张恨水小说

---

① 鲁迅:《书信·340516致母亲》,《鲁迅全集》第13卷,第102—103页。
② 鲁迅:《书信·340821致母亲》,《鲁迅全集》第13卷,第201页。
③ 鲁迅:《书信·340831致母亲》,《鲁迅全集》第13卷,第202页。
④ 荣挺进:《鲁迅文字里的张恨水》。https://culture.china.com/zx/13000504/20170821/31144236_all.html#page_2.
⑤ 鲁迅:《书信·340916致母亲》,《鲁迅全集》第13卷,第208页。
⑥ 鲁迅:《二心集·上海文艺之一瞥》,《鲁迅全集》第4卷,第301页。

的交流，不仅可以看到鲁迅与母亲文学趣味上的差异，更可以看出二人思想上的隔膜。鲁迅还通过不断谈论张恨水作品来尝试克服这种隔膜，事实上，鲁迅大约是不会进入张恨水的阅读语境的。即是说，鲁迅对于张恨水及其小说的收集、购买、谈论均非自发自愿的行为，而是为了迎合母亲，为了与母亲找到共同话题而作出的并不十分情愿的努力。在此类事情上，鲁迅一直在压抑甚至漠视自己的立场，并且不能将这种情绪流露出来。所以，相比于母子二人文学趣味的差异来说，更重要的是，鲁迅要小心翼翼地对待这种隔膜，不能袒露，更不能争论，鲁迅大约从未奢想过母亲能够理解自己的小说，但在致母亲书信中谈论张恨水，还要有模有样地给出一点意见，我们由此可以想见彼时鲁迅内心无言的痛楚。事实上，鲁迅此时的处境十分凶险，据俞芳讲，"一九三四年至一九三五年，大先生一家一直在严重的白色恐怖下度日，加之大先生身体日见虚弱"[①]，在此情形下，鲁迅还要不时给母亲寄书，此中甘苦大约只有他自己知道了。1932年那次回京归省，鲁迅还在讲学间隙"在北京新书店买《花列传》一部，共四本，送给太师母"[②]。鲁迅日记确有相关记载，《花列传》即《海上花列传》之略称，"在新书店为母亲买《海上花列传》一部四本，一元二角"[③]。鲁迅的这一行为充分表明他时刻惦记着母亲的阅读嗜好，并尽己所能加以满足。

从鲁瑞和鲁迅对张恨水等的通俗文学作品的不同态度，不仅可以看出母子二人对于文学的不同理解以及由此引发的不同趣味，更重要的是，这种情形某种意义上也折射出五四启蒙者与普通大众之间的隔膜。鲁迅小说中涉及的众多有关隔膜的话题，某种意义上表现出鲁迅对此问题的自觉，其实张恨水同样明白这个道理，在他看来，鲁迅等五四作家的启蒙立场过于激进，他虽然对茅盾等人对"现代的章回体小说"的批判未加申辩[④]，但他自己对于传统小说（章回小说）还是很有信心的："章回小说有其缺点存在，但这个缺点，不是无可挽救的……而新派小说，虽一切前进，而文法上的组织，非习惯读中国书，说中国话的普通民众所能接受。"[⑤]鲁瑞无疑就是无法欣赏新派小说的普通民众之一，正因为对鲁迅等人的新派小说的文本形式与启蒙

---

① 俞芳：《我记忆中的鲁迅先生》，浙江人民出版社1981年版，第108页。
② 同上书，第116页。
③ 鲁迅：《日记廿一》，《鲁迅全集》第16卷，第335页。
④ 参见茅盾：《自然主义与中国现代小说》，《茅盾选集》第5卷，四川文艺出版社1985年版，第47—49页。
⑤ 张恨水语，引自[韩]薛熹祯（Sul Hee Jung）：《现代与传统视域中的雅俗之辨——鲁迅和张恨水》，北京大学2014年博士论文。

性质认识不足，也就无从理解青年人为何喜好阅读鲁迅小说，更无法"估计到大先生（按：指鲁迅）对青年学生的吸引力"[1]。在鲁迅与母亲的实际生活中，诸如此类的隔膜并不鲜见。

1929年5月，鲁迅定居上海后首次回京，但在抵家第一天晚上写给许广平的信中谈及母亲时却有这样的话："母亲精神形貌仍如三年前……但母亲近来的见闻范围似很窄，她总是同我谈八道湾，这于我是毫无关心的，所以我也不想多说我们的事，因为恐怕于她也不见得有什么兴趣。"[2]相比鲁迅而言，母亲的见闻肯定狭窄许多，关键是母子二人看重的东西也愈发差异，母亲以"于我是毫无关心的"八道湾诸事相告，自然难以引起鲁迅的兴味，鲁迅又进一步从母亲的谈话中，感受到"我们的事""恐怕于她也不见得有什么兴趣"，所以"也不想多说"。说者与听者已经南辕北辙了，鲁迅这几句曲折吞吐又拿捏着分寸的话充分说明母子二人的谈话已经无法深入。第二天在谈到即将出生的海婴时，鲁迅写道："午前，我就告知母亲，说八月间，我们要有小白象了。她很高兴，说，我想也应该有了，因为这屋子里，早应该有小孩子走来走去。这种'应该'的理由，和我们是另一种思想。"[3]即是说，虽然鲁瑞在听到海婴即将降生的消息时很高兴，但其高兴的理由是出于"另一种思想"，鲁迅委婉的言辞准确勾画出他跟母亲之间的隔膜。几天后，鲁迅又在给许广平的信中抱怨："母亲的记忆力坏了些了，观察力注意力也略减，有些脾气，近于小孩子了。"[4]其实随着鲁迅的南下，他跟母亲之间的分歧早就出现了，1927年鲁迅就在给许广平的信中抱怨："我托羡苏买了几株柳，种在后园，拔去了几株玉蜀黍，母亲也大不以为然，向八道湾鸣不平，听说二太太也大放谣言，说我纵容学生虐待她。现在是往来很亲密了，老年人容易受骗。所以我早说，我一出西三条，能否复返，是一问题，实非神经过敏之谈。"[5]1932年鲁迅在收到母亲病重的电报后旋即返京探视，在给许广平信中再次表现出他跟母亲之间日趋加深的心理距离："她和我谈的，大抵是二三十年前的和邻居的事情，我不大有兴味，但也只得听之。"[6]同时还跟许广平抱怨母亲对待病情的态度："但这老太太颇发脾气，因其学说为：'医不好，则立刻死掉，医得好，即立刻好起'，故殊为焦躁也，而且今日头痛方愈，便已偷偷的

---

[1] 俞芳：《我记忆中的鲁迅先生》，浙江人民出版社1981年版，第115页。
[2] 鲁迅：《书信·290515致许广平》，《鲁迅全集》第12卷，第163—164页。
[3] 鲁迅：《书信·290517致许广平》，《鲁迅全集》第12卷，第165页。
[4] 鲁迅：《书信·290521致许广平》，《鲁迅全集》第12卷，第167页。
[5] 鲁迅：《书信·270111致许广平》，《鲁迅全集》第12卷，第12页。
[6] 鲁迅：《书信·321120致许广平》，《鲁迅全集》第12卷，第341页

卧而编毛绒小衫矣。"①以至于鲁迅在母亲身体尚未完全恢复时就计划回上海，"母亲虽然还未起床，但是好的，我在此不过作翻译，余无别事，所以住至月底，我想走了"，实际上鲁迅当月28日晚已登车离京。由此可见，鲁迅与母亲之间的隔膜不仅表现在阅读趣味方面，随着分开生活时间的拉长，母子间其他方面的隔阂也逐渐显现出来，北京时期鲁迅"每天晚饭后到母亲房间休息闲谈一阵"②的温馨场景似乎难得一见了。

而且，一直夹在鲁迅和鲁瑞中间的朱安，也无形中加剧了鲁迅母子之间的隔阂。1926年鲁迅南下后，朱安留在北京照料婆婆的日常生活，当她得知鲁迅跟许广平结合的消息后，彻底认清了自己的命运，据俞芳回忆说："她很激动又很失望地对我说：'过去大先生和我不好，我想好好地服侍他，一切顺着他，将来总会好的。'她又给我打了个比方说：'我好比是一只蜗牛，从墙底一点一点往上爬，爬得虽慢，总有一天会爬到墙顶的。可是现在我没有办法了，我没有力气爬了。我待他再好，也是无用。'她说这些话时，神情十分沮丧。她接着说：'看来我这一辈子只好服侍娘娘（太师母）一个人了，万一娘娘"归了西天"，从大先生一向的为人看，我以后的生活他是会管的。'"③尽管朱安后来对许广平和海婴母子比较释怀，但是跟鲁瑞朝夕相处的朱安，在某些问题上难免还是加剧了鲁迅母子间的隔阂。在现存鲁迅写给母亲的书信中，有两封涉及朱安。第一封写于1933年7月11日，鲁迅在信中说："其实以现在生活之艰难，家中历来之生活法，也还要算是中上，倘还不能相谅，大惊小怪，那真是使人为难了。现既特雇一人，专门伏待[侍]，就这样试试再看罢。"④透过这段文字，明显可以感受到鲁迅心中的一股怨气，这是他在给母亲信中很少见到的情况，甚至整体口吻也跟平时有所不同。其实，鲁迅的怨气指向的不是母亲而是朱安，为鲁瑞代笔的俞芳在引用这封信时所加注解为我们准确理解提供了参照。"这里指的是当时朱夫人有病，但不太严重，她去看病，医生诊断是'更年期'的疾病，右手抬不起，是'五十肩'。这里谈到生活虽是艰难，但家中的生活还算中上，倘大惊小怪，那真叫人为难了的话，全指朱夫人"。⑤鲁迅的话虽是对朱安而说，但是作为听者/转述者的鲁

---

① 鲁迅：《书信·321115致许广平》，《鲁迅全集》第12卷，第339页
② 许羡苏：《回忆鲁迅先生》，萧红、俞芳等著：《我记忆中的鲁迅先生：女性笔下的鲁迅》，河北教育出版社2000年版，第103页。
③ 萧红、俞芳等著：《我记忆中的鲁迅先生：女性笔下的鲁迅》，河北教育出版社2000年版，第255页。
④ 鲁迅：《书信·330711致母亲》，《鲁迅全集》第12卷，第418页。
⑤ 俞芳：《我记忆中的鲁迅先生》，浙江人民出版社1981年版，第117页。

瑞在看到这些文字后内心又会作何感想呢？俞芳说："太师母看了这信,深有感触。老人家对我说:你们大先生负担确实太重,处境艰难。"[1]我想,鲁瑞当时心中所想或许不止于此吧。

第二次提及朱安,是回复是否同意朱安招其侄子去北京家中的问题:

> 十六日函中,并附有太太来信,言可铭之第二子,在上海作事,力不能堪,且多病,拟招至京寓,一面觅事,问男意见如何。可铭之子,三人均在沪,其第三子由老三荐入印刷厂中,第二子亦曾力为设法,但终无结果。男为生活计,只能漂浮于外,毫无恒产,真所谓做一日,算一日,对于自己,且不能知明日之办法,京寓离开已久,更无从知道详情及将来,所以此等事情,可请太太自行酌定,男并无意见,且亦无从有何主张也。[2]

信中的"可铭",即朱可铭,系朱安之弟,可铭之子也就是朱安的侄子,朱安曾有招侄子为养子的想法。虽然鲁迅在信中相对客观地陈述了整个事件的过程以及为此付出的种种努力,也表示这件事由朱安自行决定,他不会横加干涉,但是透过其"亦无从有何主张也"的态度还是能够感受到其中的不平之气,而且史无前例地陈述了自己的艰难处境,"为生活计,只能漂浮于外,毫无恒产,真所谓做一日,算一日,对于自己,且不能知明日之办法"。鲁瑞在向朱安转述这些话时,也许会想起这一切烦恼的源头就是自己,因而产生一种愧疚心理,这无疑会进一步加深他们母子间的隔阂。所以,朱安实际上也在无形中加剧了鲁迅母子之间的心理距离,从而造成交流和情感上的隔膜。

第三节　在非孝与尽孝之间

如果说"八元的川资"与"母亲的礼物"共同构成了鲁迅对母亲的情感基点,那么非孝与尽孝则是鲁迅与母亲情感关系中矛盾心境的集中体现。在很多与周家过从甚密的亲友回忆中,鲁迅无疑是个大孝子,据在周家工作了29年之久的王鹤照回忆说:"鲁迅先生在绍兴教书时,星期六晚上一般都是

---

[1] 俞芳:《我记忆中的鲁迅先生》,浙江人民出版社1981年版,第240页。
[2] 鲁迅:《书信·340529致母亲》,《鲁迅全集》第13卷,第128页。

回到家里来睡的。寒假、暑假也是在家里住的。每次鲁迅先生从学校回到家里,总先走到母亲的房间门口,亲切地喊声:'妩娘!'声音十分爽朗响亮。然后跨进房间门,坐在靠铜面盆旁的椅子上,和母亲谈时事讲新闻,有时在讲绍兴都督王金发如何如何,鲁老太太蛮有兴致地听着。谈完了话,鲁老太太就说:'休息去吧,老大!'这样鲁迅先生才到自己的房里去休息。"①北京时期,鲁迅依然如此,许羡苏说:"我们时常看到鲁迅先生出门之前总要到老太太房里来转一转,而且说'阿娘我出去者';回来的时候也一定来转一转,说一声'阿娘我回来者',并时常给娘带回来她所喜爱的小说或点心。"②"鲁迅先生的习惯,每天晚饭后到母亲房间里休息闲谈一阵。"③即便是迁居上海之后,鲁迅还是竭尽所能地履行赡养义务,给母亲收集小说,关心母亲身体,在此意义上,称鲁迅为一个大孝子并不为过。但是,这只是问题的一个方面,正如王得后所指出的那样:"在家庭改革方面,在某些问题上,忽视或讳言鲁迅内心深处与母亲的不协调,以及因感受到背负着因袭的重担而产生的愤懑,是不全面的。也许甚至可以说,囿于传统的伦理观念而把鲁迅描绘成为一位'孝子',是与鲁迅的气质和品性很不符合的。"④

确实如此,从五四开始,鲁迅就从未间断过对传统孝道文化的批判,这种明显矛盾的行为看似透露出鲁迅的言行不一,但更值得探究的是,这种矛盾行为背后彰显出的是鲁迅的复杂心境。美国学者勒文森曾以"理智"和"感情"的冲突,来解释梁启超等近代人物在面对传统文化时的矛盾心理,认为他们"在理智上疏远了本国的文化传统",但是"在感情上仍然与本国传统相联系"。⑤林毓生则用"显示的意识层"和"隐示的意识层"来指称鲁迅思想意识中存在的一系列矛盾。⑥无论是"理智"和"感情"的悖论,还是两个"意识层"的区分,对于解释鲁迅在孝道问题上的矛盾似乎同样适用,以梁启超、鲁迅为代表的转型时代的历史人物,是一个个非常复杂的矛盾体。问题是,鲁迅在批判传统孝道文化的同时为何不能身体力行,反而落在了孝文化的

---

① 王鹤照:《回忆鲁迅先生》,鲁迅博物馆等编:《鲁迅回忆录·散篇》上册,北京出版社1999年版,第22页。
② 许羡苏:《回忆鲁迅先生》,萧红、俞芳等著:《我记忆中的鲁迅先生:女性笔下的鲁迅》,河北教育出版社2000年版,第101页。
③ 同上书,第103页。
④ 王得后:《〈两地书〉研究》,天津人民出版社1982年版,第362页。
⑤ [美]约瑟夫·阿·勒文森:《梁启超与中国近代思想》,刘伟、刘丽、姜铁军译,四川人民出版社1986年版,第4页。
⑥ [美]林毓生:《中国意识的危机——"五四"时期激烈的反传统主义》,穆善培译,贵州人民出版社1986年版,第179页。

泥沼里？在这种非孝与尽孝的矛盾行为中，鲁迅经历着怎样的内心挣扎？他又是如何进行自我调适的？

为此，我们首先要清楚鲁迅批判的是何种意义上的孝道？换言之，鲁迅是在何种层面上来批判孝文化的。鲁迅对传统孝文化的批判是通过《我们现在怎样做父亲》《随感录二十五》《〈二十四孝图〉》《朝花夕拾·后记》等文章体现出来的。有研究者指出，鲁迅对于孝文化的批评主要集中在批判传统孝道文化的残酷、虚伪和变异等方面[1]，如《〈二十四孝图〉》中对"老莱娱亲""郭巨埋儿"等传统孝道故事的批判性解读，对小说人物秃先生、阿Q等人"不孝有三无后为大"等孝道观念的批判，以及对畸形孝道戕害儿童心理的批判，等等。纵观鲁迅对传统孝道文化的批判，可以得出如下几点认识。

第一，鲁迅之所以不遗余力批判传统孝道的残酷性，尤其是对儿童心理造成的严重创伤，说到底是因为鲁迅接受了现代意义上"人"的观念，正是从"人"出发，他发现了传统孝道非人的一面，继而展开批判。西方近代以来的人本主义观念深刻影响到中国现代作家，并逐渐形成了现代文学强调"人的文学"的精神品格，鲁迅文学的出发点即是对现代人之价值的呼唤，"人类向各民族所要的是'人'，——自然也是'人之子'"[2]。但在传统孝道伦理主宰的社会关系中，个人并未获得主体性，只是实现孝道的工具而已，"中国娶妻早是福气，儿子多也是福气。所有小孩，只是他父母福气的材料，并非将来的'人'的萌芽"[3]，中国传统社会之所以拥有这种认识，是因为"他们的误点，便在长者本位与利己思想，权利思想很重，义务思想和责任心却很轻"[4]的缘故。即是说，在传统中国人的逻辑中，孝道是先于人而存在的一种道德律令，他们经常借此对幼小者施行无形的压迫，"他们以为父对于子，有绝对的权力和威严；若是老子说话，当然无所不可，儿子有话，却在未说之前早已错了"[5]。因此，那些在现代人看来十分残酷的所谓"孝"之行为才不会引起反思，反而因为深入人心的孝文化体系的存在而愈加坚固。为赢得孝的名声，可以无视对人本身的戕害，《〈二十四孝图〉》中被埋的郭巨之子即是其中的受害者之一。实际上，这种所谓的孝道对儿童心理造成了极大伤害，鲁迅曾以自己为例做过如下剖白：他初获《二十四孝图》时为其"下图上说，鬼少人多"的形式所吸引，但是"接着就是扫兴，因为我请人讲完了二十四个故事之

---

[1] 江胜清：《反叛与坚守——论鲁迅对孝文化的矛盾性》，《理论月刊》2015年第6期。
[2] 鲁迅：《热风·四十》，《鲁迅全集》第1卷，第338页。
[3] 鲁迅：《热风·随感录二十五》，《鲁迅全集》第1卷，第312页。
[4] 鲁迅：《坟·我们现在怎样做父亲》，《鲁迅全集》第1卷，第137页。
[5] 同上书，第134页。

后,才知道'孝'有如此之难,对于先前痴心妄想,想做孝子的计划,完全绝望了"。在看到郭巨埋儿的故事后引发了更深的担忧:"我已经不但自己不敢再想做孝子,并且怕我父亲去做孝子了。"①鲁迅以诙谐的笔调批判了传统孝道对人之本性的残害,这说明在鲁迅心目中,所谓"孝道"与"人"的觉醒二者的位置已经发生了根本变化。"孝"不再是人之存在的价值体现,相反,人的解放、个性的培植已然凌驾于孝道之上,如果孝道的实现须以牺牲个人的自由、平等为代价,那就是非人的,就是"吃人"。所以,鲁迅对传统孝道残酷性的批判,根本点还是落在人的觉醒与个性解放之上。

第二,鲁迅对传统孝道文化的批判,主要集中在批判其虚伪性与体系性。在传统孝文化语境中,古人创作出许多因恪守孝道而感天动地的故事与传说,这些故事、传说又反过来通过各种形式的演绎、传播将孝道观念植入普通民众心中,因此揭露这些所谓故事、传说的虚伪性,某种意义上正是对孝文化釜底抽薪的一种批判。在《〈二十四孝图〉》中,鲁迅就以人的本然之性去怀疑"哭竹生笋"的真实性,说"怕我的精诚未必会这样感动天地"②,鲁迅这里实际上是对这种有违自然规律的孝文化传说提出质疑。同样的,还有鲁迅对"卧冰求鲤""老莱娱亲"之类的孝文化故事进行批判,揭示的均是孝道文化的虚伪性,鲁迅尤其指出所谓"老莱娱亲"其实是一种逆反自然人性的行为,是将肉麻当有趣而已。更重要的是,鲁迅对无处不在的已经成为国民无意识的孝道观念进行批判,认为正是这种孝道观念支撑了畸形孝道文化的流行。《阿Q正传》中阿Q并未读过所谓"圣贤书",但是阿Q同样懂得"不孝有三,无后为大"的圣贤道理,正是基于此,阿Q才突然醒悟到:"应该有一个女人,断子绝孙便没有人供一碗饭。"③即是说,在阿Q心中,孝道已经凌驾于自然人性之上,成为其"恋爱悲剧"的思想根源。事实上,鲁迅对这种畸形孝道观念的批判远早于此,1913年创作的文言小说《怀旧》中,耀宗和秃先生便借着"不孝有三,无后为大"的所谓孝观念,或"急蓄妾三人",或"投三十一金,购如夫人一"④,人(尤其是女性)的存在价值就是为了便于男性实现孝道。《采薇》中,伯夷、叔齐无视纣王的凶残无道,竟然搬出所谓孝道来试图阻止武王武力伐纣,"老子死了不葬,倒来动兵,说得上'孝'吗?臣子想要杀主子,说得上'仁'吗?"⑤而改变了父亲治水方法,变"湮"为"导"的大禹,也

---

① 鲁迅:《朝花夕拾·〈二十四孝图〉》,《鲁迅全集》第2卷,第260—261页、第263页。
② 同上书,第261页。
③ 鲁迅:《呐喊·阿Q正传》,《鲁迅全集》第1卷,第524页。
④ 鲁迅:《集外集拾遗·怀旧》,《鲁迅全集》第7卷,第227页。
⑤ 鲁迅:《故事新编·采薇》,《鲁迅全集》第2卷,第411页。

在质疑声中背上了不孝的骂名。①鲁迅借助于对这些"故事"的"新编",表达的依然是对传统孝道文化的批判,在鲁迅看来,已经上升到意识形态层面的孝道,事实上已经阻碍了国人价值观念乃至中华文化的更新,因此必须痛下批判。不仅如此,鲁迅还在《魏晋风度及文章与药及酒之关系》中从缘起的角度提出了对于孝道存在合理性的质疑:

> 魏晋,是以孝治天下的,不孝,故不能不杀。为什么要以孝治天下呢?因为天位从禅让,即巧取豪夺而来,若主张以忠治天下,他们的立脚点便不稳,办事便棘手,立论也难了,所以一定要以孝治天下。但倘只是实行不孝,其实那时倒不很要紧的,嵇康的害处是在发议论;阮籍不同,不大说关于伦理上的话,所以结局也不同。②

可见,孝道某种意义上是统治者不得已而采用的一种统治策略,是为了掩饰其政治统治的合法性,并非自然人性的表现,而是政治统治的需要衍生出的一种伪文明。这一点鲁迅在《十四年的"读经"》中说得更明白:"皇帝和大臣们,向来总要取其一端,或者'以孝治天下',或者'以忠诏天下',而且又'以贞节励天下'。"③从统治者的角度看,提倡孝道只是为了便于治理天下而已,因此,孝便不可避免地沦为工具性存在,而非人伦道德的自然表现,故其态常近乎伪。

第三,鲁迅对传统孝道文化的批判,还表现为对"长者本位"的伦理观的质疑。孝道文化其实是传统中国家族制度与等级制度合二为一的产物,因此,孝往往是幼对长(下对上)的一种单向度付出,在这种关系中,双方完全是不平等的,而侧重点无疑在长者一方,这自然与鲁迅接受的以幼者为本位的现代伦理思想格格不入。在《我们现在怎样做父亲》一文中,鲁迅集中批判过这一传统伦理观念,他指出:"他们的误点,便在长者本位与利己思想,权利思想很重,义务思想和责任心却很轻。以为父子关系,只须'父兮生我'一件事,幼者的全部,便应为长者所有。""但可惜的是中国的旧见解,又恰恰与这道理完全相反。本位应在幼者,却反在长者;置重应在将来,却反在过

---

① "'卑职的愚见,窃以为大人是似乎应该收回成命的。'一位白须白发的大员,这时觉得天下兴亡,系在他的嘴上了,便把心一横,置死生于度外,坚决的抗议道:'湮是老大人的成法。"三年无改于父之道,可谓孝矣。"——老大人升天还不到三年。'"(鲁迅:《故事新编·理水》,《鲁迅全集》第2卷,第397页。)
② 鲁迅:《而已集·魏晋风度及文章与药及酒之关系》,《鲁迅全集》第3卷,第534页。
③ 鲁迅:《华盖集·十四年的"读经"》,《鲁迅全集》第3卷,第136页。

去。前者做了更前者的牺牲,自己无力生存,却苛责后者又来专做他的牺牲,毁灭了一切发展本身的能力。"①正是幼者本位的思想,让鲁迅说出了"自己背着因袭的重担,肩住了黑暗的闸门,放他们到宽阔光明的地方去;此后幸福的度日,合理的做人"②的话来。长者本位的传统孝道侧重点在过去,孝某种意义上是对既有经验的尊崇,而幼者本位的现代伦理观看重的无疑是将来,鲁迅是信奉进化论的,所以对将来这一时间维度的坚信,某种意义上也导致了鲁迅对传统孝文化的批判。

总结上述,鲁迅的确对传统孝道文化展开过激烈的批判,尤其将批判矛头指向其残酷性、虚伪性,并由此深入到文化层面,对业已成为国民无意识的畸形孝文化观念进行了深入剖析,认为畸形的孝道观念已经成为阻碍中华民族走向现代的绊脚石。这种注重经验性的伦理观,更与其幼者为本位的现代伦理思想相抵牾,所以鲁迅才不遗余力对其展开持久批判。但鲁迅未尝批判过作为情感表现的"孝"行为,他曾经自白过:"我幼小时候实未尝蓄意忤逆,对于父母,倒是极愿意孝顺的。""不过年幼无知,只用了私见来解释'孝顺'的做法,以为无非是'听话','从命',以及长大之后,给年老的父母好好吃饭罢了。"③可以说,这是鲁迅在摆脱了制度化的孝文化观念后,从自然人性出发对孝之行为的清醒认识。在鲁迅心目中,他对于意识形态化的孝道文化和基于自然人性的孝行为是有着明确区分的,他着力批判的是前者,而对子女赡养父母、孝敬尊长的行为并未给予批评,反而用自己的实际行动践行了这一点。钱理群先生甚至认为,鲁迅在接受无爱的婚姻和践行传统孝道等问题上"无意中又落入了'道德自我完善'的传统罗网之中"。④从鲁迅与母亲的关系中,的确可以看出鲁迅在孝道问题上的矛盾以及由此引发的种种复杂心境。

且不说鲁迅与朱安的婚姻是他体谅母亲而妥协的结果,且不说鲁迅放弃去德国读书是为了分担母亲的压力,且不说鲁迅经常给母亲挑选自己并不看重的通俗小说,上述种种行为无一不是传统孝道的体现。鲁迅晚年写给母亲的信,从称呼、格式到表述同样表现出浓浓的孝心:

> 大先生写给太师母的信,字迹十分工整,口气非常恭敬。信的开头是:"母亲大人膝下,敬禀者,"信里他把自称的"男"字,写在右上角,特

---

① 鲁迅:《坟·我们现在怎样做父亲》,《鲁迅全集》第1卷,第137页。
② 同上书,第145页。
③ 鲁迅:《朝花夕拾·〈二十四孝图〉》,《鲁迅全集》第2卷,第261页。
④ 钱理群:《心灵的探寻》,河北教育出版社2000年版,第110页。

意写得小一些。称太师母为"大人",前面空出一格。常用"乞"字表达"请"字的意思。信末写"恭敬金安"。署名是"男树叩上""广平及海婴同叩"……信上对太师母的饮食起居,关怀备至……①

当然,鲁迅对母亲的孝不仅体现在字面上,在日常生活中诸如此类的细节也比比皆是。北京时期与鲁迅过从甚密的许钦文回忆过一件事情,足以表明鲁迅在怎样坚守着传统孝道。鲁迅搬到西三条胡同21号之后,不仅将正屋东边一间让给母亲住,还"请了一位女工专门照料母亲的生活"。"天气转冷以后装高脚炉子,母亲的房间里单独装一个,烧红煤,中间的一间连老虎尾巴和西边朱(安)夫人的一间合用一个炉子,烧硬煤。红煤容易生火,热度高,可是价钱贵。硬煤比较便宜,可是生火麻烦,热度又低。以此为例,鲁迅先生是处处特别照顾母亲的。"②鲁迅虽然讥刺过"陆绩怀橘"的故事,但他在此不是上演了一出"鲁迅让煤"的佳话吗?许钦文还说,鲁迅"有点收入的时候,总要从西单牌楼滨来香买些西式点心请母亲吃。他自己,吃几个馒头就算了。母亲感到不舒适时,一定亲自陪上医院去诊治"③。许羡苏的回忆则更为生动:"大概每月从北大领薪水的时候,要路过一个法国面包房,他就买两块钱的洋点心……接着把点心请老太太自己选择放进她的点心盒里,然后他又把点心拿到朱氏房里请她也选留,最后把选剩的放在中屋大木柜内。"④

在鲁迅亲友的回忆中,此类有关生活方面的细节文字并不鲜见,它们无一例外地表明鲁迅对母亲极为孝顺,鲁迅在日常生活方面对母亲的孝顺乃至顺从,应该是真实可信的,同时也是发自内心的一种情感行为。鲁迅对母亲的孝顺与他对传统孝道文化的批判看似互相龃龉,实际上并不如此。通过上文分析,我们可以看出,鲁迅主要是在人的解放的立场上对传统孝道展开批判的,只要孝之行为没有逆反自然人性,其实并没有问题,鲁迅不仅身体力行,努力成为一个孝子,还承担起家庭的重负,引领两个弟弟,所有这些无不表明鲁迅思想中传统伦理观念的复杂性存在。然而,鲁迅毕竟不再是

---

① 萧红、俞芳等:《我记忆中的鲁迅先生:女性笔下的鲁迅》,河北教育出版社2000年版,第235页。
② 许钦文:《鲁迅日记中的我》,孙伏园、许钦文等著:《鲁迅先生二三事:前期弟子忆鲁迅》,河北教育出版社2000年版,第109页。
③ 萧红、俞芳等:《我记忆中的鲁迅先生:女性笔下的鲁迅》,河北教育出版社2000年版,第110页。
④ 同上书,第103页。

生活在传统中国的天朝子民,海外留学经历与现代伦理思想的培植又使得他十分向往现代伦理观念,即建立在平等、自由基础上的亲情关系,他曾在《我们现在怎样做父亲》中描述过他理想中的父母与子女的关系:

> 自然界的安排,虽不免也有缺点,但结合长幼的方法,却并无错误。他并不用"恩",却给与生物以一种天性,我们称他为"爱"。动物界中除了生子数目太多——爱不周到的如鱼类之外,总是挚爱他的幼子,不但绝无利益心情,甚或至于牺牲了自己,让他的将来的生命,去上那发展的长途。
>
> 人类也不外此,欧美家庭,大抵以幼者弱者为本位,便是最合于这生物学的真理的办法。便在中国,只要心思纯白,未曾经过"圣人之徒"作践的人,也都自然而然的能发现这一种天性。例如一个村妇哺乳婴儿的时候,决不想到自己正在施恩;一个农夫娶妻的时候,也决不以为将要放债。只是有了子女,即天然相爱,愿他生存;更进一步的,便还要愿他比自己更好,就是进化。这离绝了交换关系利害关系的爱,便是人伦的索子,便是所谓"纲"。倘如旧说,抹煞了"爱",一味说"恩",又因此责望报偿,那便不但败坏了父子间的道德,而且也大反于做父母的实际的真情,播下乖剌的种子。有人做了乐府,说是"劝孝",大意是什么"儿子上学堂,母亲在家磨杏仁,预备回来给他喝,你还不孝么"之类,自以为"拼命卫道"。殊不知富翁的杏酪和穷人的豆浆,在爱情上价值同等,而其价值却正在父母当时并无求报的心思;否则变成买卖行为,虽然喝了杏酪,也不异"人乳喂猪",无非要猪肉肥美,在人伦道德上,丝毫没有价值了。①

由此可以看出,鲁迅在孝敬母亲的同时,也力图保持一种现代意义上以"离绝了""利害关系的爱"为基础的父母与子女间的平等关系。所以,当1935年鲁瑞打算去上海时,鲁迅是又惊又喜,喜的是一家人终于可以团聚,自己也可以尽尽孝心,一天之内给母亲连发两封信,把一切安排得井井有条。但与此同时,"个"的观念又使他对母亲的即将到来怀有一种畏难心理,这种情绪在写给萧军的信中不自觉流露出来:"不久,我的母亲大约要来了,会令我连静静的写字的地方也没有。中国的家族制度,真是麻烦,就是一个

---

① 鲁迅:《坟·我们现在怎样做父亲》,《鲁迅全集》第1卷,第138页。

人关系太多,许多时间都不是自己的。"①值得注意的是,在前几天的一封通信中,鲁迅已经隐约表达过家庭生活给自己带来的压力:"现在孩子更捣乱了,本月内母亲又要到上海,一个担子,挑的是一老一小,怎么办呢?"②由此可以看出,鲁迅对母亲及其所象征的家族的情感还是相当复杂的,正如他对"家庭为中国之基本"的态度一样。③

然而,从一般意义上看去,非孝与尽孝这两个截然不同的形象又在鲁迅身上结合得如此完美,它们之间似乎没有任何裂隙,然而这看不出缝隙的鲁迅所传达的恰恰是其自我调整甚至自我说服的一种复杂心理。如果我们细细品味鲁迅每每说出"然而我还有一个母亲的时候",他内心该有多么复杂,对鲁迅而言,母亲及其所象征的家族不仅是他的羁绊,正如有学者指出的:"束缚他人生行动的最大障碍是家族,特别是母亲。"④更重要的是,母亲及其所象征的家族还意味着不堪回首的童年记忆的不断重现,1934年鲁迅在写给母亲的信中说过这样一段意味深长的话:"此后也很想少做点事情,不过已有这样的一个局面,恐怕也不容易收缩,正如既是新台门周家,就必须撑这样的空场面相同。"⑤一方面,新台门周家承载着诸多鲁迅与母亲的共同记忆,以此为例,便于母亲理解自己的现实处境;另一方面,新台门周家又恰恰是作为收信人的母亲所激起的鲁迅的记忆,然而这份记忆对鲁迅来说又是灰色甚至带有浓重的屈辱意味。换言之,鲁迅在与母亲的共同生活及后来的书信交往中,母亲总会不时提醒他对于过往经历的回忆,而这些恰恰是鲁迅所试图摆脱的。

通过以上分析,我们可以看出鲁迅对母亲及其象征的家庭/家族制度的态度是比较复杂的,既有基于自然人性的儿子对母亲的亲情,又有对于母亲苦苦支撑家庭的怜爱,更有源于长期分居无法尽孝的愧疚。与此同时,鲁迅又无法释怀母亲安排的婚姻带来的创伤,也会隐隐觉得母亲及家庭给自己造成了某种负累,加之母亲的形象会不时唤起鲁迅内心深处一直在试图摆脱的原生家庭的灰暗记忆,因此他对母亲的心境是极为复杂的。这种心境在1918年许寿裳丧妻后,鲁迅写给对方的信中表现得较为明显:

人有恒言:"妇人弱也,而为母则强。"仆为一转曰:"孺子弱也,而失

---

① 鲁迅:《书信·350319致萧军》,《鲁迅全集》第13卷,第415页。
② 鲁迅:《书信·350313致萧军、萧红》,《鲁迅全集》第13卷,第408页。
③ 参见鲁迅:《南腔北调集·家庭为中国之基本》,《鲁迅全集》第4卷,第636—637页。
④ [日]竹内良雄:《鲁迅与母亲》,王惠敏译,《鲁迅研究月刊》1994年第3期。
⑤ 俞芳:《我记忆中的鲁迅先生》,浙江人民出版社1981年版,第120页。

母则强。"此意久不语人,知君能解此意,故敢言之矣。①

　　这样的话,大约只有在写给老友的信中才能直接道出,也只有老友才能理解。尤其值得玩味的是其中的"此意久不语人",说明鲁迅这话并非突发之想,那么我们不禁要问鲁迅是如何获得这一认识的?有意思的是,十五年后鲁迅在黎烈文丧妻后讲出了几乎同样的话:"……因为我向来的意见,是以为倘有慈母,或是幸福,然若生而失母,却也并非完全的不幸,他也许倒成为更加勇猛,更无挂碍的男儿。"②鲁迅的用意显然是为了安慰痛失妻子的黎烈文,但是两次说出同样意思的话,便不得不让人想到这句话的潜在指向。我们都知道,早在留日时期,向往革命的鲁迅就因为担心一旦失败"剩下母亲怎样生活呢"而被取消了参加暗杀的资格,"这件事在鲁迅后来的人生中构成了很大的精神负担"③。在此意义上,母亲无疑是阻碍鲁迅勇猛前行的挂碍。

第四节　清醒的矛盾心态

　　1925年鲁迅在写给赵其文的信中,由谈论"感激"④话题而联想到自己的母亲时说过如下一段耐人寻味的话:

　　　　感激,那不待言,无论从那一个方面说起来,大概总算是美德罢。但我总觉得这是束缚人的。譬如,我有时很想冒险,破坏,几乎忍不住,而我有一个母亲,还有些爱我,愿我平安,我因为感激他的爱,只能不照自己所愿意做的做,而在北京寻一点糊口的小生计,度灰色的生涯。因为感激别人,就不能不慰安别人,也往往牺牲了自己,——至少是一部分。⑤

---

① 鲁迅:《书信·180820致许寿裳》,《鲁迅全集》第11卷,第365页。
② 鲁迅:《伪自由书·前记》,《鲁迅全集》第5卷,第4页。
③ [日]竹内良雄:《鲁迅与母亲》,王惠敏译,《鲁迅研究月刊》1994年第3期。
④ "你的善于感激,是于自己有害的,使自己不能高飞远走。我的百无所成,就是受了这癖气的害,《语丝》上《过客》中说:'这于你没有什么好处',那'这'字就是指'感激'。"(鲁迅:《书信·250408致赵其文》,《鲁迅全集》第11卷,第472页。)
⑤ 鲁迅:《书信·250411致赵其文》,《鲁迅全集》第11卷,第477页。

鲁迅在此不仅再次表达了母亲是自己的牵绊,而且,最后一句话充分表现出感激可能带来的负面效应,即"因为感激他的爱"而不得不"牺牲了自己"。感激、慰安和牺牲,这种人与人之间情感上的三个逻辑层次,正是鲁迅在与母亲关系上所历经的三部曲。鲁迅对母亲自然心存感激,尤其因为少年时期的悉心庇护、青年时代的资助求学,以及一起经历过的共同支撑家庭的辛酸,所以鲁迅多次对人说过,"我娘是苦过的"。这简单的话语实际上饱含着鲁迅对寡母抚养三兄弟之艰辛的理解,因此鲁迅对母亲心怀一份感激也是理所当然的。正因为鲁迅内心对母亲怀着一份感激,因此才会不时地给予慰安。鲁迅虽然对母亲安排的婚姻十分不满,但最终还是接受了这桩无爱的婚姻。鲁迅之所以承认这桩婚姻,正是出于对母亲的体谅,换言之,在鲁迅心中他与朱安的婚姻其实已经置换成了感激母亲的结果,爱情已经让位给亲情。鲁迅对母亲的慰安不仅表现在婚姻方面,在日常生活中,鲁迅同样处处懂得安慰母亲,鲁迅四弟夭折后,鲁瑞十分想念这个幼子,鲁迅便找来画师画遗像,但画师苦于无法下笔,鲁迅只好建议画师照着自己画,但鲁迅说:"我至今没有告诉过她老人家,当时也不曾告诉过别人。这遗像是安慰她老人家的,她认为满意,精神有所寄托就好了,何必一定要告诉她遗像上的脸是照着谁的脸画的呢?"①此外《在酒楼上》中讲到的吕纬甫回乡迁坟的故事,其实也是鲁迅的亲身经历。②鲁迅之所以答应回乡给小兄弟迁坟,某种意义上也是为了安慰母亲,小说不多的文字恰恰表达出作者当时的真实心境:面对着"踪影全无"的一座坟,"其实,这本已可以不必再迁",但是小说中的吕纬甫还是前后忙了两天,"总算完结了一件事,足够去骗骗我的母亲,使她安心些"。③同样,给顺姑送绒花也是为了让母亲安心。小说中的这些细节描写,正是现实中鲁迅与母亲关系的写照,北京时期与鲁迅过从较密的许钦文的话从旁证实了这一点:"鲁迅先生非常注意尊重母亲和安慰她","因此只要具备了一些条件,虽然勉强点,鲁迅先生总是尽可能地使她感到点安慰的"。④

正如鲁迅所意识到的,出于感激的慰安通常是以牺牲自己为前提的,鲁迅为了安慰母亲接受了与朱安的婚姻,但这一妥协是以主动放弃对爱情的追求为代价的,"又不能责备异性,也只好陪着做一世牺牲,完结了四千年的

---

① 俞芳:《我记忆中的鲁迅先生》,浙江人民出版社1981年版,第52页。
② 周作人著,止庵校订:《鲁迅小说里的人物》,河北教育出版社2001年版,第205页。
③ 鲁迅:《彷徨·在酒楼上》,《鲁迅全集》第2卷,第29页。
④ 许钦文:《鲁迅日记中的我》,孙伏园、许钦文等著:《鲁迅先生二三事:前期弟子忆鲁迅》,河北教育出版社2000年版,第110页。

旧账"。同时鲁迅深知："做一世牺牲,是万分可怕的事;但血液究竟干净,声音究竟醒而且真。"①而为了在经济上减轻母亲的负担,承担起照顾家庭的责任,本来准备去德国深造的鲁迅便不得不提早回国,"终于,因为我底母亲和几个别的人很希望我有经济上的帮助,我便回到中国来……"②同样的,鲁迅在一篇叫作《我要骗人》的短文中说："倘使我那八十岁的母亲,问我天国是否真有,我大约是会毫不踌躇,答道真有的罢。"③为了让母亲获得安慰,鲁迅甚至牺牲了自己对于宗教的看法,当然,对鲁迅来说,对母亲的尽孝其实也是一种精神上牺牲的结果,尤其表现在非孝和尽孝之间的挣扎带来的精神上的苦闷。即是说,在鲁迅与母亲及其象征的家族之间,为了让母亲获得安慰,事实上鲁迅的许多言行是不得已的,甚至是自我牺牲换来的结果。在谈及家庭变故之后少年时代的所作所为时,他说："我那时做这些事,也是不得已啊!你们想,我不做,又叫谁去做呢?"④从这句话明显可以看出鲁迅是在为母亲分忧,如果鲁迅不去做,势必就要鲁瑞出面,少年鲁迅为了宽慰母亲,无意中牺牲了自己的尊严。

所以说,1926年前,鲁迅与母亲的关系事实上经历了感激、慰安和牺牲的情感三部曲,在与母亲的关系中,鲁迅一直处于妥协乃至自我牺牲的地位,但是在1926年8月后,这种情感三部曲的关系被打破了。许广平的介入,不仅使得鲁迅发现"我可以爱"⑤,而且这份迟到的爱情打破了原先的家庭生态,更打破了鲁迅原来努力维持的情感天平。许广平的出现,不仅打破了鲁迅在感情上许下的"陪着做一世牺牲"的誓词,更影响到鲁迅对于母子关系的重新思考,进而出现了一种新的情感趋势,即长期牺牲之后的自我觉醒。虽然鲁迅对中国传统家族制度的弊端是一清二楚的,但他很少在这个问题上谈及自己的家庭,可1927年后,鲁迅在与几位朋友的信件中多次谈到了家族制度的弊害,有时甚至直接指向母亲。这种批判指向的明晰性,其实也就彰显出鲁迅个人意识的觉醒,因为许广平,他有了一个挣脱家族制度的契机,于是最后十年鲁迅与母亲分居京沪两地。十年间,鲁迅仅两次回京省亲,有意思的是,回京后的鲁迅还在给许广平的信中多番抱怨母亲,展现他们之间的隔阂。这就表明,鲁迅与母亲之间的距离并非由于空间上的阻

---

① 鲁迅:《热风·四十》,《鲁迅全集》第1卷,第338页。
② 鲁迅:《集外集·俄文译本〈阿Q正传〉序及著者自叙传略》,《鲁迅全集》第7卷,第85页。
③ 鲁迅:《且介亭杂文末编·我要骗人》,《鲁迅全集》第6卷,第505页。
④ 俞芳:《我记忆中的鲁迅先生》,浙江人民出版社1981年版,第61、62页。
⑤ "我有时自己惭愧,怕不配爱那一个人;但看看他们的言行思想,便觉得我也并不算坏人,我可以爱。"(鲁迅:《书信·270111致许广平》,《鲁迅全集》第12卷,第11页。)

隔,而是源于趣味、认识、思想上的差异,这种差异更加深了鲁迅在母子关系上的自我觉醒。然而,这还不是最后十年鲁迅与母亲情感关系的全部,虽然空间上的阻隔,多少缓解了鲁迅和母亲因思想差异而来的隔阂,但是这不仅没有降低鲁迅心灵的负荷,相反,作为过渡时代的知识分子("过渡人"),鲁迅在批判传统孝道的同时却因自己不能继续尽孝而自责,加上少年时代与母亲共同支撑家庭的辛酸记忆,使得鲁迅产生了一种逃离之后的负罪感。这种自责与负罪感一直伴随着鲁迅,致使他在与母亲的关系问题上经常呈现出相互纠缠的矛盾心境。

第三章　从"过年"看鲁迅心境之变迁

过年,是过"年节"的简称,按照旧时习俗,从年尾腊月廿三的祭灶日(扫尘日)开始,直至正月十五元宵节,将近一个月的时间称为"过年",其中最重要的当然是春节。[①]在中国人的认知中,没有哪个传统节日堪比春节重要,春节实际上是整个过年庆祝活动的高潮。春节前后的打扫、祭祀、祈福、贺岁等一系列活动,已经成为中国民俗文化乃至中国传统文化重要的组成部分,在绵延不断的传承中塑造了一代代中国人的自我认知和文化认同。我们这里采用"过年"这一较为通俗的说法,实则上包括了春节前后的一系列庆典活动。尽管不同地区庆祝形式上存在一定差异,但是以"除夕—春节"为主轴线的庆典活动总是过年期间不可或缺的仪式内容,鲁迅的故乡也不例外。所以考察鲁迅对于过年的态度及其过年期间的心境变迁,必须从其儿时说起,因为儿时记忆是鲁迅后来回忆、重审这个重要节日的认知基础。

第一节　鲁迅记忆中的"过年"

鲁迅虽没有直接写过关于儿时过年的专题文章,但是在他的散文、小说等不同文类中散落着不少涉及这方面的文字,再辅之以周作人、周冠五等亲友的追忆,我们还是能够还原出鲁迅儿时过年的若干场景。儿时鲁迅对于过年的态度虽然跟成年后的北京时期、上海时期存在一定差异,却构成了鲁迅有关过年的最初记忆,其后对于过年态度的转变及心境变迁虽有外在因素的影响,但总体看来均是在这一记忆的映照下显现出来的。因此,我们要

---

① 中国历史上对新年正月初一的指称出现过很多称谓,如"元日""正日""元辰""元正",等等,直到清朝,"元旦"一词才开始流行并逐渐确定下来,现在通行的"春节"一词则是民国以来对"元旦"的替代,因为民国改用公元纪年,旧历的元旦被改称为春节。参见杨琳:《中国传统节日文化》,宗教文化出版社2000年版,第6—13页。

追寻鲁迅对于过年态度的变化及其间的具体心境,必须从他儿时至青少年时期的过年经历及相关记忆说起。

鲁迅有关儿时记忆中过年的情形,写得较为集中的是《阿长与〈山海经〉》中的如下一段话:

> 一年中最高兴的时节,自然要数除夕了。辞岁之后,从长辈得到压岁钱,红纸包着,放在枕边,只要过一宵,便可以随意使用。睡在枕上,看着红包,想到明天买来的小鼓,刀枪,泥人,糖菩萨……①

这里的确写出了一个儿童对于节日的真实心态,对孩子来说,过年过节确实是他们所期待的,不仅格外热闹,而且能够用压岁钱买自己想要的东西。鲁迅后来在写到对于五猖会的期待时,也是将其看作跟过年一样,"孩子们所盼望的,过年过节之外,大概要数迎神赛会的时候了"②。当然,鲁迅最详尽的描写还是在《阿长与〈山海经〉》中,鲁迅不仅写出了自己对于过年的种种期待,同时也借着长妈妈的视角交代了故乡有关过年的一些风俗,其中最重要的就是吃福橘与恭贺新年:

> "哥儿,你牢牢记住!"她极其郑重地说。"明天是正月初一,清早一睁开眼睛,第一句话就得对我说:'阿妈,恭喜恭喜!'记得么?你要记着,这是一年的运气的事情。不许说别的话!说过之后,还得吃一点福橘。"她又拿起那橘子来在我的眼前摇了两摇,"那么,一年到头,顺顺流流……"
>
> 梦里也记得元旦的,第二天醒得特别早,一醒,就要坐起来。她却立刻伸出臂膊,一把将我按住。我惊异地看她时,只见她惶急地看着我。
>
> 她又有所要求似的,摇着我的肩。我忽而记得了——
>
> "阿妈,恭喜……"
>
> "恭喜恭喜!大家恭喜!真聪明!恭喜恭喜!"她于是十分喜欢似的,笑将起来,同时将一点冰冷的东西,塞在我的嘴里。我大吃一惊之后,也就忽而记得,这就是所谓福橘,元旦辟头的磨难,总算已经受完,

---

① 鲁迅:《朝花夕拾·阿长与〈山海经〉》,《鲁迅全集》第2卷,第251页。
② 鲁迅:《朝花夕拾·五猖会》,《鲁迅全集》第2卷,第269页。

可以下床玩耍去了。①

　　需要指出的是,鲁迅这里将大年初一称为"元旦",这跟今天通行的说法迥然不同,现在的元旦通常指公元纪年的一月一日,而将农历的正月初一称为春节,这固然是进入现代之后出现的两套纪年标准互相妥协的结果,但更象征着现代对于传统的某种修正。鲁迅在三四十年后回忆起这些过年期间的往事,依然历历在目,可见其印象之深。值得注意的是,鲁迅虽然将新年醒来后的吃福橘等一系列行为称为"元旦辟头的磨难",但我们还是能够从中感受到长妈妈对于鲁迅的爱,以及儿时鲁迅在过年仪式中感受到的乐趣。②

　　其实,过年作为重大节日,其间的系列庆典活动留给鲁迅的记忆远不止于此,以祝福为中心的祭祀活动更是过年期间的重要节目,作为长房长孙,鲁迅不仅从小参与过很多家族的实际活动,"当时周家往往在覆盆桥的覆盆房祭祀,祭祖宗,鲁迅也去祭"③。而且,鲁迅还参加了担任婚丧嫁娶的"礼生"的练习,"鲁迅只在仪式将开始时,才把词章浏览一遍,读时却是荦荦大方,悠扬成章,铿锵中节"④。回忆者周冠五虽想借此表达鲁迅自幼聪慧,其实恰恰说明了鲁迅跟传统过年及种种旧礼教之间的紧密联系。甚至《祝福》中鲁迅将祥林嫂的故事安排在除夕,恐怕也不仅是想借助"年关"的时间意味来象征祥林嫂的最终命运,而跟其对于过年中祝福大典的记忆不无关系。我们且看鲁迅在小说中的相关描写:

　　　　他们也都没有什么大改变,单是老了些;家中却一律忙,都在准备着"祝福"。这是鲁镇年终的大典,致敬尽礼,迎接福神,拜求来年一年中的好运气的。杀鸡,宰鹅,买猪肉,用心细细的洗,女人的臂膊都在水里浸得通红,有的还带着绞丝银镯子。煮熟之后,横七竖八的插些筷子在这类东西上,可就称为"福礼"了,五更天陈列起来,并且点上香烛,恭请福神们来享用;拜的却只限于男人,拜完自然仍然是放爆竹。⑤

---

① 鲁迅:《朝花夕拾·阿长与〈山海经〉》,《鲁迅全集》第2卷,第251—252页。
② 参见曹禧修:《鲁迅与语文教学》,浙江大学出版社2016年版,第16页。
③ 周冠五:《鲁迅家庭家族和当年绍兴民俗·鲁迅堂叔周冠五回忆鲁迅全编》,上海文化出版社2006年版,第244页。
④ 同上书,第241页。
⑤ 鲁迅:《彷徨·祝福》,《鲁迅全集》第2卷,第5—6页。

证以周作人等的相关描述,我们可以确信,鲁迅这里其实是对儿时记忆中有关祝福场景的书写。换言之,《祝福》中的祝福描写是有其现实生活背景的,简单说,鲁迅对于祝福的描写是他有关家族祭祀场景的一个速写。因为在周作人等的记忆中,祭祀是家族中的大事件:"一年应办的事从年底算起,是除夕悬像设祭,新年供养十八日,再设祭落像拜坟岁,这与三月上坟,十月送寒衣,系三次的墓祭,冬夏两至及七月半,以及忌日。"①其中,过年期间的祭祀更是重中之重,在周作人描述中,这是除夕当天的重头戏:"这一天的行事大抵有三部分,一是拜像,二是辞岁,三是分岁。拜像是筹备最长,从下午起就要着手,依照世代尊卑,把先人的神像挂在墙上,前面放好桌子,杯筷香炉蜡烛台,系上桌帏,这是第一段落。其次是于点上蜡烛之后,先上供菜九碗,外加年糕粽子,斟酒盛饭,末后火锅吱吱叫着端了上来,放在中间,这是最后的信号,家主就拿起香来点着,开始上香,继以行礼了。"②鲁迅作为长兄,在父亲去世后无疑是这一系列仪式的主要执行者,由此可见,在鲁迅故乡过年与祭祀活动(包括祭祀神灵和祭奠祖先)是密不可分的。当然,鲁迅关于过年的记忆并不限于祭祀,还有其他方面的记忆,比如鲁迅曾在庚子年(1900年)除夕当晚"祭书神长恩",并"作文祝之",这便是现在收在《集外集拾遗补编》中署名"戛剑生"的《祭书神文》。③

从广义的角度看,祭书神也是祭祀神灵、祭祀祖先活动的自然延续,从这个意义上可以看出青年鲁迅对于祭祀活动的自觉遵循。除此之外,作为阖家团圆与情感交流的重要节日,给尊长拜年及走亲访友也是过年期间必不可少的活动。鲁迅作为长兄,的确参加过一系列过年期间的此类活动,比如1900年春节,周作人日记记载:"庚子元旦:雨。上午同大哥至老屋拜岁,又至寿镜吾太夫子处贺年,及归已傍午矣。""初四日:微雪。上午大哥坐轿

---

① 周作人著,止庵校订:《鲁迅的故家》,河北教育出版社2002年版,第159页。
② 同上书,第177页。
③ 《祭书神文》全文如下:"上章困敦之岁,贾子祭诗之夕,会稽戛剑生等谨以寒泉冷华,祀书神长恩,而缀之以俚词曰:今之夕兮除夕,香焰氤氲兮烛焰赤。钱神醉兮钱奴忙,君独何为兮守残籍?华筵开兮腊酒香,更点点兮夜长。人喧呼兮入醉乡,谁荐君兮一觞。绝交阿堵兮尚剩残书,把酒大呼兮君临我居。缃旗兮芸舆,挈脉望兮驾蠹鱼。寒泉兮菊菹,狂诵《离骚》兮为君娱,君之来兮毋徐徐。君友漆妃兮管城侯,向笔海而啸傲兮,倚文家以淹留。不妨导脉望而登仙兮,引蠹鱼之来游。俗丁伦父兮为君仇,勿使履阈兮增君忧。若勿听兮止以吴钩,示之《丘》《索》兮棘其喉。令管城脱颖以出兮,使彼憿憿以心忧。宁召书癖兮来诗囚,君为我守兮乐未休。他年芹茂而槐香兮,购异籍以相酬。"(鲁迅:《集外集拾遗补编·祭书神文》,《鲁迅全集》第8卷,第534页。)

至城内及附郭各亲戚贺年,下午遣章庆往分名片。"① 可见,鲁迅作为家庭代表在春节分别向族中长辈和师长拜了年。而周作人日记中记录最完整的是辛丑(1901年)年他跟鲁迅一起过年的经历:

"廿三日:晴冷。夜**送灶**,大哥作一绝送之,予和一首。"

"廿六日:晴。夜因明日祝福不睡,同大哥闲谈。一点钟**祝福**②,拜毕少顷即睡。"

"三十日:晴。下午**接神**,晚**拜像**,又向诸尊长**辞岁**。饭后同豫才兄**祭书神**长恩,作文侑之,稿存后。"

"辛丑正月初七日:晴。晚饭后同大哥下舟往道墟。出城已黄昏,放舟至道墟时过夜半,在官舱睡,夜中屡醒,不能安眠。"

"初八日:晴。晨饭后大哥往章宅**拜岁**。上午转至吴融马宅拜岁,留饭。午后开船至寺东社庙**看戏**,大哥往观,予不去。夜予亦去看,《更鸡》一剧颇佳,夜半回船寝。"

"初九日:晴。晨放舟至啸唫,早饭后往阮宅**拜岁**,少坐。"③

(按:以上引文黑体字均为笔者所标)

从腊月二十三的"祭灶"到"祝福"再到除夕当天的"拜像""辞岁""祭书神"直到新年里走亲访友去"拜岁""看戏",鲁迅这半个多月度过的俨然是一个传统中国人所经历的标准意义上的过年流程。如果对照《阿长与〈山海经〉》中长妈妈逼迫"我"在元旦早上醒来吃福橘的无奈,我们可以看出,青年时代的鲁迅已经在自觉按照传统中国年节文化的风俗习惯在行事,倘若没有后来的走出故乡乃至留学异邦,我想鲁迅对于过年还会按照这个生活轨迹继续下去,其对于过年的态度更不会发生任何改变。章太炎有云:"因政教则成风俗,因风俗则成心理。"④如果没有后来的人生转向,鲁迅大约也不会挣脱这一逻辑。

可见,直到1901年鲁迅完全生活在传统文化的氛围中,并且按照传统

---

① 周作人著,止庵校订:《鲁迅小说里的人物》,河北教育出版社2002年版,第287—288页。

② 周冠五指出:"祝福有两种,一种是冬福在年内立春前举行,一是春福举行于新正立春后,冬福是谢一年来的呵护,春福是祈未来的吉祥,周氏是祝冬福的。"(周冠五:《鲁迅家庭家族和当年绍兴民俗·鲁迅堂叔周冠五回忆鲁迅全编》,上海文化出版社2006年版,第107页。)

③ 周作人著,止庵校订:《鲁迅小说里的人物》,河北教育出版社2002年版,第291—292页。

④ 章太炎:《四惑论》,《章太炎全集》(四),上海人民出版社1985年版,第445页。

中国人过年的节奏,按部就班地践行着这一节日文化。换言之,此时的鲁迅是一个尚未觉察到自我主体性的传统中国人,是否过年、如何过年对于鲁迅来说,尚未成为一个问题。但是,自从1898年远赴南京求学以来,空间上的距离和知识环境的变化,已经将鲁迅跟崇尚过年的传统故家逐渐区分开来,比如己亥年(1899年)鲁迅就差点因为"要去勘矿"而不能回家过年,周作人日记有明确记载:"十一月十三日:接大哥十月三十日函,月课题一纸,云岁暮恐要去勘矿,不能回家云云。"①后来勘矿因故未能实行,鲁迅还是于十二月二十六日回到家中,度过了一段传统意义上的新年生活。但是辛丑年(1902年),鲁迅和周作人都没有回家过年。"廿九日,即除夕:晴。上午大哥来,少坐,即同至下关,买食物归,即由歧路去,予自回堂。"②这一事件的意义是重大的,不仅因为鲁迅第一次过年没有回家,而且年后不久鲁迅就要开始留学生活,回家过年自此更是成为一种无法实现的奢望。

自1902年起,鲁迅在日本生活了七年有半,此时的日本已经完成了明治维新的改革,各方面都呈现出一种新的时代气象,不仅实现了公元纪年,而且贺年方式也较之传统中国发生了很大变化,相约游公园、寄贺年卡片、集体拍照留念等方式已颇为流行。对于留日学生来说,在异域文化语境中,过年的习俗更是受到限制,加之革命现代性对传统文化的重新认识与定位,使得青年学生对于传统中国诸多方面的认识发生了根本性改变,绵延上千年的年节文化某种意义上已成为旧文化的一种符号,不再被接受了新思想的读书人所看重。对于中国留日学生而言,虽然农历新年依然是一个重要的节庆日子,他们还会在同乡、同学等小范围内庆祝,但是其根本意味已经悄然发生变化。一方面,他们逐渐淡化了传统中国过年期间以祭祀、祈福为主的庆祝活动,而将春节看成同志、同学、同乡集会以加强联络、宣传思想的一种渠道。譬如1903年中国留学生虽然举办了新年团拜会,但是其民俗意义已被现实政治意义所掩盖。"一九○三年一月二十九日(农历正月初一),鲁迅参加了在中国留学生会馆举行的农历新年团拜大会,留学生马君武等发表演说,当着清朝官员的面,历数清廷的罪恶,提倡恢复人权,拯救中国。"③宋教仁、朱希祖、黄尊三等鲁迅同时代留日学生的日记也反映出这一倾向,1905年春节宋教仁日记记载:"是日为

---

① 周作人著,止庵校订:《鲁迅小说里的人物》,河北教育出版社2002年版,第287页。
② 同上书,第296页。
③ 薛绥之主编:《鲁迅生平史料汇编》第二辑,天津人民出版社1982年版,第16页。

吾国之元日,湘西学会开新年会。"[1]1906年、1907年春节宋教仁都有此类记载。[2]而且庆祝形式也在发生变化,朱希祖在1906年春节那天写卡片以贺年,"下午写调生及心田昆季信,秀升、蔚如昆季信,吾、谈、徐、吴、朱五贺片"[3]。黄尊三1910年的春节则以"阅报"开始。

另一方面,留日学生开始接受公历元旦,并逐渐将之看作一年之始加以纪念,如宋教仁1905年1月1日日记:"是日为日本元日,家户皆休息,彼此过从相为贺,然不如我国之酣嬉玩乐、举国若狂也,亦足见其风俗之一斑矣。巳正,偕申锦章、李和生二君往浅草游观。"[4]1906年1月1日,"巳正,遂偕至宫崎滔天家贺年,晤得滔天兄宫崎民藏,日本之社会主义者也,谈良久"[5]。同样,朱希祖也在1906年1月1日跟朋友一起去了浅草公园,"下午偕徐冕百、邹鸿宾、朱叔麟、董竹香、钱泽存五君至浅草公园"[6]。黄尊三不仅在1907年底(12月29日)观察到日本新年前"各种杂志,多出新年号,无论男女学生,必买一二册回家消遣……是日稍富裕之家,其门首必栽大丛树,或松柏树二棵,以示清洁之意,贫家,则插松枝柏叶,点缀新年",尤其是"日人习惯,无论亲友,多以年片贺节,表示敬意"。所以他第二天"至书店买贺年片百枚","写寄中日友人,及内地亲友"。[7]而且在次年12月31日,"下午同学共至神田锦町工藤照像馆照像,以留纪念"[8]。

由此可见,在留日学生群体中,传统中国绵延千年的春节期间以祭祀、祈福为主要活动的习俗已经发生了根本变化,成为一个增进理解、宣传思想的时间节点。置身这种氛围之中,鲁迅难免其影响,进而反思国内以祭祖、祈福为主要活动的过年行为,某种意义上,鲁迅过年态度的转变是跟他对整个中国传统文化的认识密切相关的。留日初期鲁迅对于祭孔的态度表

---

[1] 刘泱泱整理:《宋教仁日记》,中华书局2014年版,第34页。
[2] "是日为吾国元旦,余至西路会事务所贺年。时到者三十余人。""十时,至西路会场。是日为中国之元日,故皆到会也。"参见刘泱泱整理:《宋教仁日记》,中华书局2014年版,第118、322页。
[3] 朱希祖:《朱希祖日记》上册,中华书局2012年版,第8页。
[4] 刘泱泱整理:《宋教仁日记》,中华书局2014年版,第21页。
[5] 同上书,第105页。
[6] 朱希祖:《朱希祖日记》上册,中华书局2012年版,第1页。
[7] 黄尊三著,谭徐锋整理:《黄尊三日记》,凤凰出版社2019年版,第109页。
[8] 同上书,第133页。

明他对于以儒家为核心的传统文化已经拥有了现代认知①,鲁迅对于过年的重新理解,正是在这个崭新的视野中发生的。所以周冠五后来回忆说:"从日本回来后,他(按:指鲁迅)就不去祭祀了,老台门、过桥台门也都不去了。"②鲁迅在祭祀问题乃至过年态度上之所以会发生这种改变,正是在日本的七年多时间改变的结果。概言之,经过七年多的留学生活,鲁迅在过年问题上发生了两点改变:其一,接受了通行的公元纪年法,逐渐将公历的一月一日看作一年之始,鲁迅后来文集的编年都是以公历年为单位的;其二,将阴历年及过年期间的祝福、祭祀等庆典活动等看作一种落后文化的象征,在现代性价值理念中,这些势必遭到批判,所以传统过年方式便沦为一种不合时宜的行为。多年之后,鲁迅依然将庆祝旧历年看作一种复古的倒退行径:"然而我想,现在却也并非排满,如民元之剪辫子,乃是老脾气复发了,只要看旧历过年的放鞭爆,就日见其多。"③直到1935年鲁迅仍坚持这种看法:"今年上海爆竹声特别旺盛,足见复古之一斑。"④即是说,经过留学时期的文化熏陶以及辛亥时期的政治淬炼与新文化运动的推波助澜⑤,过年这一原本民俗意义上的节日文化对鲁迅等五四知识分子来说,已经被赋予了一种象征新旧文化之争乃至革命与保守之别的重要政治符号,因此,过年的政治维度掩盖了其民俗维度。

　　自此以后,过年对于鲁迅而言便具有两种完全不同的意义:其一是以祭祖、放炮、打麻将为表现形式的民俗文化意义上的过年,其二则是象征传统文化乃至保守主义立场的封建礼教意义上的过年。鲁迅后来在不同时期呈现出的对过年的不同态度以及折射出的不同心境,均是以其在中外文化遭遇中形成的对于过年的多元理解为逻辑前提的。正是这种理解上的多层次性,才会导致鲁迅在过年这一问题上呈现出可供探究的复杂心境。从过年

---

① 鲁迅留日时期对孔子的态度,亦可作为鲁迅对过年等传统民俗发生认知转变的关联性背景,"这是有一天的事情。学监大久保先生集合起大家来,说:因为你们都是孔子之徒,今天到御茶之水的孔庙里去行礼罢! 我大吃了一惊。现在还记得那时心里想,正因为绝望于孔夫子和他的之徒,所以到日本来的,然而又是拜么? 一时觉得很奇怪。而且发生这样感觉的,我想决不止我一个人"。(鲁迅:《且介亭杂文二集·在现代中国的孔夫子》,《鲁迅全集》第6卷,第326页。)
② 周冠五:《鲁迅家庭家族和当年绍兴民俗·鲁迅堂叔周冠五回忆鲁迅全编》,上海文化出版社2006年版,第244页。
③ 鲁迅:《坟·坚壁清野主义》,《鲁迅全集》第1卷,第273—274页。
④ 鲁迅:《书信·350204致杨霁云》,《鲁迅全集》第13卷,第371页。
⑤ 民国政府成立后曾大力推广公元纪年,并将原来指称正月初一的元旦用来指称公历的一月一日,而将正月初一称为春节。

这一角度考察鲁迅心境,能够折射出鲁迅对传统文化的态度以及作为现代意义上的知识分子鲁迅的诞生过程。

第二节　北京时期鲁迅过年期间的心境走向

过年早已成为中国人千百年来的一大传统节日,长期以来过年期间也形成了一些惯常性的活动,如"结账,祀神,祭祖,放鞭炮,打马将,拜年,'恭喜发财'"[1]种种,那么,作为"民族魂"的鲁迅对过年又持一种怎样的态度,在现实生活中他又是如何过年的? 我们知道鲁迅等五四一代更加看重公元纪年,对鲁迅而言,这是一个具有重要意义的时间节点,最明显的就是他每年阳历年底都会统计本年度所购买的书籍,并抄写一份详细的书单,甚至计算出平均每月的购书花费。辛亥革命后,民国政府曾以政令形式推广阳历,"现在共和政体,业已成立,自应改用阳历,以示大同"[2]。这一做法虽在部分知识分子中得到响应,但在一般群众中收效甚微,大家所过的"年"依然是农历年。袁世凯当政后,遂采取了一种折中办法,批准以每年阴历正月初一日为"春节",例行放假。[3]因此,北京时期鲁迅虽不重视作为传统节日的农历新年,但是我们不能忽视过年对于鲁迅的影响:其一,过年的节日氛围无疑会影响到鲁迅,如年前结账、商家闭店以及燃放爆竹等庆祝活动均会影响到

---

[1] 鲁迅:《花边文学·过年》,《鲁迅全集》第5卷,第463页。

[2] 引自桑兵:《走进新时代:进入民国之共和元年——日记所见亲历者的心路历程》,《华中师范大学学报(人文社会科学版)》,2012年第1期。

[3] 钱玄同及其家人对于阳历年和阴历年的态度从侧面反映了这一问题,钱玄同主张过阳历新年并身体力行,如1916年1月1日"至崔师处贺年"。(杨天石主编:《钱玄同日记(整理本)》,北京大学出版社2014年版,第282页。)但在日记中钱玄同又感叹"改历三年矣,妇雏犹懵然"。(《钱玄同日记(整理本)》,第277页。)1915年除夕,钱玄同仍不得不"兄处祭祖",回来后又"吃年夜饭",因为"今年阳历正年,家人不习,未曾举行,兹故补行之"。(《钱玄同日记(整理本)》,第281页。)吴虞同样有此困惑,1915年元旦,他"晨起悬挂国旗",又收到友人"飞片拜年",但等到除夕,他又"同香祖、长倩、楷、桓诸女小饮,完结今年"。(中国革命博物馆整理,荣孟源审校:《吴虞日记》,四川人民出版社1984年版,第167、174页。)这说明吴虞仍将农历年看作一年的结束。这种现象在当年十分普遍,北京《晨报》曾有过生动描述:"一般人民于阳历新年则异常冷决,对于阴历新年,则特别高兴。就北京一城而论,在阳历新年的时候,除各公共机关门口结几块彩牌,与停止办公几天以外,社会上绝无甚么表示为新年点缀的。而在阴历新年的时候,无论何界都一律休息,而群趋于行乐一途,燃放爆竹彻宵不绝。比之阳历新年实在热闹百倍。"(《时评·旧历新年之感想》,《晨报》1920年2月6日。)

鲁迅的日常生活；其二，走亲访友及亲朋学生的来访无疑加深了鲁迅对于过年作为节日的认知；其三，过年期间连续几天的假期给了鲁迅较长时间的思考，对他的学术研究和文学创作均不无影响。本节拟采用抽样调查的方法，考察鲁迅北京时期过年期间的若干活动，如见过哪些人、买过什么书、写过什么文章、有过哪些异常举动，等等，并由此深入下去，探讨上述活动的因果渊源及其对鲁迅学术活动、思想走向与心境变迁之影响。

一

在现代人认知中，过年往往跟回家、团聚之类的庆祝活动联系在一起，但在北京的十四年间，鲁迅过年期间从未回过绍兴老家，这固然与当时道路的阻隔、时间的限制等现实因素有关，但更重要的或许还是鲁迅对于故乡的复杂态度。早在几年前写给许寿裳的信中，鲁迅就不止一次表达过逃离故乡的愿望："仆不愿居越中也，留以年杪为度"[1]，"越中棘地不可居，倘得北行，意当较善乎？"[2]1919年绍兴祖屋被迫卖掉之后，鲁迅对故乡更是了无牵挂："明年，在绍兴之屋为族人所迫，必须卖去，便拟挈眷居于北京，不复有越人安越之想。"[3]鲁迅与故乡日益紧张的关系在如下一段话中表现得更为明显："近读史数册，见会稽往往出奇士，今何不然？甚可悼叹！上自士大夫，下至台隶，居心卑险，不可施救，神赫斯怒，湮以洪水可也。"[4]郁达夫也回忆说："鲁迅不但对于杭州没有好感，就是对他出身地的绍兴，也似乎没有什么依依不舍的怀恋。"[5]但值得注意的是，北京时期鲁迅最初寄居绍兴会馆，身边的同事、同门、好友、学生，越籍者不在少数，平日交往亦以越人（浙人）为多。更吊诡的是，当鲁迅开始新文学创作后，却以文字的形式频频返乡，从《故乡》《祝福》到《在酒楼上》《孤独者》诸篇，形成了他文学创作中著名的"返乡"主题小说，并且其中几篇就是在过年期间写下的。在这个特殊的时间节点，鲁迅以这样一种方式"返乡"，不能不说是意味深长的。

鲁迅过年不回绍兴，但并不等于说鲁迅压根儿就不过年，换言之，鲁迅虽然在主观上并不看重这个传统节日，但翻阅其北京时期的日记，可以看到他也有不少世俗意义上关于"过年"的记载，也参加过一些过年期间常见的

---

[1] 鲁迅：《书信·100815致许寿裳》，《鲁迅全集》第11卷，第333页。
[2] 鲁迅：《书信·110307致许寿裳》，《鲁迅全集》第11卷，第345页。
[3] 鲁迅：《书信·190116致许寿裳》，《鲁迅全集》第11卷，第370页。
[4] 鲁迅：《书信·110102致许寿裳》，《鲁迅全集》第11卷，第341页。
[5] 郁达夫：《回忆鲁迅》，北京鲁迅博物馆、鲁迅研究室、《鲁迅研究月刊》编：《鲁迅回忆录·散篇》上册，北京出版社1999年版，第166页。

活动,如亲朋间的聚会饮酒,1912年除夕"季市招饮,有蒸鹜,火腿"①。1916年正月初三"晚饮酒"②,1919年除夕"夜添菜饮酒"③。走亲访友也是常人过年期间的一项重要活动,鲁迅概莫能外,1914年除夕"午后至新帘子胡同访小舅父,坐约半时出"④。1915年春节"午前往章师寓,君默、中季、遏先、幼舆、季市、彝初皆至,夜归"⑤。章太炎因反对袁世凯称帝,一度被袁氏囚禁在北京龙泉寺,后转至钱粮胡同,其间太炎两度以绝食相抗,虽经学者考证"章太炎中止绝食一事与鲁迅无关"⑥,但在这个春节鲁迅等入室弟子结伴前去拜年,意味可谓深长矣。同年初四下午,鲁迅还"同陈师曾往访俞师,未遇"⑦。俞师乃俞明震也,系鲁迅就读江南陆师学堂附设的矿路学堂时的总办,这一年俞明震赴京任平政院肃政史之职,鲁迅曾几次拜访。⑧过年期间,鲁迅与许寿裳、许铭伯兄弟的往还记载更多(许铭伯乃许寿裳长兄,曾与许寿裳、鲁迅同寓绍兴会馆),在1913年至1926年春节期间有记录的53天里⑨,提及许寿裳10次、许铭伯6次,如1915年初二"下午往季市寓还旧借书三册"⑩。1916年初二"午后季市来"⑪。初三"午后访季市不值,见铭伯先生,谈良久归"⑫。1916年除夕"上午伍仲文、许季市各致食品"⑬。1917年除夕"许铭伯先生送肴二器"⑭。初二"下午往铭伯先生寓谈"⑮。1918年除夕"晚铭伯先生送肴二器,角黍、年糕二事至"⑯。1920年初一"午后铭伯先生及诗

---

① 鲁迅:《癸丑日记》,《鲁迅全集》第15卷,第47页。
② 鲁迅:《丙辰日记》,《鲁迅全集》第15卷,第216页。
③ 鲁迅:《日记第九》,《鲁迅全集》第15卷,第396页。
④⑤ 鲁迅:《乙卯日记》,《鲁迅全集》第15卷,第160页。
⑥ 参见朱正:《章太炎中止绝食一事与鲁迅无关》,《鲁迅回忆录正误》(增订本),人民文学出版社2006版,第31—42页。
⑦ 鲁迅:《乙卯日记》,《鲁迅全集》第15卷,第160页。
⑧ 关于鲁迅与俞明震之关系可参见王德林、裘士雄:《鲁迅接受维新思想的启蒙老师——俞明震》,《鲁迅研究资料》第18辑,中国文联出版公司,1987年版。
⑨ 鲁迅1922年日记丢失,春节期间只保存下1921年的除夕一天(1922年1月27日),虽然马蹄疾以《周作人日记》《钱玄同日记》《胡适日记》等一手资料为参照,对鲁迅1922年的日记进行了补足与疏证,结果较为可信(详见马蹄疾:《一九二二年鲁迅日记疏证》,《鲁迅研究资料》第23辑,中国文联出版公司1992版),但为尊重历史原貌起见,本文仍以保存下来的鲁迅日记过年期间的53天为统计基数。
⑩ 鲁迅:《乙卯日记》,《鲁迅全集》第15卷,第160页。
⑪⑫ 鲁迅:《丙辰日记》,《鲁迅全集》第15卷,第216页。
⑬ 鲁迅:《丁巳日记》,《鲁迅全集》第15卷,第273页。
⑭ 鲁迅:《戊午日记》,《鲁迅全集》第15卷,第318页。
⑮ 同上书,第319页。
⑯ 鲁迅:《己未日记》,《鲁迅全集》第15卷,第359页。

荃来"①。1926年初二"下午季市来,还以泉百"②。

除了走亲访友、聚会饮酒之外,鲁迅日记中还有过祭祖的记录,1919年除夕"晚祭祖先。夜添菜饮酒,放花爆"③。这个除夕之所以过得如此隆重,是因为1919年年底,鲁迅专程回绍兴把母亲及周建人一家全部接到北京,阖家在分别多年后重新团聚,过一次较为正式的年节,也是情理之中的事。当然,鲁迅过年期间也有在家睡大觉的记录,如1914年春节"卧至午后二时乃起"④。还有生病的,1918年除夕"背部痛,涂碘酒"⑤。1919年春节"夜服规那丸三粒"⑥。更有因燃放爆竹而睡不着觉的,如1922年除夕"夜爆竹大作,失眠"⑦。上述所有这些举动都是常人过年期间的惯常活动,之所以不厌其烦罗列出来,是想表明即便鲁迅对过年这种传统习俗不大认同,但他也难免受其影响。当然,从研究角度而言,我们更关心的是鲁迅在过年方面异于常人的地方,即透过鲁迅过年期间的某些异常表现,洞悉他彼时的内心世界,进而考察他的这些行为与其学术、思想、心境之间的关联。

鲁迅曾对朋友说过:"舍间是向不过年的,不问新旧。"⑧其时与鲁迅过从较密的荆有鳞从旁印证了这一说法:

> 呵,我想起来了,鲁迅先生前天说,他是不过年的,到他家里去玩玩。于是我就一直走去,因为鲁迅先生离我并不狠远。
> 到鲁迅先生家里,他家果然不过年,不特没有预备敬神放炮的等等麻烦事,他还是悠然自得的在那里看诗集。……⑨

长期以来,鲁迅并不怎么看重春节等传统节日,他曾经这样分析过国人之所以庆贺春节的原因:"中国的可哀的纪念太多了,这照例至少应该沉默;可喜的纪念也不算少,然而又怕有'反动分子乘机捣乱',所以大家的高兴也不能发扬。几经防遏,几经淘汰,什么佳节都被绞死,于是就觉得只有这仅

---

① 鲁迅:《日记第九》,《鲁迅全集》第15卷,第396页。
② 鲁迅:《日记十五》,《鲁迅全集》第15卷,第609页。
③ 鲁迅:《日记第九》,《鲁迅全集》第15卷,第396页。
④ 鲁迅:《甲寅日记》,《鲁迅全集》第15卷,第103页。
⑤⑥ 鲁迅:《己未日记》,《鲁迅全集》第15卷,第359页。
⑦ 鲁迅:《日记十二》,《鲁迅全集》第15卷,第461页。
⑧ 鲁迅:《书信·350204致杨霁云》,《鲁迅全集》第13卷,第371页。
⑨ 荆有鳞:《除夕晚上的我》,载《民众文艺周刊》第7号,1925年2月3日。转引自高道一:《鲁迅与〈民众文艺周刊〉的资料剪辑》,《鲁迅研究月刊》2003年第6期。

存残喘的'废历'或'古历'还是自家的东西,更加可爱了。"①对于春节乃至传统阴历的这种态度,应该说跟鲁迅当时的总体心态是一致的,即一方面响应国民政府的号召,不过旧历年;另一方面故意以革新的姿态与看重这些传统仪式的封建遗老抗争。某种意义上,过年与否、新旧历之别,在鲁迅思想中已经成为新思想与传统文化、激进与保守、革命与守旧之间的分水岭。只有了解这一点,我们才能明白鲁迅所说的"不过旧历年"的深刻意义所在。②但纵观在北京的十四年,如何过年对鲁迅来说也不是一句"不过"就能了事的,不仅因为鲁迅过年期间也会有较为频繁的人际交往,这种交往活动某种意义上已经暗示给了鲁迅过年的形式、内容甚至意义。更重要的是,在北京期间的不同时段,鲁迅过年的方式也会随之发生些许变化。在我看来,北京时期鲁迅过年的方式起码经历了如下四个阶段,也可以说是四种不同心境,即1912—1917年为第一阶段,1918—1923年为第二阶段,1924年为一个特殊阶段,1925—1926年为第四阶段。之所以这样划分,主要依据如下几点:(一)独自过年与否;(二)过年期间的主要交往人群;(三)过年期间的学术活动及其走向;(四)由上述几点汇聚而成的鲁迅过年期间的心境变化。

二

1912—1917年间,鲁迅独自寄居绍兴会馆,过年期间最常见的活动就是或独自一人或与二三好友、同事一起"往小市""游厂甸""赴留黎厂"。如1912年除夕"午后同齐寿山往小市,因风无一地摊,遂归"③。齐寿山系鲁迅教育部同事,早年留学德国,二人关系颇为密切,有学者考证,"鲁迅在北京的14年,光是向齐君借钱就有近30次之多",齐氏还曾多次陪同鲁迅外出看房,1925年鲁迅被章士钊非法免职时,他与许寿裳共同发表《反对教育总长章士钊的宣言》,此后二人又合作翻译《小约翰》,所以鲁迅称他为"我的老同

---

① 鲁迅:《花边文学·过年》,《鲁迅全集》第5卷,第463页。
② 不仅鲁迅如此,钱玄同也不重阴历、不过阴历年,"吾国自改革政体以来,既悟前此用阴历之非,改用世界从同之阳历,斯阴历便当废弃,不复省忆"。(杨天石主编:《钱玄同日记(整理本)》,北京大学出版社2014年版,第304页。)"今天是旧历的中秋节。我这几年以来,很厌恶这个不适于实用的阴历,因此,遇着阴历的过年过节,总劝婉贞不要有什么举动(其实过年过节是极平淡不足道的事情,所以就是阳历年节我也没有什么举动),所以今天家里一切照常。"(杨天石主编:《钱玄同日记(整理本)》,第319—320页。)"我最厌过年,尤厌过阴历年,因阴历本比阳历野蛮。……至从阴历过年者必有许多迷信可笑之无意识举动,大为〈与〉革新社会之道相反。"(杨天石主编:《钱玄同日记(整理本)》,第333页。)
③ 鲁迅:《癸丑日记》,《鲁迅全集》第15卷,第47页。

事"。①1913年春节"午后即散部往琉璃厂,诸店悉闭,仅有玩具摊不少,买数事而归"②。初三"午后赴留黎厂买得朱长文《墨池编》一部六册,附朱象贤《印典》二册,十元。又《陶庵梦忆》一部四册,一元"③。1914年初二"午后赴部,仅有王屏华在,他均散去,略止,即往游留黎厂,无可观者,但多人耳。入官书局买得《徐孝穆集笺注》一部三本,三元"④。1915年初二"午后往厂甸,人众不可止,便归。在摊上买《说文统系第一图》拓本,泉二百;宋、元泉四枚,泉四百五十"⑤。1915年除夕"午后往小市"⑥。1916年初三"午后晴,游厂甸"⑦。

由此可见,在北京的最初几年里,鲁迅几乎每年过年期间都会"往小市""游厂甸""赴留黎厂",名之为游,其实是在为其学术研究收集资料,同时也是摆脱现实政治盯梢的一个办法。据周作人回忆,袁世凯称帝前后,"北京文官大小一律受到注意,生恐他们反对或表示不服,以此人人设法逃避耳目,大约只要有一种嗜好,重的嫖赌蓄妾,轻则玩古董书画,也就多少可以放心"。鲁迅"抄碑的目的本来也是避人注意,叫袁世凯的狗腿看了觉得这是老古董,不会顾问政治的,那就好了"⑧。近年更有学人指出,北京时期鲁迅对于古籍、碑拓等资料的持续关注,其实正是他在教育部工作职责的一部分。⑨无论出于什么初衷,这样的生活对于一个客居异乡的文人而言,心境无疑是寂寞的,因此寂寞可以说是1912—1917年间鲁迅心境的一种总体色调。但鲁迅自有其摆脱寂寞的方法,早在绍兴府中学堂时,鲁迅就采取"翻类书,荟集古逸书数种"⑩的办法来排遣寂寞。此时他更是常常一个人沉浸在辑佚古书、抄录古碑的工作中,以至于1916年除夕之夜发出如下的感慨:"独坐录碑,殊无换岁之感。"⑪有人将这话看作是鲁迅对于民国初年政治失望的一种表现⑫,但我以为,这更是这一时期鲁迅真实心境的一种袒露,甚至

---

① 姜德明:《"我的老同事"——鲁迅与齐寿山》,陈漱渝、姜异新编:《民国那些人:鲁迅同时代人》,漓江出版社2012年版,第90—94页。
② 鲁迅:《癸丑日记》,《鲁迅全集》第15卷,第47—48页。
③ 同上书,第48页。
④ 鲁迅:《甲寅日记》,《鲁迅全集》第15卷,第103页。
⑤ 鲁迅:《乙卯日记》,《鲁迅全集》第15卷,第160页。
⑥⑦ 鲁迅:《丙辰日记》,《鲁迅全集》第15卷,第216页。
⑧ 周作人著,止庵校订:《鲁迅的故家》,河北教育出版社2002年版,第345、347页。
⑨ 参见陈洁:《论鲁迅钞古碑与教育部职务之关系》,《鲁迅研究月刊》2014年第6期。
⑩ 鲁迅:《书信·101115致许寿裳》,《鲁迅全集》第11卷,第335页。
⑪ 鲁迅:《丁巳日记》,《鲁迅全集》第15卷,第273页。
⑫ 李允经:《鲁迅怎样过年?》,《鲁迅研究月刊》1993年第1期。

并非一种常人以为的寂寥之感。所谓"独",乃鲁迅之为鲁迅的一种几近常态的生活方式,他曾说过"我有时也想就此驱除旁人,到那时还不唾弃我的,即使是枭蛇鬼怪,也是我的朋友,这才真是我的朋友。倘使并这个也没有,则就是我一个人也行"①。而"殊无换岁之感"的另一层意思则是主体沉浸在自己的工作中,未尝思虑时间的流逝。再说,"逛小市""游厂甸""赴留黎厂"等一系列活动对鲁迅而言,也并非没有收获,这几年鲁迅搜集了大量古籍、碑拓、造像及小说史方面的一手资料,为日后开展专题学术研究打下了坚实基础。尽管从文学创作的角度来看,有学者认为,"S会馆时期的鲁迅"似乎只给我们留下了"晦暗的影子"②,但这一时期的重要性却越来越为研究界所重视,竹内好就很看重这一时段:"我想象,鲁迅是否在这沉思中抓到了对他的一生来说都具有决定意义,可以叫做回心的那种东西。……他此后的思想趋向,都是有迹可寻的,但成为其根干的鲁迅本身,一种生命的、原理的鲁迅,却只能认为是形成在这个时期的黑暗里。"③竹内好的这一观点虽然招致诸多非议,但学界愈发意识到这个时期对于鲁迅思想、鲁迅文学的重要意义。

除去"往小市""游厂甸""赴留黎厂"等半游艺、半学术性的活动之外,过年期间,鲁迅也免不了要与亲友往还。值得注意的是,这一阶段鲁迅往还的对象除了前文指出的亲戚、师长及许寿裳兄弟等至交外,其余大部分都是旧友、同乡及同事,如1913年初二"寿洙邻、曾丽润、阮和孙来访,坐少顷,同赴南味斋夕餐"。④寿洙邻乃鲁迅就读三味书屋时的老师寿镜吾之子,曾氏系寿洙邻亲戚,而阮氏乃鲁迅大姨妈之三子,皆绍兴人也。1913年除夕,"午前,丁葆园来","陈东皋及别一陈姓者来"。⑤丁氏时在北京交通部工作,陈氏曾任绍兴图书馆主任,均系鲁迅同乡。"沈后青来,未遇。祁柏冈来,贻食物二匣。"⑥沈氏系鲁迅留学日本时的同学陈公侠之内弟,祁氏乃鲁迅同事。又"季自求来,午后同至其寓,又游小市"。⑦季自求乃1902年周作人在南京水师学堂就读时的同学,鲁迅只身北上后,周作人将季自求介绍给鲁迅。1912年9月29日,季自求在日记中写道:"得起孟书,云豫才处已于家书中介绍,豫才君,起孟公兄也。"鲁迅也在同日日记中记道:"季天复来,季字自求,

---

① 鲁迅:《坟·写在〈坟〉后面》,《鲁迅全集》第1卷,第300页。
② 吴晓东:《S会馆时期的鲁迅》,《读书》2001年第1期。
③ [日]竹内好:《近代的超克》,李冬木、赵京华、孙歌译,生活·读书·新知三联书店2005年版,第45—46页。
④ 鲁迅:《癸丑日记》,《鲁迅全集》第15卷,第48页。
⑤⑥⑦ 鲁迅:《甲寅日记》,《鲁迅全集》第15卷,第102页。

起孟同学也。"①在周作人热情介绍下,季自求和鲁迅开始了较为密集的交往。②同日,"许季上贻粽八枚,冻肉一皿"③。许季上乃鲁迅教育部同事,佛教徒,1914年鲁迅刻印《百喻经》即由他经手。1915年初二"夜宋紫佩来。周友芝来,又送雨前一合"④。宋氏乃鲁迅在浙江两级师范学堂任教时的学生,后又是绍兴府中学堂的同事,1913年到北京后,由鲁迅介绍入京师图书馆分馆工作,1926年鲁迅南下后,北京家里的大小事务皆托宋紫佩代为处理,关系颇为密切,周氏亦绍兴人也;初三"午后同黄芷涧往小市"⑤,黄氏系鲁迅教育部同事;1915年除夕"伍仲文贻肴一器、馒首廿"⑥。伍氏跟鲁迅关系匪浅,乃鲁迅在南京矿路学堂及日本弘文学院时期的同学,该年3月任教育部普通教育司司长。

三

1936年鲁迅去世后,蔡元培、周作人、赵景深、郑振铎等在回顾鲁迅一生贡献时,不约而同地肯定了鲁迅学术方面的成就。蔡元培指出:

> 鲁迅先生本受清代学者的濡染,所以他杂集会稽郡故书,校《嵇康集》,辑谢承《后汉书》,编汉碑帖,六朝墓志目录,六朝造像目录等,完全用清儒家法。惟彼又深研科学,酷爱美术,故不为清儒所囿,而又有他方面的发展,例如科学小说的翻译,《中国小说史略》,《小说旧闻钞》,《唐宋传奇集》等,已打破清儒轻视小说之习惯;又金石学为自宋以来较发展之学,而未有注意于汉碑之图案者,鲁迅先生独注意于此项材料之搜罗;推而至于《引玉集》,《木刻纪程》,《北平笺谱》等等,均为旧时代的考据家鉴赏家所未曾著手。⑦

周作人则将上述鲁迅学术活动概括为"搜集辑录校勘研究"几方面,并列出9种研究成果,包括蔡元培尚未言明的《古小说钩沉》《岭表录异》(未刊)

---

① 鲁迅:《壬子日记》,《鲁迅全集》第15卷,第23—24页。
② 参见钦鸿:《季自求与鲁迅、周作人的一段交往》,《鲁迅研究月刊》2000年第2期。
③ 鲁迅:《甲寅日记》,《鲁迅全集》第15卷,第102页。
④⑤ 鲁迅:《乙卯日记》《鲁迅全集》第15卷,第160页。
⑥ 鲁迅:《丙辰日记》,《鲁迅全集》第15卷,第216页。
⑦ 蔡元培:《鲁迅先生全集序》,李宗英、张梦阳编:《六十年来鲁迅研究论文选》上册,中国社会科学出版社1982年版,第225页。

《汉画石刻》（未完成）。①赵景深则着重谈了作为小说史家的鲁迅在辑佚整理小说史资料及研究方面所取得的成绩。②据陈平原对鲁迅学术研究的三阶段划分，鲁迅辑校古籍、搜集金石拓片主要集中在1909年8月归国到1920年夏，而小说资料的辑佚整理及小说史研究主要完成于1920年8月至1927年辞中山大学教职，1927年10月定居上海后，除校订《嵇康集》、合编《北平笺谱》外，鲁迅的主要兴趣则转移到杂文创作。③由此可见，鲁迅学术活动虽贯穿其大半生，但主要完成于北京时期，又以1920年为界，前半段以辑校古籍、搜集金石拓片为主，后半段则把更多精力放在小说资料的搜集、整理与研究上。换言之，北京时期鲁迅学术方面的成就主要集中在碑石拓片的收集、故书辑佚与小说资料整理研究两方面。从赵瑛对鲁迅搜集碑石拓片的研究来看，鲁迅自1912年北上后就开始着手收罗相关资料，最初"是从搜集与研究古代绘画、书法入手，购买了许多历代名人书画册页与著名碑帖"，"其中就包括不少石刻拓本"，1914年因阅读佛经注意到历代佛家石刻造像，直到1915年"鲁迅把主要精力（与财力）转移到搜集各类碑帖上面"。而鲁迅搜集拓片的高潮出现在1916年，这一年鲁迅几乎隔日就要到琉璃厂、小市等四处收集，不仅亲自购买，还常托亲友代为收集，"但从1917年开始即逐年明显半数递减，到1920年以后，几乎可谓略有顾及了"④。

即是说，鲁迅所谓"钞古碑"的经历大部分出现在北京时期的第一阶段，即1912—1917年间，这一方面固然跟当时的政治环境及鲁迅的工作职责相关，但如果联系《呐喊·自序》中一再出现的"寂寞"而言，鲁迅对于古碑的持续兴趣似乎就能获得一种更为切己的理解，因为紧接着"寂寞"的是一种对于生命流逝的哀怨，"而我的生命却居然暗暗的消去了，这也就是我惟一的愿望"⑤。鲁迅一方面将生命投入到这些古代碑刻的收集整理上，已然成为其消磨生命的一种方式；另一方面，"却"与"居然"的双重转折似乎又传达出鲁迅对这种生存状态的不满，某种意义上，对于碑拓的研究何尝不是鲁迅绝望于现实之后的一种"反抗绝望"的表现呢？从鲁迅日记一再出现的"夜……录碑"的记载中除了能够感受到寂寞之外，应该还有一种对于绝望的抗战，正如钱理群所指出的，"在

---

① 周作人著，止庵校订：《鲁迅的青年时代》，河北教育出版社2002年版，第115—116页。
② 赵景深：《中国小说史家的鲁迅先生》，刘云峰编：《鲁迅先生纪念集》上册，天津人民出版社2007年版，第172—174页。
③ 陈平原：《作为文学史家的鲁迅》，《鲁迅研究的历史批判：论鲁迅（二）》，河北教育出版社2000年版，第346页。
④ 孙瑛：《鲁迅藏校碑拓概述》，《鲁迅藏书研究》，中国文联出版公司1991年版，第433—436页。
⑤ 鲁迅：《呐喊·自序》，《鲁迅全集》第1卷，第440页。

我看来,鲁迅在《〈呐喊〉自序》里所说的自我的'麻醉'正是内含着'绝望'和'超越'这两个侧面的"①。这也可以加深我们理解为什么1917年后鲁迅对于碑拓的收集在逐年减少,因为曾经的"寂寞"和"绝望"对鲁迅来说正在日渐褪去。日本学者伊藤虎丸则从鲁迅思想演进的内在逻辑角度为我们提供了另一种解释:

> 收集和整理在儒教长期支配的历史中流于一隅的小说、话本、传说以及散佚在类书中的片段,进行重新评价,也是一项对中国古代传统文明进行反省和发掘的工作。这也是他在东京时代维护"朴素之民"的"白心"(纯洁之心),维护"古民丰富之神思"以来的另一个未曾改变的志向。②

无论出于怎样的初衷,鲁迅辑佚古籍的几部代表作均出现在这个时期,如《谢承后汉书》《会稽郡故书杂集》《小说旧闻钞》等。1915年初二、1917年初二两天日记中对于《会稽郡故书杂集》的记载,某种意义上反映出这一阶段鲁迅学术研究的志趣所在:"午寄二弟信,又还《会稽书集》样本二叶。"③《会稽书集》即《会稽郡故书杂集》校样,当月12日,鲁迅收到周作人寄来的《会稽郡故书杂集》样本二叶,修改后于15日寄还。1917年1月24日,"午后王子馀来,赠以《会稽郡故书杂集》一册"④。鲁迅对于《会稽郡故书杂集》的兴趣始于1897年,1909年归国后即着手进行辑佚整理,1912年北上后又多方考证,1915年6月正式印出,此后便成为鲁迅馈赠友人的礼物。⑤对于《会稽郡故书杂集》的兴趣实际上从侧面反映出鲁迅整理古籍的一个方向,即对乡贤故书的收集整理。抵京后的第一个春节期间,鲁迅就购进《陶庵梦忆》,"又《陶庵梦忆》一部四册,一元,此为王文诰所编,刻于桂林,虽单行本,然疑与《粤雅堂丛书》本同也"⑥。《陶庵梦忆》作者张岱系绍兴人。据许寿裳回忆,抵京当天,鲁迅就留意收集乡贤故书,"鲁迅看见先兄的书桌上,放置着《越

---

① 钱理群:《与鲁迅相遇——北大演讲录之二》,生活·读书·新知三联书店2003年版,第104页。
② [日]伊藤虎丸:《鲁迅与日本人——亚洲的近代与"个"的思想》,李冬木译,河北教育出版社2000年版,第130页。
③ 鲁迅:《乙卯日记》,《鲁迅全集》第15卷,第160页。
④ 鲁迅:《丁巳日记》,《鲁迅全集》第15卷,第273页。
⑤ 关于《会稽郡故书杂集》的成书过程及鲁迅考据之贡献,参见李亮:《鲁迅与〈会稽郡故书杂集〉》,《鲁迅研究月刊》2006年第1期。
⑥ 鲁迅:《癸丑日记》,《鲁迅全集》第15卷,第48页。

中先贤祠目序例》多册,便索取了一册去,这是到京馆第一天的印象"①。即是说,鲁迅对于乡贤故书的收集整理是有意识有计划的,这种做法某种意义上承继了浙东学术重视文史的优良传统。②

如果说这一阶段鲁迅日记中出现的《陶庵梦忆》和《会稽郡故书杂集》代表着鲁迅辑佚故书的空间维度(横坐标)的话,那么《嵇康集》则象征着鲁迅整理故书的时间维度(纵坐标)。从时间上来说,鲁迅对于《嵇康集》的兴趣也萌生于此,1913年10月1日,鲁迅从京师图书馆借得《嵇康集》一册,并开始抄录,此后鲁迅经过十多次校勘,整个过程一直延续到1931年。③1921年除夕日记中的相关记载某种程度上说明了鲁迅对该书的兴趣,"从季市借《嵇中散集》一本,石印南星精舍本"④。实际上,这一年正月初五,日记中也有"校《嵇康集》一过"⑤的记载,这两则日记表现出鲁迅对于该书的持续关注。虽然从时间来说,鲁迅在整理故书方面"魏晋"时段的自觉要晚于"会稽"方位的自觉,但总体看,"鲁迅先生为自己选择了对他本身的研究来说是最佳的时间和空间,即以会稽郡为横坐标,以魏晋时代为纵坐标来辑录古籍"⑥的判断是成立的。但是,鲁迅对碑石拓片、逸书古籍的收集整理与其文学创作的成绩却呈现出反向发展的整体趋势,这一趋势从鲁迅过年期间关注重点的变化即可看出。

通过以上梳理可知,在北京时期的第一阶段,鲁迅的人际交往相对狭窄且较为固定,以亲友、师长、同学、同事为主,直到1917年除夕,日记中出现了"晚刘半农来"⑦的记载,某种意义上象征着鲁迅的北京生涯由此进入下一阶段。在作家鲁迅出场之前,作为学者的鲁迅的学术兴趣主要集中在碑石拓片整理、故书辑佚及小说资料搜集与研究诸方面,由此奠定了鲁迅一生的学术方向,并"为他今后的创作活动暗中作了储备":

> 我以为鲁迅在这段时间里并未成功地"麻痹"了自己的灵魂,他实际上是抓住了这段精神压抑的时间,从不断积累的文化资源中建立某

---

① 许寿裳著,马会芹编:《挚友的怀念——许寿裳忆鲁迅》,河北教育出版社2000年版,第21页。
② 参见孙海军、汪卫东:《从"人史"看鲁迅与浙东学派的精神关联》,《鲁迅研究月刊》2013年第11期。
③ 鲁迅辑校《嵇康集》的详尽过程可参见叶当前:《鲁迅辑校〈嵇康集〉的整理与校勘》,《鲁迅研究月刊》2012年第9期。
④ 鲁迅:《一九二二年日记断片》,《鲁迅全集》第16卷,第636页。
⑤ 鲁迅:《日记第十》,《鲁迅全集》第15卷,第424页。
⑥ 徐小蛮:《鲁迅辑校古籍手稿及其研究价值》,《鲁迅研究动态》1987年第8期。
⑦ 鲁迅:《戊午日记》,《鲁迅全集》第15卷,第318页。

种可资参考的框架,在其中寄托他生存的意义。①

这段时间的学术研究带给鲁迅的深远影响,李欧梵在另一处地方说得更为明确:

> 这种从研究传统文学和文化中产生的"抗"的兴趣,就是他作为"五四"思想运动领袖之一的反偶像崇拜的态度的核心。……因此,我认为鲁迅当时之沉浸于中国传统是有积极意义的,为他后来支持"五四"思想上的反传统和文学创作上的语言形式上的反旧习提供了极重要的来源。②

与学术研究的收获形成对照的是鲁迅心境方面的寂寞甚至无聊,这种心境在每年过年期间的日记中均有或隐或显的反映,实际上这也是鲁迅这一阶段的经常性心境,这种心境的形成除去政治环境的压抑、亲情的缺失外,跟他的"无事可做"以及由此引发的内心的空虚和绝望是分不开的。③

四

应该说,1918—1923年间的几个春节鲁迅过得还是相当满足的,这要从周氏兄弟之关系谈起。鲁迅与周作人仅相差四岁,生活、求学轨迹几乎相同,从南京到日本,再从绍兴到北京,二人几乎如影随形,加之他们兴趣乃至思想相近,因此总能聊到一起。虽然自1909年鲁迅归国后,兄弟二人天各一方,但书信往还从未间断,频率更是惊人,以至于有论者得出如下结论:"他们二人仍然维持这样的书信往来频率,就只能说明周作人在很长时间内充当了鲁迅唯一可以倾诉精神苦闷的对象。"④1917年4月1日周作人抵京那天,兄弟二人更是"翻书谈说至夜分方睡"⑤,周作人的日记记载更为明确,"至四时睡",由此可见鲁迅、周作人兄弟感情之笃厚。⑥周作人的到来,无疑大大缓解了独自寓居北京的鲁迅内心无人能谈的寂寞,不仅亲情有了寄托,

---

① [美]李欧梵:《铁屋中的呐喊》,尹慧珉译,岳麓书社1999年版,第29页。
② 同上书,第44页。
③④ 刘克敌:《"无事可做"的"鲁迅"与"忙忙碌碌"的"周树人"——从日记看民国初年鲁迅的日常生活》,《中国现代文学研究丛刊》2011年第3期。
⑤ 鲁迅:《丁巳日记》,《鲁迅全集》第15卷,第280页。
⑥ 关于周氏兄弟失和之前的感情之笃,可参见舒芜:《鲁迅、周作人失和以前的兄弟关系》,《周作人的是非功过》,人民文学出版社1993年版,第291—337页。

过年期间,逛小市、游厂甸等活动也因此有了伴。如1918年春节"午后同二弟览厂甸一遍"①。周作人日记记载"下午同大哥往厂甸一游。观海王村公园即归";初三"午后同二弟览厂甸,又至青云阁饮茗"②。周作人日记:"下午同大哥游厂甸。又至青云阁饮茶。四时返。"③1919年初二"午后同二弟往大学游艺会,晚归"④。周作人日记:"下午同大哥至法科大学观游艺会,五时倾出,步行至前门外乘车回。"⑤透过以上几则日记,可知周氏兄弟几乎形影不离,不仅如此,过年期间二人还曾共同出面招待宾客,1923年初二"午二弟邀郁达夫、张凤举、徐耀辰、沈士远、尹默、叔士饭,马幼渔、朱逿先亦至。谈至下午"⑥。即是说,周作人的到来不仅使得鲁迅的亲情获得寄托,思想有了交流,同时也进一步扩大了鲁迅的人际交往,此其一。

其二,1918年周作人在《新青年》第四卷第一号发表文章,后经钱玄同几次劝驾,鲁迅终于写出《狂人日记》发表于《新青年》第四卷第五号,此后周氏兄弟便成为《新青年》主要撰稿人。就是说在批判传统文化、倡导个性解放的五四思想启蒙中,鲁迅与周作人又成为互相欣赏的同一营垒中并肩作战的战友,这种关系无疑会进一步深化他们的兄弟情谊。

其三,鲁迅《狂人日记》等作品发表后,在思想文化界及青年学生中引起广泛关注,鲁迅的小说创作"从此以后,便一发而不可收"⑦,为《新青年》撰稿以及与《新青年》同人的交往便顺理成章地成为鲁迅过年期间的主要活动之一,如1917年除夕"晚刘半农来"⑧。这是刘半农第一次出现在鲁迅日记中,此后二人交往更趋频繁,1934年8月刘半农去世后,鲁迅还写过一篇纪念文章,称刘半农"是我的老朋友",相对于陈独秀、胡适而言,他"却亲近半农","愿以愤火照出他的战绩"。⑨1918年除夕"夜得钱玄同信"⑩。钱玄同在东京曾与鲁迅、周作人一起听过章太炎的课,又是最初鼓动周氏兄弟为《新青年》撰稿的人,自然成为《新青年》同人中与鲁迅、周作人交往最密切的人,某种意义上甚至可以看作周氏兄弟与《新青年》之间的纽带。有意思的是,此信

---

① 鲁迅:《戊午日记》,《鲁迅全集》第15卷,第318页。
② 同上书,第319页。
③ 《周作人日记》,《新文学史料》1983年第4期,第198页。
④ 鲁迅:《己未日记》,《鲁迅全集》第15卷,第359页。
⑤ 《周作人日记》,《新文学史料》1984年第1期,第211页。
⑥ 鲁迅:《日记十二》,《鲁迅全集》第15卷,第461页。
⑦ 鲁迅:《呐喊·自序》,《鲁迅全集》第1卷,第441页。
⑧ 鲁迅:《戊午日记》,《鲁迅全集》第15卷,第318页。
⑨ 鲁迅:《且介亭杂文·忆刘半农君》,《鲁迅全集》第6卷,第73—75页。
⑩ 鲁迅:《己未日记》,《鲁迅全集》第15卷,第359页。

满篇文言,且多摘句,读之不觉捧腹,实为贺年也。①1920年除夕"夜得胡适之信"②。在《新青年》诸位编辑中,鲁迅虽对胡适怀有戒心,但总的来看,彼此还是互相敬重的,二人不仅在打倒孔家店、古典小说研究方面多有交流③,这一年1月15日,鲁迅还就《尝试集》中诗作的去取问题致信胡适。1921年春节"上午寄新青年社说稿一篇"④。即后来收入《呐喊》之《故乡》也。虽然鲁迅起初对《新青年》不抱什么信心⑤,但在钱玄同劝说下,还是加入了这一战斗的集体,并甘愿做一名听将领的小卒。这不仅接续了他日本时期未及实现的梦想,更大大充实了当下的现实生活。在过年这一特殊时节鲁迅跟《新青年》同人间的密集交往,表明鲁迅对这一群体的认可,甚至寄予了某种期许。

总之,1917年周作人及其后全家的到来以及与《新青年》同人的并肩战斗,加之整个五四时代激昂人心的舆论环境,使得鲁迅似乎从"待死堂"中走了出来,并从时代氛围与青年身上看到了渺茫的希望,因此鲁迅这几年春节期间还是较为愉快的,例如同样是记载饮酒,1919年除夕日记却写道"夜添菜饮酒"⑥。鲁迅日记中关于饮酒的记载并不鲜见,但有关"添菜"的记录却较为罕见,对于菜的关注从一个侧面表明鲁迅饮酒时的心情是轻松愉悦的,加之"放花爆"的节日氛围,应该说1919年的除夕鲁迅过得相当惬意。可惜这种沉浸在家庭的温情与时代的激昂双重喜悦中的节日氛围并未持续多时。

五

1923年7月,鲁迅和周作人彻底闹翻,由此酿成了鲁迅研究史上长期悬而未决的一桩迷案。关于事情的缘起,鲁迅与周作人均讳莫如深,不置一词,旁人便只好猜测,从郁达夫、许寿裳、许广平等人的回忆看,鲁迅曾向他们作过些许说明⑦,但这些显然是事后理性分析的结果。我想,当时一定发生了某种突发事件,因为此前十天二人还一同逛街,"与二弟至东安市场,又

---

① 详见沈永宝编:《钱玄同五四时期言论集》,东方出版中心1998年版,第144—145页。
② 鲁迅:《日记第十》,《鲁迅全集》第15卷,第424页。
③ 陈漱渝:《鲁迅与胡适:从同一战阵到不同营垒》,《文学评论》1991年第6期。
④ 鲁迅:《日记第十》,《鲁迅全集》第15卷,第424页。
⑤ 据周作人回忆:"在与金心异谈论之前,鲁迅早知道了《新青年》的了,可是他并不怎么看得它起。""总结的说一句,对于《新青年》总是态度很冷淡的。"(周作人著,止庵校订:《鲁迅的故家》,河北教育出版社2002年版,第355页。)
⑥ 鲁迅:《日记第九》,《鲁迅全集》第15卷,第396页。
⑦ 参见陈漱渝:《东有启明 西有长庚——鲁迅与周作人失和前后》,《鲁迅研究动态》1985年第5期。

至东交民巷书店,又至山本照相馆买云冈石窟佛像写真十四枚,又正定木佛像写真三枚,共泉六元八角"①。鲁迅母亲也说:"也不知道什么事情,头天还好的,弟兄二人把书抱进抱出的商量写文章。"②但在1923年7月14日鲁迅日记中却出现了"是夜始改在自室吃饭,自具一肴,此可记也"③的记载。19日,周作人更是直接交给鲁迅一封绝交信,明确要求鲁迅"以后请不要再到后边院子里来"④。《鲁迅日记》也有记载:"上午启孟自持信来,后邀欲问之,不至。"⑤显然,当鲁迅想和周作人进一步沟通时,被弟弟拒绝了。于是几十年的兄弟之情从此走向"参商",鲁迅甚至无法在八道湾继续住下去,经许羡苏介绍,于7月26日"上午往砖塔胡同看屋"⑥。8月2日"下午携妇迁居砖塔胡同六十一号"⑦。因此,1924年春节鲁迅就是在出租房中度过的,当时的心境可想而知,应该说1924年是鲁迅在北京度过的最煎熬的一个春节。这种苦涩的心境从日记中简短的文字即可看出,如1923年除夕,"旧历除夕也,饮酒特多"⑧。1924年初二,"夜失眠,尽酒一瓶"⑨。虽然有人说鲁迅"不但嗜喝,而且酒量很大,天天要喝"⑩,但是"饮酒特多""尽酒一瓶"如此夸张的记录在日记中也极少见,由此可以想见鲁迅当时内心的凄苦,而且这种凄苦又无人能诉,也根本说不清楚,于是只能借酒浇愁。

1924年春节,鲁迅心境之所以落到如此境地,除去兄弟失和导致情感失去寄托之外,还有更为现实的一层,即来自经济方面的压力。八道湾本是绍兴老家被迫卖掉后周家在北京置购的一座大宅子⑪,是兄弟三人连同母亲的共同财产,但现在却被周作人独自霸占(周建人早已去上海),将近一年后鲁迅回八道湾搬运书籍资料也遭到周作人夫妇的谩骂甚至直接阻挠,"下午往

---

① 鲁迅:《日记十二》,《鲁迅全集》第15卷,第474页。
② 许羡苏:《回忆鲁迅先生》,鲁迅博物馆等编:《鲁迅回忆录·散篇》上册,北京出版社1999年版,第313页。
③ 鲁迅:《日记十二》,《鲁迅全集》第15卷,第475页。
④ "鲁迅先生:我昨天才知道,——但过去的事不必再说了。我不是基督徒,却幸而尚能担受得起,也不想责谁,——大家都是可怜的人间。我以前的蔷薇的梦原来都是虚幻,现在所见的或者才是真的人生。我想订正我的思想,重新入新的生活。以后请不要再到后边院子里来,没有别的话。愿你安心,自重。七月十八日,作人。"参见鲁迅博物馆鲁迅研究室编:《鲁迅年谱》第2卷,人民文学出版社2000年版,第104页。
⑤⑥ 鲁迅:《日记十二》,《鲁迅全集》第15卷,第475页。
⑦ 同上书,第477页。
⑧⑨ 鲁迅:《日记十三》,《鲁迅全集》第15卷,第500页。
⑩ 沈兼士:《我所知道的鲁迅先生》,《鲁迅回忆录·散篇》(上册),北京出版社1999年版,第99页。
⑪ 周家购买八道湾住宅的不足款项多由鲁迅补足,为此鲁迅甚至还借了高利贷,详见《鲁迅日记》1920年2月9日、2月16日、2月17日相关记载。

八道湾宅取书及什器,比进西厢,启孟及其妻突出骂詈殴打,又以电话招重久及张凤举、徐耀辰来,其妻向之述我罪状,多秽语,凡捏造未圆处,则启孟救正之,然终取书、器而出"[1]。周作人夫妇的这一举动无疑再次冲击到鲁迅尚未痊愈的伤口,而砖塔胡同并非长久之计,于是鲁迅只能另想办法。但鲁迅一心经营八道湾,并无积蓄,为了筹措房款只能四处借贷,1923年9月22日"下午往表背胡同访齐寿山,假得泉二百"[2]。10月9日"季市来部,假我泉四百"[3]。1924年1月14日"从齐寿山假泉二百"[4]。1月19日"下午从齐寿山假泉二百"[5]。这动辄几百元的借款,在平均月薪只有一二十元的当年可不是小数目,加之北洋政府经常发不出工资,鲁迅的心理压力可想而知,为缓解经济压力,鲁迅在1925年甚至去黎明中学、大公中学等中学兼课。[6]

除去经济压力,还有一层因素也加剧了1924年春节期间鲁迅的心理负荷,那就是身心疲惫诱发的疾病。自本年8月16日起,鲁迅日记中出现了多次外出看房的记录,其中8月份6次,9月份6次,10月份则高达10次,直到10月30日"买定第廿一号门牌旧屋六间"[7],此后又忙于办理过户、装修房屋等种种琐事,终于在多重压力之下,鲁迅生了一场大病。查阅日记可知,鲁迅身体最初出现不适是在9月24日,"咳嗽,似中寒"。25日"夜服药三粒取汗"[8]。但更为严重的是从10月1日一直持续到11月8日的大病,其间仅"往三本医院诊"的记载就出现了7次,直到11月8日"夜饮汾酒,始废粥进饭,距始病时三十九日矣"[9]。鲁迅在日记中并未言明是何种疾病以及严重程度,但在1935年12月写给母亲的信中,鲁迅道出了详情。其实折磨鲁迅的正是"肺病","且已经生了二三十年,被八道湾赶出后的一回,和章士钊闹后的一回,躺倒过的,就都是这病"[10],所谓"被八道湾赶出"即指1923年兄弟失和事件。即便如此,鲁迅并未停止外出看屋,在病得最严重的10月就出现了10次外出看屋的记载,直到10月底买定西三条的房子。但12月7日日记中又

---

[1] 鲁迅:《日记十三》,《鲁迅全集》第15卷,第516页。
[2] 鲁迅:《日记十二》,《鲁迅全集》第15卷,第482页。
[3] 同上书,第483页。
[4] 鲁迅:《日记十三》,《鲁迅全集》第15卷,第498页。
[5] 同上书,第498—499页。
[6] 陈漱渝:《鲁迅在北京的教学活动》,薛绥之主编:《鲁迅生平资料汇编》(三),天津人民出版社1983年版,第196页。
[7] 鲁迅:《日记十二》,《鲁迅全集》第15卷,第485页。
[8] 同上书,第482页。
[9] 同上书,第487页。
[10] 鲁迅:《书信·360903致母亲》,《鲁迅全集》第14卷,第140页。

出现"晚服阿思匹林丸一粒"①的记载,12月31日"午买阿司匹林片二合,服二片以治要胁痛"②。1924年1月1日"晚服阿思匹林片一"。1月5日"夜服补泻丸二粒"。1月7日"夜服阿思匹林片一枚,小汗"③。即是说,直到该年年底,在亲情破裂、经济压力、疾病折磨等多重因素压迫下,鲁迅的身心尚未痊愈,在这种情形之下,鲁迅却选择大量饮酒,这是一种怎样的心境,我们不难揣测。有人在分析这一年鲁迅不停忙碌时说:

> 我觉得,在鲁迅拼命忙碌的背后,该是一颗试图极力掩藏起来的流血的心。④

这话可谓体贴入微,十分允当,同时也符合鲁迅自我疗伤的一贯态度,"倘受了伤,就得躲入深林,自己舐干,扎好,给谁也不知道"⑤。同时,该论者在考察1923年的鲁迅时,着重指出了兄弟失和事件对于鲁迅的重要影响,"尤其是对于鲁迅,其强烈的自我意识及精神气质,使几乎每一件事都成为其精神世界中的精神事件,兄弟失和亦应作如是观"。⑥兄弟失和确实是影响1923年鲁迅心境的一个绝大因素,经济压力、过度劳累及紧随其后的疾病,某种意义上均是这一"精神事件"的连锁反应,由此可见,兄弟失和事件对于鲁迅精神世界的冲击及其给1924年鲁迅过年之心境所笼罩的阴影。

最后需要指出的是,1918年至1924年间,鲁迅虽然还在继续收集整理碑拓、造像、古籍等方面的研究资料,如1917年除夕"午后往留黎厂买《曹续生铭》《马廿四娘买地券》拓本各一枚,二元。又至富晋书庄买《殷文存》一册,七元"⑦。《殷文存》系金石文字,两卷,一册,罗振玉辑。1921年除夕,"还《结一庐丛书》一部二十本六元,从季市借《嵇中散集》一本,石印南星精舍本"⑧。但无论是在碑拓搜集方面还是古籍辑佚方面,相对于1917年之前的

---

① 鲁迅:《日记十二》,《鲁迅全集》第15卷,第490页。
② 同上书,第492页。
③ 鲁迅:《日记十三》,《鲁迅全集》第15卷,第497页。
④ 汪卫东:《鲁迅的又一个"原点"——1923年的鲁迅》,《文学评论》2005年第1期。
⑤ 鲁迅:《书信·350423致萧军、萧红》,《鲁迅全集》第13卷,第445页。
⑥ 汪卫东:《鲁迅的又一个"原点"——1923年的鲁迅》,《文学评论》2005年第1期。
⑦ 鲁迅:《戊午日记》,《鲁迅全集》第15卷,第318页。
⑧ 鲁迅:《一九二二年日记断片》,《鲁迅全集》第16卷,第636页。

比重已在逐年减少。[1]1920年后，鲁迅到北大讲授中国小说史，因此鲁迅这一阶段的学术兴趣主要转移到小说资料的收集、整理与研究上，并分别于1923年12月、1924年6月由北京大学新潮社出版《中国小说史略》上下册，从而奠定了"作为文学史家的鲁迅"的学术地位。相对于学术研究而言，1918年后，鲁迅把更多的精力放在了新文学作品的创作上，过年期间亦复如是，这一方面反映出作为文学家的鲁迅的自觉，另一方面也预示着鲁迅学术活动的一种潜在变化，而这种转变在随后的两年里愈加明显。

六

在北京的最后两年，因介入"女师大风潮"，加之其后许广平的"闯入"，鲁迅逐渐挣脱了人生的"第二次绝望"，创作上也走出了1923年的空白期，进入了以《彷徨》《野草》为代表的新的创作高峰。但过年对于鲁迅来说似乎依然无关紧要，只是，与往年过年期间频繁地逛小市、游厂甸及辑佚书籍、抄录古碑不同的是，这两年他把更多时间放在了新文学创作、外国作品翻译以及对青年作家的培养上。如1925年春节作了那篇意味深长的《风筝》，又"自午至夜译《出了象牙之塔》两篇"。初二"夜译文一篇"，初三"下午至夜译文三篇"。[2]1925年除夕"晚长虹及郑效洵来"[3]。1926年春节"上午得尚钟吾信并稿，下午长虹、效洵来"[4]。尚钟吾即尚钺，所谓"信并稿"乃尚钺"把一篇误解先生的文章，从一个已经付印尚未出版的杂志中抽出来，夹在上述的长信中寄去"[5]。初二"培良来。晚寄重光葵信。寄邓飞黄信。夜甄永安来"[6]。高长虹、向培良、尚钟吾等人为狂飙社成员，因编辑《莽原》杂志而相识，他们于1924年11月在北京《国风日报》上出过《狂飙》周刊，后又编过《狂飙丛书》，因此而得名。翻阅鲁迅日记可知，在此前后狂飙社成员是鲁迅家

---

[1] 以每年春节期间的四天为统计基准并由此分析鲁迅学术研究方面的整体走向，似乎不能完全说明问题，鲁迅对于碑帖、造像、古籍等资料的收集从未中断，同时对于上述资料的占有具有一定的或然性，但根据孙瑛、赵英等人对鲁迅收集整理碑拓与古籍的编年统计，这种逐年减少的趋势是可以成立的。具体可参见孙瑛：《鲁迅蒐辑碑拓辑述（1912—1915）》，《鲁迅研究资料》第19辑，中国文联出版公司1988年版；赵英：《鲁迅整理古籍年编》（北京时期上、下），《鲁迅研究资料》第22、23辑，后收入《籍海探珍——鲁迅整理祖国文化遗产撷华》一书，中国文史出版社1991年版。

[2] 鲁迅：《日记十四》，《鲁迅全集》第15卷，第549页。

[3][4] 鲁迅：《日记十五》，《鲁迅全集》第15卷，第609页。

[5] 尚钺：《怀念鲁迅先生》，鲁迅博物馆等编：《鲁迅回忆录·散篇》上册，北京出版社1999年版，第145页。

[6] 鲁迅：《日记十五》，《鲁迅全集》第15卷，第609页。

中常客,而甄永安乃当时的一个文学青年。可以肯定这些青年的来访与来信,谈得最多的应该是文学、是工作。即是说,这个年鲁迅依然是在忙碌中度过的,但是与青年的交往某种意义上也缓解了他内心的孤寂。

其实,这也是鲁迅在北京最后几年里,人际交往方面所发生的新变化。与此前相比,这两年春节期间,与鲁迅往还的除去许寿裳等挚友外,青年的比例大大上升,一批昔日学生及文学青年逐渐走进鲁迅的生活,这些人在过年期间也常常来访。如1924年春节,"午李遐卿携其郎来,留之午饭"①。李氏乃鲁迅在绍兴府中学堂任教时的学生。初二"下午许钦文来"②。许氏此时系北大旁听生,经孙伏园介绍认识鲁迅,是鲁迅十分欣赏的一个青年作家。③1924年除夕"夜有麟来并赠瓯柑十六枚,鲫鱼二尾"④。荆有麟是在北京世界语专门学校读书时,因向鲁迅请教写作、翻译问题开始来往,后参加《莽原》出版工作。⑤鲁迅也十分乐意跟青年交往,1925年初二"治午餐邀陶璇卿、许钦文、孙伏园,午前皆至"⑥,孙伏园是鲁迅任山会初级师范学堂监督时的学生,1921年主编《晨报副刊》,后发起创办《语丝》周刊,与鲁迅关系十分密切。而陶氏乃经许钦文介绍认识也,是鲁迅十分欣赏的美术家,也是鲁迅的《苦闷的象征》《坟》《彷徨》《朝花夕拾》等多部书籍的封面设计者。值得进一步指出的是,上述三人皆绍兴人,包括当天鲁迅母亲所请的女客也都是绍兴人。⑦春节期间,宴请这群绍兴青年,固有关怀之意,但其间是否也兼有乡音之思呢?

1925年、1926年春节期间,随着文学家鲁迅的自觉,鲁迅把更多精力放在了新文学创作与外国文学的翻译上,从过年期间的日记看,仅1925年1月23日(除夕)"往留黎厂买石印王荆公《百家唐诗选》一部八本,泉二元四角"⑧。(《百家唐诗选》应作《唐百家诗选》)其他再未出现关于碑拓、古籍方面的任何记载。不仅过年期间如此,翻阅鲁迅整理古籍年编,可知这两年鲁迅除了继续与他人讨论《中国小说史略》相关问题外,似乎已经远离了学术,这一时期鲁迅最重要的学术活动就是1926年6月至8月编辑的《小说旧闻钞》,8月1日作完《〈小说

---

① ② 鲁迅:《日记十三》,《鲁迅全集》第15卷,第500页。
③ 张炳隅:《鲁迅与乡土文学家许钦文》,北京鲁迅博物馆鲁迅研究室编:《鲁迅研究资料》第14辑,天津人民出版社1984年版。
④ 鲁迅:《日记十四》,《鲁迅全集》第15卷,第549页。
⑤ 马蹄疾:《鲁迅和荆有麟》,陈漱渝、姜异新编:《民国那些人——鲁迅同时代人》,漓江出版社2012年版。
⑥ 鲁迅:《日记十四》,《鲁迅全集》第15卷,第549页。
⑦ "母亲邀俞小姐姊妹三人及许小姐、王小姐午餐,正午皆至也。"(鲁迅:《日记十四》,《鲁迅全集》第15卷,第549页。)
⑧ 鲁迅:《日记十四》,《鲁迅全集》第15卷,第549页。

旧闻钞〉序言》后就匆匆南下了。某种意义上,《小说旧闻钞》可以看作鲁迅为自己北京时期的学术研究画上的一个句号,作为学者的鲁迅逐渐被文学家鲁迅所取代。下面这则日记同样表现出这一趋势,1926年2月15日"上午董秋芳来,赠饼饵两合,赠以《出了象牙之塔》《雨天的书》各一册,《莽原》三期"①。在日常人际交往中,鲁迅所赠之书已由此前的《会稽郡故书杂集》《中国小说史略》等学术著作变成文学创作及翻译作品。

七

总而言之,鲁迅在北京的十四年间,春节期间虽有通常意义上与过年相关的活动,如走亲访友、聚会饮酒甚至祭祖放炮等,但这些并非鲁迅过年期间的主要活动。换言之,鲁迅的确是不怎么过年的,最接近过年的一次是在1919年。有意思的是,八道湾时期鲁迅日记中关于祭祖的记载仅有两次,另一次是1921年除夕:"旧除夕也,晚供先像。"②而周作人日记中几乎每年都有此类记载,如1919年除夕"旧除夕,晚祭祖",1921年除夕"晚供祖像",1922年除夕"旧除夕,晚祭祖"。③这几年兄弟二人同住八道湾,感情不恶,祭祖活动应该是共同进行的,至少鲁迅是知情的,但鲁迅不记,而周作人却不厌其烦一一写下,这似乎也从侧面说明了周氏兄弟对于过年乃至传统习俗的不同态度。其余春节期间,鲁迅要么逛小市、游厂甸,要么写文章、搞翻译,要么接待青年,活动内容大都跟传统年味没有任何关系。

鲁迅在北京期间虽不怎么过年,但是每年过年的心境还是迥然有别的。寓居绍兴会馆补树书屋时,鲁迅过的是"寂寞如古寺僧人"④的独居生活,过年期间大都是在辑佚古书、抄录古碑中度过的,人际交往相对狭窄,往来以旧交老友居多,加之背井离乡,因此感受最多的或许就是"寂寞"之情,多年后在为《呐喊》写序时,当年的"寂寞"还在不经意间照进了这一文本。与此同时,鲁迅也因"沉入于国民中"或"回到古代去"⑤而麻痹着自己、充实着自己,这一时段也成为他学术活动的重要累积期。1917年周作人抵京,直至

---

① 鲁迅:《日记十五》,《鲁迅全集》第15卷,第609页。
② 鲁迅:《鲁迅全集》第16卷,第636页。
③ 周作人以上日记分别见《新文学史料》1984年第3期,第207页;《鲁迅研究资料》第18辑,第86页;《鲁迅研究资料》第19辑,第45页。其中1920年除夕周作人因病未作日记,但兄弟失和后的1923年除夕,周作人日记中再次出现同样记载"旧除夕,晚祭祖",见《鲁迅研究资料》第19辑,第81页。
④ 马蹄疾辑录:《许广平忆鲁迅》,广东人民出版社1979年版,第226页。
⑤ 鲁迅:《呐喊·自序》,《鲁迅全集》第1卷,第440页。

1923年二人失和,中间几年因全家团聚,加之与《新青年》同人的交往、五四的时代氛围,鲁迅终于在钱玄同的劝说下,投身新文化运动。《狂人日记》的成功也让他再次看到了渺茫的希望,从此,他便把更多的精力从辑佚古书、抄录古碑的工作转移到新文学创作上来,展开了深入的"文明批评"与"社会批评"①,作为文学家的鲁迅在这一时期奠定并逐渐成型。应该说这一时期鲁迅的心境是相当不错的,取寂寞而代之的是亲情的温馨以及时代的激昂,鲁迅不仅走出了寂寞之境,而且似乎重新照亮了他日本时期的梦想。但苦涩接踵而至,几乎成为1924年春节的主色调,不仅心情跌至谷底,创作毫无收获,而且大病一场,春节期间鲁迅曾两次大量饮酒,其间的苦涩不难想象。但或许这就是鲁迅对于过往的一种告别,因为1924年后鲁迅逐渐走出了人生的"第二次绝望",并重新开始创作,这年的正月初三,鲁迅写完《祝福》。在北京的最后两年里,鲁迅似乎已经挣扎着走出了这种苦涩,与文学青年的交往让他再度看到希望,加之与现代派诸人的论争、文学创作的繁忙以及许广平的闯入,这些无疑大大缓解了鲁迅内心的苦涩,因此,虽然照样忙碌,但是心境已经恢复常态。学术方面,鲁迅把更多精力放在了新文学创作与外国文学翻译上,虽然1926年南下后鲁迅也做过研究工作,甚至不止一次提及撰写《中国文学史》《中国字体变迁史》等学术著作的计划②,遗憾的是,这些著作均未及面世。最后十年鲁迅贡献给现代中国的是杂文创作,随着文学家鲁迅的最终生成,学者鲁迅逐渐淡出了人们的视野,但无论是作为学者的鲁迅,还是作为文学家的鲁迅,其骨干无疑生成于北京时期。

---

① "中国现今文坛(?)的状态,实在不佳,但究竟做诗及小说者尚有人。最缺少的是'文明批评'和'社会批评',我之以《莽原》起哄,大半也就为得想引出些新的这样的批评者来,虽在割去敝舌之后,也还有人说话,继续撕去旧社会的假面,可惜现在所收的稿子,也还是小说多。"(鲁迅:《书信·250428致许广平》,《鲁迅全集》第11卷,第486页。)

② "上午想理些带出的书籍,但头绪纷繁,无从下手,也许终于理不成功的,恐怕《中国字体变迁史》也不是在上海所能作罢。"(鲁迅:《书信·290521致许广平》,《鲁迅全集》第12卷,第168页。)"我想,应该一声不响,来编《中国字体变迁史》或《中国文学史》了。"(鲁迅:《两地书·一三五》,《鲁迅全集》第11卷,第323页。)"我数年前,曾拟编中国字体变迁史及文学史稿各一部,先从作长编入手,但即此长编,已成难事,剪取欤,无此许多书,赴图书馆抄录欤,上海就没有图书馆,即有之,一人无此精力与时光,请书记又有欠薪之惧,所以直到现在,还是空谈。"(鲁迅:《书信·330618致曹聚仁》,《鲁迅全集》第12卷,第404页。)

第三节 "上海鲁迅"心境管窥：以"过年"为视点

1927年10月3日，鲁迅偕许广平抵达上海，自此，鲁迅的衣食住行、人际交往、文学创作乃至个人心境便自然与这座城市发生了密切联系。上海十年，鲁迅不仅组建了自己的小家庭，而且广泛参与社会活动，加之上海的现代都市特征，这些必然会对其日常生活乃至主体心境产生不小影响。从"过年"这一视角切入，能够相对集中地看出鲁迅上海时期的心境变迁。

一

抵沪初期，尽管鲁迅与许广平在生活上保持着相对独立的形式，但是二人的恋情还是逐渐公开了，细致的郁达夫就从鲁迅关心许广平的一句话中看出端倪，"饭后，服务员端上咖啡，每人一杯。鲁迅朝许广平看了一眼，说：'密司许，你胃不行，咖啡还是不吃的好，吃些生果吧。'语气是热情的，语言却是告诫性质的，充满了柔情"[1]。鲁迅、许广平虽然表面上保持着一定距离，但是组建家庭的脚步从未停止，他们最终冲破了各种人我所加的流言勇敢走到一起。定居上海的最初几个春节，鲁迅均会陪许广平去看电影，1929年春节前两天，鲁迅还特意给有孕在身的许广平挑选了一件礼物，"午后往内山书店，得《草花模样》一部，赠广平"[2]。此时的许广平正在孕育着他们的爱情结晶。透过这种浪漫主义生活氛围，我们可以想见此时鲁迅正处在享受家庭生活的余裕心境中。1929年9月，海婴的出生更是彻底改变了鲁迅对于家庭生活的原有感受。上海时期，由鲁迅、许广平和海婴组成的现代核心家庭，既不同于绍兴的新台门周家，也不同于砖塔胡同那个由鲁迅、朱安和鲁瑞组成的家。这种新的家庭结构无疑带给鲁迅崭新的情感体验，几年后的一首《答客诮》充分流露出鲁迅对于海婴无私的爱："无情未必真豪杰，怜子如何不丈夫。知否兴风狂啸者，回眸时看小於菟。"[3]同时，海婴的降生也为鲁迅过年期间的活动增添了些许常态家庭生活的色彩，比如次年正月初二，"上午同广平携海婴往福民医院种牛痘"[4]等。

---

[1] 郁达夫：《回忆鲁迅·郁达夫谈鲁迅全编》，上海文化出版社2006年版，第162页。
[2] 鲁迅：《日记十八》，《鲁迅全集》第16卷，第123页。
[3] 鲁迅：《集外集拾遗·答客诮》，《鲁迅全集》第7卷，第464页。
[4] 鲁迅：《日记十九》，《鲁迅全集》第16卷，第180页。

这样的经历对鲁迅来说是极其珍贵的,海婴在让鲁迅品尝到家庭乐趣的同时,也成为改变其过年态度的一个重要因素,因为鲁迅深知,对孩子来说,"一年中最高兴的时节,自然要数除夕了"①。这固然是出于对儿童天性的尊重,与此同时也在某种程度上释放了平日的不满乃至激愤。1932年除夕晚上,"又买花爆十余,与海婴同登屋顶燃放之"②。1934年春节,"这回却连放了三夜的花爆,使隔壁的外国人也'嘘'了起来",鲁迅接下来的一句话尤其值得注意:"这却和花爆都成了我一年中仅有的高兴。"③从心理学角度说,这属于一种延后性的精神补偿,这种补偿不仅是一种自我情绪的释放,同时也是对负面甚至黑暗情绪的抵御。1936年春节前夕,鲁迅在"寄母亲信"中"附海婴笺"。虽然这不是鲁迅第一次在写给母亲的信中附上海婴写给祖母的信,但在春节这个特殊时节,海婴稚嫩的文字传达的问候无疑缓和了整个家庭的氛围。与此同时,新家庭中母亲的缺席,某种意义上让鲁迅摆脱了心理上的阴影,甚至可以说,鲁迅在这种无母而有子的核心家庭中获得了一种展望未来的主体性。鲁迅的这种心理尽管隐秘,但仍在一封书信中流露出来:"不久,我的母亲大约要来了,会令我连静静的写字的地方也没有。中国的家族制度,真是麻烦,就是一个人关系太多,许多时间都不是自己的。"④而现在这种新的家庭架构,既摆脱了原有家庭所象征的精神负荷,更因新生力量的加入而愈发充满活力。这种正常形态的家庭生活氛围在春节期间自然会得以彰显,因此,过年期间也就出现了若干不同于北京时期的家庭活动,或是给海婴种痘,或是带海婴问诊,或是阖家共同赴宴。不仅如此,同在上海的周建人一家已经成为这个大家庭不可或缺的组成部分,几乎每个春节建人一家都会前来拜访,因此,春节期间的诸多活动甚至会以全家(族)出动的方式体现出来,譬如1928年春节前三天,"晚同蕴如、晔儿、三弟及广平往明星戏院观电影《海鹰》"⑤。除夕当天,"夜同三弟及广平往民[明]星戏院观电影《疯人院》"⑥。此外,"夜蕴如及三弟来""蕴如携阿菩来"之类的记载在春节期间也十分频繁。这种相对和谐的大家庭氛围,不仅让鲁迅体味到了常态家庭生活的趣味,某种程度上也缓解了他在文字论争之余的紧张心理。

总的说来,上海时期家庭格局的变化以及随之而来的正常家庭生活,深

---

① 鲁迅:《朝花夕拾·阿长与〈山海经〉》,《鲁迅全集》第2卷,第251页。
② 鲁迅:《日记二十二》,《鲁迅全集》第16卷,第356页。
③ 鲁迅:《花边文学·过年》,《鲁迅全集》第5卷,第464页。
④ 鲁迅:《书信·350319致萧军》,《鲁迅全集》第13卷,第415页。
⑤⑥ 鲁迅:《日记十七》,《鲁迅全集》第16卷,第67页。

刻影响到鲁迅的日常情绪,过年期间的情感表达只是日常生活的一个侧面。家庭生活的常态化与休闲方式的都市化,其实为鲁迅逐渐接纳春节这个传统节日打下一定的情感基础。更重要的是,在这样的家庭氛围中,鲁迅更乐意将自己的情感与亲人分享,从而建立起了相对开放的情绪交流系统,这使得鲁迅文学的色彩也发生了些许变化,不独日记中再也没有出现那种咬噬灵魂的文字,即便是在他与创造社、太阳社激烈论争时,心境也没有因此而变得愈加黑暗。

二

上海时期在家庭生活逐渐走向常态的同时,鲁迅过年期间的心境却受到诸多政治事件的影响。上海十年,鲁迅先后加入中国自由运动大同盟、中国左翼作家联盟、中国人权保障同盟等半政治性的群众团体,因此几度受到牵连。1931年1月17、18日,柔石、殷夫、胡也频等五位左翼作家被捕,据说,在柔石的口袋里发现了鲁迅手抄的印书合同。鲁迅回忆说:"明日书店要出一种期刊,请柔石去做编辑,他答应了;书店还想印我的译著,托他来问版税的办法,我便将我和北新书局所订的合同,抄了一份交给他,他向衣袋里一塞,匆匆的走了。""第二天,他就在一个会场上被捕了,衣袋里还藏着我那印书的合同,听说官厅因此正在找寻我。"[①]因此,鲁迅不得不在日本友人内山完造协助下,于20日"下午偕广平携海婴并许媪移居花园庄"[②]。这年春节,鲁迅一家就是在工友所住的一间斗室中度过的,除夕晚上,"托王蕴如制肴三种,于晚食之"[③]。虽然这不是鲁迅定居上海后的第一次外出避难[④],但是春节期间寄居日本人旅馆,全家安危竟需日本友人加以庇护,鲁迅对于当局杀害左翼作家、钳制思想自由之悲愤可想而知。鲁迅后来写道:

> 在一个深夜里,我站在客栈的院子中,周围是堆着的破烂的什物;人们都睡觉了,连我的女人和孩子。我沉重的感到我失掉了很好的朋

---

① 鲁迅:《南腔北调集·为了忘却的纪念》,《鲁迅全集》第4卷,第498—499页。
② 鲁迅:《日记二十》,《鲁迅全集》第16卷,第240页。
③ 同上书,第243页。
④ 1930年3月2日中国左翼作家联盟成立,鲁迅是主要领导人之一。鲁迅也是此前成立的中国自由运动大同盟发起人。这就触怒了国民党反动派,他们在《革命日报》上造谣说鲁迅为"金光灿烂的卢布所收买"。国民党浙江省党部执行委员许绍棣更借此呈请国民党中央通缉"堕落文人"鲁迅。鲁迅在生命安全受到严重威胁的情况下,不得已于3月19日只身离家避祸,直到4月19日返家。

友,中国失掉了很好的青年,我在悲愤中沉静下去了,然而积习却从沉静中抬起头来,凑成了这样的几句:

> 惯于长夜过春时,挈妇将雏鬓有丝。
> 梦里依稀慈母泪,城头变幻大王旗。
> 忍看朋辈成新鬼,怒向刀丛觅小诗。
> 吟罢低眉无写处,月光如水照缁衣。[①]

出于对国内知识分子生存境遇的担忧,鲁迅于1932年12月坚决加入宋庆龄、蔡元培等组织的中国人权保障同盟。从日记可以看出,1933年春节期间,鲁迅分别于除夕、初五两天前往中央研究院(此为中央研究院上海分院,时为中国人权保障同盟的办公场所),为保障基本人权而积极奔走。虽然从日记看不出两次中央研究院之行对于鲁迅心境有何影响,但是可以想见,该年春节期间鲁迅的心境绝没有"观影""燃炮"那样轻松。某种意义上,上述都是鲁迅的主动作为引发的政治事件对其过年心境的影响,而直接影响鲁迅过年心境的典型事件莫过于1932年的"一·二八事变"。

1月28日,驻沪日军悍然发动侵略,鲁迅当时所住的拉摩斯公寓位于北四川路,直接受到战火袭扰,尽管鲁迅当天的日记只是简单记下"下午附近颇纷扰"[②],但在回复许寿裳的信中,鲁迅坦言:"此次事变,殊出意料之外,以致突陷火线中,血刃塞途,飞丸入室,真有命在旦夕之概。"[③]为躲避这场突如其来的战争,事变两天后鲁迅全家迁入内山书店,"下午全寓中人俱迁避内山书店,只携衣被数事"[④]。透过鲁迅简短的文字记载,当时的窘迫可想而知。由于内山书店处于火线之内并不十分安全,鲁迅一家遂于春节当天再度迁徙,"下午全寓中人俱迁避英租界内山书店支店,十人一室,席地而卧"[⑤]。这年春节,鲁迅便是在流徙中度过的,直到一个多月后的3月19日,才挈妇将雏返回寓所,"海婴疹已全退,遂于上午俱回旧寓"[⑥]。受一·二八战事影响,鲁迅阖家在外躲避48天,可以说,这个春节是鲁迅在上海度过的最为糟糕的一个春节。被迫流亡的经历使得鲁迅进一步认识到战争的危害,为此,2月4日鲁迅与茅盾、叶圣陶等43人联名发表《上海文化界告世界书》,

---

[①] 鲁迅:《南腔北调集·为了忘却的记念》,《鲁迅全集》第4卷,第500—501页。
[②] 鲁迅:《日记二十一》,《鲁迅全集》第16卷,第297页。
[③] 鲁迅:《书信·320222致许寿裳》,《鲁迅全集》第12卷,第286页。
[④] 鲁迅:《日记二十一》,《鲁迅全集》第16卷,第298页。
[⑤] 同上书,第299页。
[⑥] 同上书,第302页。

谴责日本帝国主义侵略上海的野蛮行径。"一·二八事件"给鲁迅留下了极其深刻的印象,1935年12月31日,鲁迅在《且介亭杂文二集·后记》中写道:"临末我还要记念镰田诚一君,他是内山书店的店员,很爱绘画,我的三回德俄木刻展览会,都是他独自布置的;一二八的时候,则由他送我和我的家属,以及别的一批妇孺逃入英租界。"① 在辞世前不久写给曹白的信中再次提及"一·二八事件":"种种骚扰,我是过惯了的,一二八时,还陷在火线里。"② 应该说,鲁迅晚年之所以对日本全面侵华有着较高的自觉,这跟一·二八战事带给他的切肤之痛是分不开的。

三

上海时期,鲁迅依然保持着与广大青年的密切交往,其中有文学青年,有刊物编辑,也有木刻学员等。总的看来,上海十年跟鲁迅关系较密切的青年具有一种共同特点,即他们不仅是文学/文艺青年,更是广义上的政治青年,其中柔石、冯雪峰、胡风和萧军、萧红最具代表。与政治青年的交往,迫使鲁迅更加留心时局,而对于国内政治的关注,自然增加了鲁迅的内心负荷,此时鲁迅放弃小说、散文诗的写作,紧紧抓住杂文这一"感应的神经""攻守的手足"③,显然跟他对文学与政治关系的理解密切相关。④ 换言之,透过与政治青年的交往,鲁迅的个人心境实际上也受到国内政治氛围的影响。

柔石是由文学青年向政治青年转化的代表,与柔石的交往也是给予鲁迅直接影响乃至深刻创伤的典型个案。鲁迅在《为了忘却的记念》一文中对他与柔石的交往有着很好的描述,这里结合鲁迅日记略做补充。鲁迅与柔石相识于1928年夏,同年共同办起朝花社,稍后鲁迅又邀请柔石编辑《语丝》。从此,柔石便成为鲁迅家中常客,过年期间也是如此。1929年2月9日(除夕)柔石在日记中写道:

> 此刻是夜半后二时。从吃夜晚起,一直就坐在周先生那里。夜饭的菜是好的,鸡肉都有,并叫我喝了两杯外国酒。饭后的谈天,我们四人(还有建人先生同许先生)几乎从五千年前谈到五千年后,地球转了一周。什么都谈,文学、哲学、风俗、习惯、理想、希望,精神是愉悦的,我

---

① 鲁迅:《且介亭杂文二集·后记》,《鲁迅全集》第6卷,第466页。
② 鲁迅:《书信·361006致曹白》,《鲁迅全集》第14卷,第163页。
③ 鲁迅:《且介亭杂文·序言》,《鲁迅全集》第6卷,第3页。
④ 鲁迅抵沪后所作《关于知识阶级》《关于革命文学》《文艺与政治的歧途》等一系列演讲,均着眼于文艺与政治之关系的思考。

虽偶而想起自己离开父母妻子,独身在上海,好似寄食一般在人家家里过年,但精神是愉悦的。①

我想,这种"精神"上的"愉悦"不仅属于柔石,鲁迅心中也应该充满着这种情感。某种意义上,正是这种愉悦、融洽的相处氛围,使得鲁迅对独在上海的柔石倍加爱护。鲁迅不仅为柔石介绍工作,还经常请他看电影,"夜同柔石、三弟及广平往光陆大戏院看电影《暹罗野史》"②。"夜邀柔石、真吾、方仁、三弟及广平往ISIS电影馆观《Faust》。"③"午后同贺昌群、柔石、真吾、贤桢、三弟及广平往光陆电影园观《续三剑客》。"④春节期间也不乏此类记载,1929年正月初二,"午后同柔石、三弟及广平往爱普庐观电影"⑤。其余鲁迅邀请柔石吃饭、逛书店、外出饮冰之类的记载更是不绝如缕。这些日常生活中的交集,不仅成为过年期间鲁迅与柔石情感得以彰显的事实性基础,同时也成为柔石遇难后鲁迅内心创伤的引线。

如果说柔石处于文学青年向政治青年转向的途中,那么,冯雪峰早已完成了这一身份转换。冯雪峰是柔石在杭州一师时期的同学,1928年抵沪后经柔石介绍结识鲁迅。他在与鲁迅的交往中,主要是以政治青年的身份出现的,却同样为鲁迅所欢迎。1932年大年三十,"旧历除夕也,治少许肴,邀雪峰夜饭"⑥。可以说,日记中这笔一带而过的简单记录恰恰是鲁迅与冯雪峰日常交往事实的反映。冯雪峰的身份决定了他与鲁迅的交往不可能是纯文学之间的探讨,不可避免涉及政治,鲁迅于除夕晚上邀请冯雪峰一起吃年夜饭,表面上是为了排解冯的孤独,但也从一个侧面表明了鲁迅对冯所代表的"主义"的亲近。此外,这一时期跟鲁迅交往密切的还有萧军、萧红。1934年除夕,鲁迅"得萧军及悄吟信并小说稿"⑦。次年,鲁迅分别为他们的小说作序,尤其是萧红的《生死场》,鲁迅评价颇高,而萧红也在鲁迅辞世后不久写出了脍炙人口的《鲁迅先生》一文,为我们展示了不同维度的鲁迅形象。萧军、萧红东北流亡者的身份以及他们作品所展示的日本侵略行径,对于有

---

① 转引自周晔:《伯父的最后岁月:鲁迅在上海 1927—1936》,福建教育出版社2001年版,第66页。
② 鲁迅:《日记十七》,《鲁迅全集》第16卷,第103页。
③ 鲁迅:《日记十八》,《鲁迅全集》第16卷,第126页。
④ 同上书,第129页。
⑤ 同上书,第123页。
⑥ 鲁迅:《日记二十二》,《鲁迅全集》第16卷,第356页。
⑦ 鲁迅:《日记二十四》,《鲁迅全集》第16卷,第515页。

着"一·二八"亲身经历的鲁迅而言,无疑象征着一种政治控诉。

早在女师大风潮期间,鲁迅就意识到青年不可"一概而论","有醒着的,有睡着的,有昏着的,有躺着的,有玩着的,此外还多"①。在广州"四一五事件"中又切实经历了同是青年却行径迥异的现实,"我在广东,就目睹了同是青年,而分成两大阵营,或则投书告密,或则助官捕人的事实!我的思路因此轰毁,后来便时常用了怀疑的眼光去看青年,不再无条件的敬畏了"②。因此,鲁迅早已不再迷信青年,而且当鲁迅意识到改革中需要"火与剑"③的现实力量时,他必然会倾向于跟政治青年的交往。上海十年,鲁迅在不断加深与柔石、冯雪峰、胡风等政治青年交往的同时,内心也不免为其担忧,甚至会受到这种关系的牵连,以至过年期间还要东躲西藏。但对鲁迅来说,重要的是,跟政治青年的交往,让他意识到了一种学生、朋友之外的战友/同志的情谊,他们的出现某种意义上缓和了鲁迅与现实世界之间的紧张。准确地说,鲁迅正是从他们身上意识到"惟新兴的无产者才有将来"④,这种对于未来的想象,无疑给予鲁迅一定的心理慰藉。

四

对于文人来说,逛书店是日常生活中不可或缺的一项休闲活动,北京时期鲁迅过年期间就经常徘徊在琉璃厂周边的大小书肆。定居上海后,虽然四马路一带书店林立,但鲁迅日记中却鲜有单独外出购书的记载,自从1927年10月5日第一次走进内山书店,鲁迅便与这家书店结下不解之缘。对于"上海鲁迅"来说,内山书店不仅成为其日常活动范围的圆心,更是取代北京琉璃厂成为其新的精神养成所。因此,考察鲁迅上海时期的生活轨迹及其心境变迁,不得不提及内山书店。

鲁迅在抵沪几天后,就跟许广平一起光顾了当时位于四川北路魏盛里的内山书店,由此结识了老板内山完造。1929年内山书店搬到施高塔路后不久,鲁迅也搬到了四川北路的拉斯摩公寓,因此他几乎每天都会到内山书店,或是翻看新书,或是接见朋友,或是聊聊闲天。内山书店所售书目较之其他书店更为齐全,这里不仅有最新版的日本和西方的文艺书籍,即便中国书店禁止发售的进步书籍,往往也能在这里找到,因此,逛内山书店几乎成

---

① 鲁迅:《华盖集·导师》,《鲁迅全集》第3卷,第58页。
② 鲁迅:《三闲集·序言》,《鲁迅全集》第4卷,第5页。
③ 鲁迅:《两地书·十》,《鲁迅全集》第11卷,第40页。
④ 鲁迅:《二心集·序言》,《鲁迅全集》第4卷,第195页。

为鲁迅日常的一种放松方式。过年期间亦不间断,在鲁迅日记中,几乎每年春节期间都有"往内山书店"[①]之类的记载。对鲁迅来说,内山书店不仅是收发信件、传递信息的交通站,更是接见朋友的会客厅,鲁迅与萧军、萧红的第一次见面就安排在这里。此外,鲁迅跟日本文化界的诸多联系,也是通过内山书店建立起来的,"不少的日本作家、汉学家、文艺界和出版界的知名人士,当他们来到上海或路经上海时,都是经内山完造的介绍或引见同鲁迅会面的"[②],如金子光晴、长谷川如是闲、尾崎秀实、岩波茂雄、山本彦、山本初枝、增田涉等。某种意义上,内山书店已经成为国民党文化统制愈发严厉的政治氛围中鲁迅接触外界的一个通道。

事实上,内山书店对鲁迅来说意义绝不止于此。20世纪30年代,国民党当局的白色恐怖日益加重,鲁迅被迫过着半地下的生活。"这期间,鲁迅避居了四次,每次都得到内山的妥善安排和书店职工的协助。"[③]在内山完造几次协助避难后,他们的关系更趋密切。鲁迅几次在除夕馈赠内山完造及日本店员食物,"晚冯家姑母赠菜蔬糕一皿,分其半以馈内山及镰田两家"[④]。"上午以角黍分赠内山、镰田、长谷川及仲方。"[⑤]1933年春节,鲁迅还特意为内山完造写了一幅字:"云封胜境护将军,霆落寒村戮下民。依旧不如租界好,打牌声里又新春。"[⑥]透过这首戏作,可以想见他们之间的相处是极其轻松的,对鲁迅来说,内山完造是一位值得信任、能够理解自己的挚友。鲁迅不仅与内山完造结下深厚友谊,还邀请其弟内山嘉吉给上海木刻学员讲课,并亲自充任翻译,因此成为很好的朋友。1934年2月13日(除夕),鲁迅日记中留有这样的记载:"得内山嘉吉信,通知于三日生一男,名曰鹑。"[⑦]鲁迅一家在避难中也与内山书店店员镰田诚一建立起深厚的私人情谊,镰田诚一不幸辞世后,鲁迅专门为其写下墓记,其中所谓"中遭艰巨,笃行靡改,扶危

---

① 如1928年1月23日"旧历元旦",26日"往内山书店,无所得。"1929年2月10日"旧历元旦也。"9日"下午往内山书店",14日"下午往内山书店买《独乙文学》(3)一本,二元四角。"1931年2月17日"辛未元旦",19日"下午往内山书店,得《浮世绘杰作集》(六)二枚一帖",20日"下午往内山书店取《生物学讲座》(第十三回)一函七本"。
② 戈宝权:《鲁迅与内山完造的友谊——纪念内山完造先生诞辰一百周年》,《鲁迅研究动态》1985年第1期。
③ 周国伟:《鲁迅与内山书店》,《鲁迅研究资料》第7辑,天津人民出版社1980年版。
④ 鲁迅:《日记二十二》,《鲁迅全集》第16卷,第356页。
⑤ 鲁迅:《日记二十四》,《鲁迅全集》第16卷,第515页。
⑥ 鲁迅:《日记二十二》,《鲁迅全集》第16卷,第356页。
⑦ 详见吴长华:《鲁迅与内山嘉吉夫妇》,《上海鲁迅研究》(一),学林出版社1988年版,第149—154页。

济争,公私两全"①,表明鲁迅不忘镰田诚一帮助自己一家避难之事。更值得一提的是,鲁迅生命的最后时刻想到的还是内山完造,并用尽全部力气给内山写了一张便条,托其"打个电话请须藤医生来"②。这种托付生命的信赖感在鲁迅来说是前所未有的,由此可见鲁迅对内山完造的信任。因此,1933年某些别有用心的人污蔑内山完造是日本侦探时,鲁迅忍不住仗义执言,"至于内山书店,三年以来,我确是常去坐,检书谈话,比和上海的有些所谓文人相对还安心",而且为内山完造打包票,"我确信他做生意,是要赚钱的,却不做侦探;他卖书,是要赚钱的,却不卖人血"。③在鲁迅看来,内山完造恰恰照出了某些以出卖人血以换取上升途径的所谓文人的真实嘴脸,两相比较之下鲁迅更加深了对于内山完造的信赖。

之所以梳理鲁迅与内山完造等人的交往,是因为只有在此基础上才能准确理解鲁迅春节期间围绕内山书店展开的一系列活动究竟意味着什么。正是这份无话不谈的信任,使得鲁迅在这里随便翻翻时是放松的,在后堂喝着茶聊天时是惬意的,当然,鲁迅在这里见到萧军、萧红等文学青年时更是满足的。尤其是在经历了多次协助避难的患难之交后,鲁迅走进内山书店时内心一定是踏实的,他不仅愿意与他们分享新年礼物,同时也愿意分享他们的快乐。因此,鲁迅过年期间频繁出入内山书店,一方面说明内山书店在其日常生活中的重要性,对于上海时期的鲁迅来说,这是一个绕不开的焦点,这里留有他的喜怒、别离乃至广义的生的痕迹,在此意义上内山书店已经内化成鲁迅生命中不可或缺的一部分;另一方面,对于鲁迅的精神世界来说,此时内山书店已经取代北京琉璃厂成为其新的精神养成所。内山书店既有日本、欧美等国现代文学艺术方面的最新书籍,也有中国书店不敢出售的左翼书籍,这些书籍在不断更新着鲁迅知识结构的同时,更赋予其再度出发的思想活力。

---

① 鲁迅:《且介亭杂文二集·镰田诚一墓记》,《鲁迅全集》第6卷,第317页。
② "老板:
出乎意料之外,从半夜起,哮喘又发作起来了。因此,已不能践十点钟的约,很对不起。拜托你,请你打个电话请须藤医生来。希望快点替我办!
草草顿首
L拜 十月十八日"
参见[日]内山完造:《忆鲁迅先生》,鲁迅博物馆等编:《鲁迅回忆录·散篇》下册,北京出版社1999年版,第1475页。
③ 鲁迅:《伪自由书·后记》,《鲁迅全集》第5卷,第179页。

第四节　鲁迅过年心境变迁的内在逻辑及文化意义

1935年春节,鲁迅在写给杨霁云的信中明确表示:"舍间是向不过年的,不问新旧。"[①]前一天鲁迅在另一封信中也说:"十多年前,我看见人家过旧历年,是反对的。"[②]鲁迅非但不过年,还对传统过年方式明确表示反对。1934年春节期间鲁迅写过一篇题曰《过年》的文章,他在其中说:"我不过旧历年已经二十三年了。"[③]换言之,鲁迅从1912年即民国元年起,就没有过过旧历年。应该说,鲁迅这一说法大体是属实的。只有1919年是个例外,该年是鲁迅全家迁到北京之后度过的第一个新年,"旧历除夕也,晚祭祖先。夜添菜饮酒,放花爆"[④]。全家分别多年后重新相聚,过一次除夕也是情理之中的事。其余二十多年,鲁迅日记中几乎找不到有关过年的记载。

鲁迅过年态度的转变是从1933年春节开始的,"旧历除夕也,治少许肴,邀雪峰夜饭,又买花爆十余,与海婴同登屋顶放之,盖如此度岁,不能得者已二年矣"[⑤]。鲁迅为何会在过年问题上发生如此大的转变,推想起来,无非出于以下几点考虑:其一,因为"左联"五烈士和一·二八战事的影响,前几个春节均是在流徙中度过的,即所谓"盖如此度岁,不能得者已二年矣"[⑥]。选择过年可视作一种延时性补偿;其二,海婴渐渐长大,鲁迅深知对孩子来说,"一年中最高兴的时节,自然要数除夕了"[⑦],欢度春节也是为处在童年的海婴考虑;其三,年前刚刚获得一笔稿费,鲁迅颇为高兴。

当然,更重要的还是思想方面,鲁迅等五四人物之所以排斥旧历年,跟他们将传统民俗视作旧时代政治文化标本密切相关。对于从晚清过渡到民国的鲁迅来说,旧历年某种意义上与清朝的统治存在着千丝万缕的联系,而阳历新年则是中华民国的象征,因此,对于鲁迅来说,坚持用公历,无疑是一种政治表态。与此相对,旧历则被视作对于清政权及其文化遗产的留恋,是一种保守政治文化的象征。故而,鲁迅才会长达20余年不过旧历年,其实这正是对民国所象征的现代政治秩序的一种确认。

---

① 鲁迅:《书信·350204致杨霁云》,《鲁迅全集》第13卷,第371页。
② 鲁迅:《书信·350203致黄源》,《鲁迅全集》第13卷,第368页。
③ 鲁迅:《花边文学·过年》,《鲁迅全集》第5卷,第464页。
④ 鲁迅:《日记第九》,《鲁迅全集》第15卷,第396页。
⑤⑥ 鲁迅:《日记二十二》,《鲁迅全集》第16卷,第356页。
⑦ 鲁迅:《朝花夕拾·阿长与〈山海经〉》,《鲁迅全集》第2卷,第251页。

那么,现在鲁迅又为何转变了这种态度呢？一方面,作为假想敌的晚清秩序早已不复存在,所谓的晚清遗民也早已跑到民国天下来吃饭,即是说,旧历与晚清原本密切的文化—政治对应关系已经瓦解,因此也就丧失了继续坚持的必要。鲁迅对过年的回归,是剥离了其政治象征性而回归生活立场本身。另一方面,在鲁迅看来,现在的民国也早已不是当年的那个民国,这一点在写给杨霁云的那封信中,鲁迅有过委婉的表示:"况且新生活自有有力之政府主持,我辈小百姓,大可不必凑趣,自寻枯槁之道也,想先生当亦以为然的。"①其实在《过年》中,鲁迅同样借助过年表现出跟政府当局迥然不同的立场。鲁迅在文中说,中国值得纪念的佳节本来不少,但是当局"怕有'反动分子乘机捣乱'",因而"几经防遏,几经淘汰,什么佳节都被绞死"了,然而,"在实际上,悲愤者和劳作者,是时时需要休息和高兴的"②。这里同样出现了"政府当局"/"劳作者"的对立,呼应了上文"有力之政府"/"我辈小百姓"的逻辑关系,这一方面表明鲁迅始终是从普通百姓立场出发考虑问题的,即便是过年这样的民间习俗,鲁迅也注意人民的立场;另一方面表明在鲁迅而言,过年依旧是其政治斗争的一种方式,过年与否是基于政治学逻辑考量的结果,此前不过旧历年意味着反对清政府及其所象征的封建制度与守旧文化,现在回归过年,同样是一种政治斗争手段,反对的是国民党当局"什么佳节都被绞死"的荒唐行径。

1934年春节前夕鲁迅在写给友人的信中透露"上海已渐温暖,过旧历年之情形,比新历年还起劲"③。在《过年》一文中则坦言:"这回却连放了三夜的花爆,使隔壁的外国人也'嘘'了起来;这却和花爆都成了我一年中仅有的高兴。"④1935年,鲁迅过旧历新年的兴味更浓。鲁迅虽然将旺盛的爆竹声视作"复古之一斑"的表现,并说"舍间是向不过年的,不问新旧"⑤,"但今年却借口新年,烹酒煮肉,且买花炮,夜则放之",鲁迅还给自己找到了过年的理论依据,他的说法是:"盖终年被迫被困,苦得够了,人亦何苦不暂时吃一通乎。况且新生活自有有力之政府主持,我辈小百姓,大可不必凑趣,自寻枯槁之道也,想先生当亦以为然的。"⑥一方面是犒劳自己,一方面则是跟政府开点玩笑。1936年初,鲁迅的病症已经显现出难以挽回的迹象,所以当1936年新年来临之际,前几年的那种兴奋和欢愉,已不可复得。鲁迅只是在

---

① 鲁迅:《书信·350204致杨霁云》,《鲁迅全集》第13卷,第371页。
② 鲁迅:《花边文学·过年》,《鲁迅全集》第5卷,第463页。
③ 鲁迅:《书信·340211致姚克》,《鲁迅全集》第13卷,第24页。
④ 鲁迅:《花边文学·过年》,《鲁迅全集》第5卷,第464页。
⑤⑥ 鲁迅:《书信·350204致杨霁云》,《鲁迅全集》第13卷,第371页。

给亲朋的信中,淡淡提到过年之事:"上海这几天颇冷,大有过年景象,这里也还是阴历十二月底像过年。寓中只买一点食物,大家吃吃。"①"此地已安静,大家准备过年,究竟还是爱阴历。"②外面"大有过年景象"和"大家准备过年"的热闹气氛跟"寓中只买一点食物"的冷清形成鲜明对比,这跟鲁迅此时的身体状况不无关系。

值得注意的是,1936年农历新年来临之际,鲁迅在给茅盾的信的结尾写道:"专此布达,并颂年禧。"③这里的"年禧",指的正是旧历年禧。在随后的《致王冶秋》《致曹靖华》《致孟十还》信中,鲁迅也都写上了同样的祝词。接连出现在鲁迅信件中的这句简单的问候,其实也从侧面彰显出鲁迅对于过年态度的变化,此时鲁迅虽因身体原因没能像前两年一样举行各种庆祝活动,但可以看出鲁迅不仅接受了过年的仪式意义,并且将其拿来作为朋友间互致友好的一种问候,在此意义上,鲁迅对过年的理解最终摆脱了其政治考量而回归到民俗意义。

---

① 鲁迅:《书信·360121致母亲》,《鲁迅全集》第14卷,第12页。
② 鲁迅:《书信·360121致曹靖华》,《鲁迅全集》第14卷,第11页。
③ 鲁迅:《书信·360117致沈雁冰》,《鲁迅全集》第14卷,第9页。

第四章　民初鲁迅的"遗民"心境

鲁迅与中国遗民文化的关系，至今尚未引起学界应有的注意，近代以来遗民尤其是"遗老""遗少"为代表的清遗民所经历的污名化，加之鲁迅对其不遗余力的批判，致使在习惯认知中形成了一种鲁迅跟遗民似乎处于水火不容之敌对状态的错误认识。事实上，无论是绍兴时期、日本时期还是北京时期，鲁迅与历史上的遗民群体均有着诸多维度的接触，在民族主义、学术趣味乃至精神人格方面，鲁迅更是受到遗民文化的广泛影响。与此同时，民国初年政权的不稳定又让鲁迅获得一种"易代同时"的错觉，因此，鲁迅的遗民心态在民初表现得尤为明显。无论是其漂泊独居的生活方式，还是潜心向佛的存身姿态，抑或自署"俟堂"的求死心态，均留有明显的遗民印迹。

第一节　"易代同时"与"遗民"鲁迅

在中国文化史上，遗民无疑是一个特殊情景中的文人群体，历史上由于王朝易代的关系，士大夫中的某些分子或者出于对旧政权的忠贞，或者出于对既有文化的怀念，以殉葬、隐逸或者拒绝合作的姿态，成为相对于新政权来说的"胜朝"遗民。遗民之所以称"遗"，正是相对于既有政权或文化而言的，在政权而言，遗民通常表现出忠义，这也成为中国历史上最初对于遗民身份界定的标准；在文化而言，遗民则表现出对旧文化的留恋甚至耽溺，因此此类遗民又被称为文化遗民。文化遗民虽不如政治遗民来得轰轰烈烈，但其影响同样不可低估。在漫长的中国历史上，政权的更替极为常见，因此也就给"遗民"的涌现甚至遗民文化传统的形成提供了现实可能，并因此营造出一部脉络分明的遗民演进史。

如果依据全祖望提出的"若概以忠义之例言之，则凡不仕二姓者，皆其人也"①的甄别遗民的标准,那么每次朝代的兴亡,皆会留下为数不少的遗民人物。但是,对中国遗民文化产生重要影响的却是如下几个朝代更替带来的遗民潮,如伯夷、叔齐等殷商遗民,以陶渊明为代表的晋遗民,大量的宋明遗民以及以"遗老""遗少"统而称之的清遗民。其中宋明遗民数量最多,对于中国文化的影响也更加深远。因为宋明遗民跟其他朝代的遗民不同,他们所面对的不仅是政治意义上的王朝政权的更替,更是一种因异民族统治而产生的文化上的隐忧,一种因夷夏之辨、文野之别的固有认识造成的沉重的心理创伤,所以宋明遗民不仅在数量上远超其他朝代,而且也全方面展现出遗民文化的旨趣及其内部的复杂性。与此相对,清遗民则与其他朝代的遗民存在着一种截然不同的言说方式,长期以来,由于意识形态及文化现代性的影响,学界对此未能深入研究。②但是,从伯夷、叔齐直到明遗民,学界不仅研究较多,并且通常给以一种正面的价值评判。某种意义上,遗民群体以其自身行动、文字撰述,辅之以后人的传播及效仿,共同构筑起了遗民文化的长卷。需要指出的是,历代研究者也以自身的研究参与了这一特殊文化形态的建构。总而言之,遗民之所以能够成为一种经久不衰的文化,可以说是遗民的人格自塑、政权的甄别褒奖以及研究者的阐发三者合谋的结果。

　　遗民群体及其生存方式、精神人格与价值取向一旦演化为一种文化,必然会产生一系列与此相关的评判标准、阐释方式及生存论层面上的终极关怀,这些不仅逐步完善着作为一种特殊文化的遗民现象,而且也成为后起遗民的思想资源乃至言说方式。比如历代遗民文化一再辨析的所谓遗/逸、出/处、存心(道)/存天下以及以保存文献为己任的使命,等等。这些话题无疑成为遗民言说的一种通道,某种意义上,遗民只有在这些命题的辨析中才能确认其身份认同乃至生存意义。在历代遗民中,明遗民不仅数量最为显著,相关资料也保存完整,更是涌现出顾炎武、黄宗羲、王夫之、朱舜水、傅山等影响深远的遗民人物。他们都经历过实际的抗清斗争,相对于朱明王朝来说表现出忠义的一面,既成遗民之后,又秉承"继志述事"的文人传统,不仅以个人的努力保存了大量明朝乃至南明小朝廷的相关史料,而且竭力为那些抗清的忠义之士树碑立传,在赋予传主遗民身份的同时也彰显出自身的遗民属性。③对他们来说,遗民不仅成为其生存方式,同时也成为一种言

---

① (清)全祖望著,黄云眉选注:《鲒埼亭文集选注》,商务印书馆2018年版,第355页。
② 近年来,学界对清遗民的研究渐趋深入,参见林志宏:《民国乃敌国也:政治文化转型下的清遗民》,中华书局2013年版;罗惠缙:《民初"文化遗民"研究》,武汉大学出版社2011年版。
③ 黄宗羲、全祖望等人文集中均留有大量遗民的行状、墓志铭等材料。

说方式,这种言说方式在遗民之间互相传递,在获得认可的同时再次强化了他们对于自我遗民身份的肯认。遗民之间的这种认可与唱和、追溯与强化,营造出一种迥异于主流的文化现象,亦即遗民文化。而成就遗民文化的前提是肉身的消亡或者以一种在野的姿态,将自我放逐于现有政权之外,不仅不承认新政权的年号,甚至在一些风俗习惯、生活方式上也极力排斥。[①]

宋、明两代之所以会出现大量的遗民,除去对旧王朝的忠贞这层遗民身份固有的意思之外,还有一层更重要的原因,即取宋、明而代之的元和清均非汉族政权。在汉族中心主义的传统认识框架中,华夷之辨依然占据着十分显赫的地位,特别是对于那些拥有高度知识修养的士大夫来说,宋明王朝的覆灭不是政权更替那么简单,其间的文野之别甚至隐含着一种"亡天下"的文化危机。[②]对"天下"的忧心,彰显出宋明遗民早已逸出了既有政治遗民的范畴,而带有一种文化遗民的指向,这也成为中国遗民文化传统的关键组成部分。进言之,宋明两代的遗民现象从单一政治型遗民向文化遗民的转向,虽然没有放弃政治维度的考量,但是文化维度的介入逐渐使得遗民文化超越了对于单一政权(朝代)的狭隘性,得以在不同代际之间传承。正如赵园在研究中发现的,明遗民经常会以宋遗民的行为作为自己的参照,以致在战/和、剿/抚的抉择关头,一再受到来自宋朝的提示。之所以会出现这种情形,是因为宋人关于易代之际的"记述几乎穷尽了特定历史情景中可供选择的诸种可能性"[③]。更加值得注意的是,文化维度的遗民现象因为文化的超越性,得以在以民族—国家为主要构型的现代中国延续下来。辛亥革命推翻了中国历史上绵延两千多年的封建专制社会,建立了民主共和国,在这种政治秩序中,以君臣为主体的传统纲常伦理已经不复存在。换言之,传统遗民文化所要求的"忠义"品格已经失去了存在的政治语境,从这个意义上讲,遗民文化在现代中国已经失去了存在的逻辑前提,但是,文化维度的遗民现象却可以冲破政治范型的桎梏而延续下来。的确,在现有谈论清遗民的论著中,对其文化身份及认知意义谈得更多。

易代之际,大量涌现出的遗民不仅构成一种独特的文化形态,在很长时间里,遗民也成为他们的一种言说乃至生存方式。遗民相对于现政权来说

---

① 如王汎森对清初士人行为的分析,参见王汎森:《清初士人的悔罪心态与消极行为——不入城、不赴讲会、不结社》,《晚明清初思想十论》,复旦大学出版社2004年版,第187—247页。

② 顾炎武:"有亡国,有亡天下。亡国与亡天下奚辨? 曰:易姓改号,谓之亡国。仁义充塞,而至于率兽食人,人将相食,谓之亡天下。……保国者,其君其臣,肉食者谋之。保天下者,匹夫之贱,与有责焉耳矣"。(《日知录》卷十三"正始"条)

③ 赵园:《想象与叙述》,人民文学出版社2009年版,第219页。

虽然是在野的，甚至会遭到打压，但是遗民的生存姿态以及他们传达出的一种政治信念却获得了广大知识分子的认可，因为对于士大夫来说，他们相信在权力所依附的"政统"之外，还存在着所谓的"道统"①。"道统"意识由来已久，历来皆由士大夫阶层延续"道统"使命，易代之际主动承担这一使命尤为迫切。明末清初的顾炎武、黄宗羲、王夫之三人，无不具有这种意识。但吊诡的是，遗民毕竟不是一种常态化现象，通常只会出现在易代之际，所谓遗民大都是新旧朝代之间的过渡人物，他们虽然心理上、文化上眷念着业已覆灭的前朝，但肉身却处在新政权之下，尽管所谓的隐逸、在野、出家等种种生存方式，一定程度上将他们与现政权区隔开来，但这种区隔只是暂时的、有限的。所以，所谓遗民世家虽偶有出现，但更多的情况却是"遗民不世袭"，而且随着新政权的逐渐稳定，原有遗民形象也在逐渐淡化，比如在清中叶以前，曾经的遗民顾炎武似乎早已被人们淡忘，他们记起的是作为考据学派开山乃至清学开山的顾炎武。黄宗羲等人的命运也相去不远，要等到下一个易代之际，人们才会再次想起这些所谓的遗民。

虽然鲁迅所处的民国初年跟明清之际相距260多年，而且随着共和政体的建立，遗民之忠义品格赖以延续的君臣关系早已不复存在，但是遗民文化所形成的一些生活方式、道德要求及精神传统早已内化为中国读书人的一种潜在心理，不会因为政体的变革而一下子消失殆尽。我们考察鲁迅与中国遗民文化的关系，主要也是从遗民文化的角度而言的。袁一丹在考察抗日战争期间北京沦陷之际知识人的拟遗民心态时，启用了"易代同时"这一概念，值得注意：

> 所谓"易代同时"，指不同时代人同处于易代之际，或自以为是易代之际而产生的同时代感。这种不同时代的同时代性（Gleichzeitigkeit

---

① "道统"一词由朱熹首先提出，他曾多次提及"道统"，如"子贡虽未得道统，然其所知，似亦不在今人之后"。（《与陆子静·六》，《朱文公文集》卷三十六。）"若只谓'言忠信，行笃敬'便可，则自汉唐以来，岂是无此等人，因其道统之传却不曾得？亦可见矣。"（《朱子语类》卷十九。）"《中庸》何为而作也？子思子忧道学失其传而作也。盖自上古圣神继天立极，而道统之传有自来矣。"（《四书集注·中庸章句序》。）但这一思想的萌芽可追溯至孟子，其言曰："由尧舜至于汤，由汤至于文王，由文王至于孔子，各五百有余岁，由孔子而来至于今，百有余岁，去圣人之世，若此其未远也，近圣人之居，若此其甚也。"后在韩愈《原道》中获得更为系统的表述："尧以是传之舜，舜以是传之禹，禹以是传之汤。汤以是传之文武周公，文武周公传之孔子，孔子传之孟轲。"韩愈又说："孟轲师子思，子思之学，盖出曾子。自孔子没，群弟子莫不有书，独孟轲氏之传得其宗。"

des Ungleichzeitigen)背后是一种往劫重现的历史观。①

应该说,鲁迅之所以会在共和政体建立之后的民国初年产生"遗民"心态,正是这种"易代同时"的心理作用造成的。具体说,这跟他对于"民国"的理解密切相关。虽然从政治史的角度来说,自1912年1月1日中华民国成立至1949年10月1日新中国建立,其间全国性政权只有一个中华民国,但是对于鲁迅等辛亥一代来说,中华民国并非一个足以涵盖这30多年历史的毫无争议的指称。毋宁说,在他们的认识中,自从袁世凯窃取大总统以来,民国事实上已经消亡了,这也就是为什么鲁迅慨叹"我觉得仿佛久没有所谓中华民国"②的原因。正是基于同样的缘由,鲁迅在论及孙中山、章太炎等辛亥人物时一直将他们跟"中华民国"的建立这一历史事件联系在一起,说:"中山先生逝世后无论几周年,本用不着什么纪念的文章。只要这先前未曾有的中华民国存在,就是他的丰碑,就是他的纪念。"③"中山先生一生致力于国民革命的结果,留下来的极大的纪念,是:中华民国。"④晚年在谈及章太炎时鲁迅也说:"至于今,惟我们的'中华民国'之称,尚系发源于先生的《中华民国解》。"⑤所有这些表明,鲁迅等对于"中华民国"的认识其实跟政治史上通行的概念并不完全相同,在他心目中,中华民国是跟"民元"⑥"(辛亥)革命"这些名词紧密联系在一起的。换言之,对于置身在袁世凯及北洋军阀统治下的鲁迅而言,相比于孙中山当政的"民元"时期,显然已经有了一种易代之感,即是说民初政局的更替给鲁迅"自以为是易代之际"而与历代遗民"产生的同时代感"提供了现实政治可能。换言之,以"民元"为象征的中华民国才是鲁迅所认可的"故国",而袁世凯及其后的北洋政府在鲁迅看来只是顶了一块"民国"的招牌而已。况且,袁世凯为了一己专政,更加紧了舆论的控制,鲁迅称其为"假革命的反革命者",因此,不仅"在辛亥革命之后,大杀党人",二次革命时,更是凶残至极,"北京城里,连饭店客栈中,都满布了侦探;还有'军政执法处',只见受了嫌疑而被捕的青年送进去,却从不见他们活着

---

① 袁一丹:《易代同时与遗民拟态——北平沦陷时期知识人的伦理境遇(1937—1945)》,《文学评论》2015年第3期。
② 鲁迅:《坟·忽然想到(三)》,《鲁迅全集》第3卷,第16页。
③ 鲁迅:《集外集拾遗·中山先生逝世后一周年》,《鲁迅全集》第7卷,第305页。
④ 鲁迅:《集外集拾遗补编·中山大学开学致语》,《鲁迅全集》第8卷,第194页。
⑤ 鲁迅:《且介亭杂文末编·关于太炎先生二三事》,《鲁迅全集》第6卷,第566页。
⑥ "说起民元的事来,那时确是光明得多,当时我也在南京教育部,觉得中国将来很有希望。"(鲁迅:《书信·250331致许广平》,《鲁迅全集》第11卷,第469—470页。)

走出来;还有,《政府公报》上,是天天看见党人脱党的广告,说是先前为友人所拉,误入该党,现在自知迷谬,从此脱离,要洗心革面的做好人了"①。这种政治—文化双重因素的收紧,无疑会让对前朝旧事了然于心的鲁迅等人产生类似于易代之际的心理体验。

第二节 鲁迅与中国遗民文化的"相遇"

遗民作为中国历史上一种特殊形态的文化现象,自殷商以来就一直存在,伯夷、叔齐就是殷遗民的代表,也是中国历史上遗民形象的最初范型,但对后世影响最大的还是宋、明两代的遗民。不仅因为宋明遗民数量可观,更因为继宋、明之后的元、清均非汉族政权,在深受"华夷"观念影响的传统士大夫那里,宋、明两朝的覆亡不同于历史上其他朝代的更替,用顾炎武的话说,这里潜隐着"亡天下"的绝大危机。正是基于这样的认识,宋元易代尤其是明清鼎革之际,出现了大量的英勇之士,这些忠义之士或是举家抗清,或是终身不仕,或者隐逸山林,拒绝与新政权合作,加之其中的卓荦之士在文化上又大有作为,极大繁荣了遗民学术传统,因此明遗民在中国遗民史上的地位十分重要。其中最著名的莫过于清初三大家顾炎武、黄宗羲、王夫之,他们都曾直接参与过抗清的武装斗争,直至失败后方以遗民身份埋首学术,将中国古典学术研究推向无以复加的巅峰,由此开启了有清一代学术的繁荣。

即是说,顾、黄、王三人兼具抗清志士与学术大师的双重身份,因此,在晚清民族主义高涨与建构现代学术的双重背景下,他们的曝光率自然最高。黄宗羲更是成为诸多晚清人物效仿的对象,晚清舆论一方面构建出一个英雄形象的黄宗羲,如他的袖锥入京、为父报仇,支持南明政权、抗击清政府,等等;另一方面又着重推荐他的《明夷待访录》,将之看作明末清初的"人权宣言"。②虽然章太炎对黄宗羲之为人颇有微词,认为在顾炎武、黄宗羲、王夫之三人中,黄有妥协倾向,著《明夷待访录》,"将俟房之下问",所以被视为"最下"。③但其中透露出的朦胧的民权意识依然被拿来与卢梭相提并论。

---

① 鲁迅:《伪自由书·〈杀错了人〉异议》,《鲁迅全集》第5卷,第100页。
② 参见朱维铮:《在晚清思想界的黄宗羲》,《求索真文明:晚清学术史论》,上海古籍出版社1996年版,第351—360页。
③ 太炎:《衡三老》,《民报》第9号,1906年11月15日。

无论是主张改良的康有为、梁启超,还是投身革命的孙中山、陈天华,抑或潜心国学的邓实、刘师培诸人,虽然他们看取的重点不尽相同,但都不约而同关注黄氏,视之为民族主义的滥觞、抗击清廷的榜样。值得进一步指出的是,晚清对于黄氏的这种认识不仅局限于精英知识分子,而且波及通俗文化领域,秦燕春就曾指出,晚清白话报纸甚至小说文字中都出现了黄宗羲的身影与言论。[①]至于章太炎的"非黄"自有其思想语境与现实针对性,事实上他早年对黄宗羲也可谓推崇备至。因此,在晚清思想界,黄宗羲享尽了"遗民"声誉,无论是个人气节、现实践履,还是学术文章,均获得大量传播,在以想象的方式再现历史的同时,也让人们似乎回到了明清易代之际的历史现场,不仅彰显出晚清士人群体的危局意识,也激发起人们的抗清斗志。

被誉为清代学术开山之祖的顾炎武早有盛名,一向衡人苛责的章太炎一直推崇顾炎武,并因此改名绛。他在《东京留学生欢迎会演说辞》中更是直接点出顾炎武寻访碑碣的深层用意(即"用国粹激动种性"),"当初顾亭林要排斥满洲,却无兵力,就到各处去访那古碑古碣传示后人,也是此意"。[②]这就从某种意义上淡化了作为学术大师的顾炎武形象,而重启了作为遗民的顾炎武抗争的一面。王船山及其《黄书》更是受到辛亥志士的极高评价,被视作民族民主革命的旗帜,章太炎在自订年谱的光绪二十三年(1897年)"30岁"条中说:"康氏之门,又多持《明夷待访录》,余常持船山《黄书》相角,以为不去满洲,则改政变法为虚语,宗旨渐分。"[③]1901年,章太炎又在《亡国二百四十二年纪念会叙》一文中指出:"自永历建元,穷于辛丑,明祚既移,而炎黄姬汉之邦族,亦因以澌灭。……訏谟定命,国有与立,抑其秩序无乃凌猎。衡阳王而农有言:'民之初生,统建维君,义以自制其伦,仁以自爱其类,强干善辅,所以凝黄中之缊缃也。今族类之不能自固,而何仁义之云云。'悲乎!言固可以若是。"[④]后来,章太炎在题曰《得友人赠船山遗书二通》的诗中说:"一卷《黄书》如禹鼎,论功真过霍嫖姚。"[⑤]由此可知,章太炎不仅将《黄书》看作衡量改良派与革命派的分水岭,更是将王船山及其《黄书》视作宣传民族主义的思想资源。宋恕同样推荐《黄书》,认为其与《明夷待访录》不相上下,他在1897年7月的一封信中说:"明季遗老之书,尚有王船山先生之《黄书》一种可与《待访录》同印行世,惜敝箧中无之。诸公可于王船山遗书

[①] 参见秦燕春:《清末民初的晚明想象》,北京大学出版社2008年版,第55—58页。
[②] 章太炎:《东京留学生欢迎会演说辞》,《章太炎政论选集》,中华书局1977年版,第280页。
[③] 《太炎先生自定年谱》,光绪二十三年(1897年)丁酉。
[④] 《黄帝魂》,1903黄帝子孙之为印刷者版,第5页。
[⑤] 船山全书编辑委员会编校:《船山全书》第16册,岳麓书社1996年版,第800页。

中检出,与此录同印,实为莫大功德。船山之识稍逊梨洲,就此书论,其文章雅炼则胜梨洲。要之,均非陋儒所能窥其底蕴,吾辈固不可不力任表章之责。"①由此可见,清初三大家在晚清思想界均获得较高的曝光,尤为值得注意的是,晚清士人更加看重他们学术研究的超学术旨趣,这不仅一改清中叶以来学界对顾炎武、黄宗羲、王夫之作为学术大师的流行认知,晚清思想界在发掘他们政治倾向的同时,无疑打通了学术与政治之间的隔阂。进言之,这种阐释范式某种意义上为清末民初学人的治学旨趣提供了某种参照,即学术研究本身就内蕴着超学术甚至政治层面的现实指向,学术与政治之间是能够贯通的。这无疑是晚清思想界重新解读清初三大家为代表的遗民学术所得出的重要结论,在某种意义上已经成为辛亥至五四学人的一种集体无意识。

除去作为遗民代表的清初三大家外,其他明遗民形象也经常出现在当时的报刊杂志上,如浙东抗清志士张煌言、祈师日本并最终流亡他乡的朱舜水、据台湾以抗清的郑成功,等等。一再出现在主流刊物以及流亡者和留学生两大群体所发行的刊物上的这些抗清英雄形象,辅之以《扬州十日记》《嘉定三屠记》之类的宣传读物,不仅传播了"排满"革命的思想,同时也以其英勇与坚韧,激励着国人的尚武与斗志。可以说,身处清末的知识人不仅将置身其间的晚清与已成历史的晚明联系起来,从中看出了诸多相似之处,并且一度沉寂的晚明记忆再度成为对抗晚清现实的一种思想资源。正如梁启超后来在总结清代学术思潮时所指出的那样:"清初几位大师——实即残明遗老——黄黎洲、顾亭林、朱舜水、王船山……之流、他们许多话,在过去二百多年间。大家熟视无睹,到这时忽然像电气一般把许多青年的心弦震得直跳。""他们反抗满洲的壮烈行动和言论,到这时因为在满洲朝廷手上丢尽中国人的脸,国人正在要推勘他的责任,读了先辈的书,蓦地把二百年麻木过去的民族意识觉醒转来。"②正因为此,梁启超将晚清思想演进的"原动力"归之于"残明遗献思想之复活":

总而言之,最近三十年思想界之变迁,虽波澜一日比一日壮阔,内容一日比一日复杂,而最初的原动力,我敢用一句话来包举他,是残明遗献思想之复活。③

---

① 宋恕:《又复胡童书》(节录),船山全书编辑委员会编校:《船山全书》第16册,岳麓书社1996年版,第804页。
② 梁启超:《中国近三百年学术史》,东方出版社1996年版,第35页。
③ 同上书,第36页。

在跨越两个多世纪后,晚清知识人似乎再次回到了明清之际的历史情景,在慨叹历史的轮回之际,晚明也似乎成为一个值得追慕甚至效仿的年代。在历经200多年的高压统治之后,晚清知识人面对懦弱、安于现状、不谙世事的国人,所能做的或许就是以这些历史上的残缺记忆来唤醒他们。正是在此意义上,对于"残明遗献"的收集、整理、传播便成为晚清文化人的一大任务,不仅国学保存会出版了大量遗民著作[①],在流亡者与留学生所发行的刊物上,也出现了大量宣传遗民生平和气节的文章。鲁迅所熟悉的柳亚子、陈去病等人也是宣传遗民文化的佼佼者。陈去病不仅收集整理了乡贤吴易、吴炎等人的遗稿,竭力表彰他们的抗争精神,而且编撰《明遗民录》,于1907年5月开始在《国粹学报》连载。陈去病对于遗民录的整理,一方面赓续了明清之际士大夫对于遗民群体的表彰;另一方面则试图"借助陈旧的话语来阐释新的时代内容"[②],传播反清"排满"的革命立场。陈去病辑成《陆沉丛书》四种(包括《建州女直考》《扬州十日记》《嘉定三屠记》《忠文殉节记》),也是这一思想的逻辑延伸。[③]

总之,明清之际的遗民群体在沉寂多年后,在晚清以降的近现代思想语境中再度焕发出勃勃生机,革命志士借助遗民的抗清经历来唤醒民众仇恨,从而宣传"排满"革命的思想,因此遗民故事也就成为近代民族主义的一种思想资源。文人学士则更多地从保存国粹的角度重新发掘并阐发遗民著述的学术价值及其政治关怀。正如谢国桢所观察到的:"至辛亥革命前,章炳麟、黄侃、李根源诸先生在日本首印张煌言《张苍水集》,黄宗羲《明夷待访录》等书。之后研究明末清初的历史,遂成为一时的风气。"[④]无论是革命史序列中的遗民故事,还是学术史序列中的遗民著述,在以"排满"革命为首要任务的近代中国思想语境中均获得了广泛传播。而这也就构成了鲁迅等人接触中国遗民文化的初始语境。

翻阅《鲁迅全集》,我们会发现鲁迅笔下曾提及不同朝代的诸多遗民人物,在中国近现代思想史上,鲁迅与遗民看似毫无关联,他们之间会发生怎样的交集呢?事实上,鲁迅与遗民话题十分紧密,不仅鲁迅笔下出现过大量

---

① 王汎森曾指出,出版明末清初的著作是国学保存会的重要任务之一,为此在《国粹学报》上刊出过大量征集明季禁讳文献的通告,对刘宗周、黄宗羲、王夫之等人文字、遗墨、画作更是极力访求。(王汎森:《清末的历史记忆与国家建构》,《中国近代思想与学术的系谱》,吉林出版集团有限责任公司2011年版,第97页。)
② 孙之梅:《民国前南社的遗民情结》,《山东大学学报》2003年第2期。
③ 参见赵霞:《陈去病研究》,河北大学出版社2013年版,第21—27页。
④ 谢国桢:《江浙访书记》,生活·读书·新知三联书店2008年版,第9页。

遗民形象,尤其是宋明两代浙东地区的遗民,而且在史学思想、小说史研究、美术趣味乃至个性气质等方面,鲁迅均受到遗民文化较大影响。这些错综复杂的影响又反过来加深了鲁迅对遗民生存方式、人格精神、学术价值的肯认,从而导致其思想中留有浓重的遗民情结,这种遗民情结在"易代"之际的民国初年(1912—1917)(以下简称"民初")表现得尤为明显。问题是,遗民文化是如何进入鲁迅视野,进而对其产生影响的?换言之,要谈论鲁迅的遗民心态,首先要厘清鲁迅是在何种语境、何种意义上接触遗民文化的,鲁迅接受的遗民文化又具有什么特点?鲁迅关注历代遗民,很大程度上是因为作为过去时的遗民现象及其文化成果,在晚清思想界的广泛传播,换言之,鲁迅对遗民文化的关注,正是受到晚清思想界推崇遗民精神及其学术影响的结果。

从前面的论述可以看到,中国近代思想语境中有着较为集中的对于遗民故事、遗民学术的书写与传播,这就为鲁迅等人接触遗民文化提供了广阔土壤。纵观鲁迅与中国遗民文化的关系,可以发现鲁迅对于中国遗民文化的接受主要存在三个时期,并且在不同时期呈现出不同的接受途径与接受重点。

第一,绍兴时期,鲁迅从民间习俗、逸闻轶事和遗民著述中获得了对于中国遗民文化的最初印象。鲁迅出生时,整个国家依然处在清政权统治之下,自问鼎中原以来,其统治的残酷性以及文化上的专制性,事实上早已引起了汉族士大夫的强烈反感。他们一边记录下清政权惨无人道的酷刑,如《扬州十日记》《嘉定三屠记》等,另一方面书写出诸多明末抗清志士的英勇故事,黄宗羲就曾为许多声名不彰的抗清人物写过十分精彩的墓志铭,其后全祖望《鲒埼亭集》收录更广,黄云眉在《鲒埼亭文集选注》"前言"中开宗明义指出:"全祖望文学的主要部分,是《文集》中大量的表彰明季忠义的文章。"[1]这些方面的材料虽然历经清政府多年的查禁,但在民间社会,却以口口相传乃至家训的形式一直存在,并成为很多年轻人培植民族意识的启蒙读物。章太炎在谈及自己的民族主义思想启蒙时,就回忆说:"外王父海盐朱左卿先生讳有虔来课读经。……暇亦时以明、清遗事及王而农、顾宁人著述大旨相晓,虽未读其书,闻之启发。"[2]在朱希祖记忆中,这段故事章太炎讲

---

[1] (清)全祖望著,黄云眉选注:《鲒埼亭文集选注》"前言",商务印书馆2018年版,第6页。
[2] 姚奠中、董国炎:《章太炎学术年谱》,山西古籍出版社1996年版,第12页。

述得更为具体。①迨鲁迅出生后,这些材料便又浮出水面,成为对满清政府统治不满者秘密传阅的书籍。

其中,作为生活习俗的辫子和明式葬制成为鲁迅接受中国遗民文化的最初触媒。辫子不仅成为鲁迅对于清政府统治的深刻记忆,同时也为鲁迅接受遗民文化奠定了思想基础,他后来多次谈及辫子(头发)带给自己的影响,在晚年写作的一篇文章中回忆说:"那时我还是满洲治下的一个拖着辫子的十四五岁的少年。"又说:"对我最初提醒了满汉的界限的不是书,是辫子。"②这里"辫子"明显跟清政府统治联系在一起,因此"辫子"就不仅具有生活习俗的表象刻画,而是隐含着对于清政府统治的深刻记忆。鲁迅还说过:"我在清末因为没有辫子,曾吃了许多苦。"③"我所受的无辫之灾,以在故乡为第一。尤其应该小心的是满洲人的绍兴知府的眼睛,他每到学校来,总喜欢注视我的短头发,和我多说话。"④同样,在鲁迅记忆中,"辫子"总是跟清政权紧密相连。除去发型,服装同样是表征不同民族政权的一种文化符号,所以革命思潮兴起之后,清式服装同样遭到抵制,"清朝末年,带些革命色采的英雄不但恨辫子,也恨马褂和袍子,因为这是满洲服"⑤。如果说,晚清革命氛围中对清式服饰的排斥是出于革命诉求的话,那么在前革命时代,绍兴民间流行的以明式衣冠安葬的习俗,则是基于传统中国的遗民文化立场,因为葬制历来是表明遗民立场的一种重要文化符号。⑥虽然鲁迅所处的时代距离清政权建立已逾200多年,但是很多地方依然保持着按照明制衣冠下葬的传统,据周建人回忆,他们的祖父周介孚也是以"明朝装束"安葬的。⑦此外,表征遗民文化立场的出处之择也在绍兴社会中潜移默化地宣传着遗民文化,譬如鲁迅就读的三味书屋的寿镜吾先生就禁止其子寿洙邻参加"岁考",因此将其反锁家中。⑧这一事实无疑从旁佐证了遗民文化在绍兴乃至整个浙东地区的影响依然强盛,鲁迅正是在这种思想语境中初步接受了中

---

① 朱希祖:《本师章太炎先生口授少年事迹笔记》,陈平原、杜玲玲编:《追忆章太炎》,生活·读书·新知三联书店2009年版,第63—65页。
② 鲁迅:《且介亭杂文·病后杂谈之余》,《鲁迅全集》第6卷,第185、193页。
③ 鲁迅:《而已集·忧"天乳"》,《鲁迅全集》第3卷,第488页。
④ 鲁迅:《且介亭杂文·病后杂谈之余》,《鲁迅全集》第6卷,第194—195页。
⑤ 鲁迅:《花边文学·洋服的没落》,《鲁迅全集》第5卷,第478页。
⑥ 参见赵园:《明清之际士大夫研究》,北京大学出版社1999年版,第349—355页。
⑦ "祖父虽说丧事从简,只是不开吊而已,一切习俗总还是照旧的。入殓时,孝子去买水,梳头穿衣服,全副改成明朝装束。"(周建人口述,周晔编写:《鲁迅故家的败落》,湖南人民出版社1984年版,第217页。)
⑧ 周芾棠:《乡土忆录——鲁迅亲友忆鲁迅》,陕西人民出版社1983年版,第52—53页。

国遗民文化的滋养,其后又直接阅读过不少遗民著述,由此加深了其对于遗民文化的肯认。

据寿洙邻讲,在他的影响下少年鲁迅阅读过不少遗民著述。寿洙邻在回忆文章中说,鲁迅在三味书屋读书时,"后一、二年,由我授课,其时我正阅览明季遗老诸书,如亭林、黎洲、船山,及《明季稗史》《明史纪事本末》《林文忠全集》《经世文编》等书。鲁迅亦尽阅之……"①寿洙邻阅览明季遗老诸书,无疑表明了遗民文化在民间社会的广泛传播,少年鲁迅在其影响下接触到遗民故事与遗民著述,从而奠定了鲁迅对于清政府统治的痛恨以及对于遗民精神的向往,可以说,遗民文化由此从革命和学术两个维度在鲁迅心间种下了种子。

第二,留日期间,以梁启超、章太炎为首的晚清知识人在反清旗帜下对于"残明遗献"的挖掘与阐释,使得鲁迅得以接触"残明遗献"所宣传的民族主义情绪与革命观念。在激活的"残明遗献"中,遗民文化是不可或缺的重要组成部分,明清之际顾炎武、黄宗羲、朱舜水等人的逸闻、故事更是获得大量传播。1644年清政权建立后,严密控制明末抗清英雄事迹的流布,加之后来更为严酷的文字狱,导致大量抗清题材作品被迫转入地下,但在戊戌之后,这些文本被陆续发掘出来,抗清人物及其故事获得广泛传播。章太炎不仅重视遗民人物对于锻造革命意识的直接作用,倡言:"愿吾滇人,无忘李定国;愿吾闽人,无忘郑成功;愿吾越人,无忘张煌言;愿吾桂人,无忘瞿式耜;愿吾楚人,无忘何腾蛟;愿吾辽人,无忘李成梁。"②他还注意发掘遗民学术对于后世的影响,在《东京留学生欢迎会演说辞》中提出"用宗教发起信心""用国粹激动种性"两项重要思想,并以顾炎武当年寻访碑碣为例指出:

> 照前所说,若要增进爱国的热肠,一切功业学问上的人物,须选择几个出来,时常放在心里,这是最紧要的。就是没有相干的人,古事古迹,都可以动人爱国的心思。当初顾亭林要想排斥满洲,却无兵力,就到各处去访那古碑古碣传示后人,也是此意。③

---

① 寿洙邻:《我也谈谈鲁迅的故事》,鲁迅博物馆等选编:《鲁迅回忆录·散篇》(上册),北京出版社1999年版,第6页。
② 章太炎:《太炎文录初编·中夏亡国二百四十二年会书》,《章太炎全集》第4册,上海人民出版社1985年版,第189页。
③ 章太炎:《东京留学生欢迎会演说辞》,《章太炎政论选集》,中华书局1977年版,第276—280页。

可见,在晚清"排满"思潮日益高涨的历史语境中,遗民人物及其事迹所奠定的遗民文化记忆被再度激活,不仅顾炎武的考据学术研究被赋予"排满"(革命)的意义,黄宗羲等人同样在晚清思想界大放异彩,获得了重新言说的广阔空间。①与此同时,流亡者和留学生两大知识群体所创办的《新民丛报》《民报》《浙江潮》等刊物上涌现出许多宣传抗清主题的人物故事,正如鲁迅后来所说:"别有一部分人,则专意搜集明末遗民的著作,满人残暴的记录,钻在东京或其他的图书馆里,抄写出来,印了,输入中国,希望使忘却的旧恨复活,助革命成功。于是《扬州十日记》,《嘉定屠城记略》,《朱舜水集》,《张苍水集》都翻印了,还有《黄萧养回头》及其他单篇的汇集,我现在已经举不出那些名目来。"②正是在这种时代氛围中,鲁迅逐渐对遗民文献、遗民故事、遗民精神有了较深的理解,基于同样的原因,鲁迅对明遗民朱舜水客死的地方记忆犹新,直到1926年回忆从东京到仙台的旅行时还说:"其次却只记得水户了,这是明的遗民朱舜水先生客死的地方。"③同样,伏处厦门的鲁迅感兴趣的并非海天一色的景致,而是具有遗民色彩的郑成功:"我对于自然美,自恨并无敏感,所以即使恭逢良辰美景,也不甚感动。但好几天,却忘不掉郑成功的遗迹。离我的住所不远就有一道城墙,据说便是他筑的。一想到除了台湾,这厦门乃是满人入关以后我们中国的最后亡的地方,委实觉得可悲可喜。"④总之,留日期间,因为革命("排满")气势的高涨,遗民故事尤其是英勇抗清的明遗民故事获得了较大范围的传播,鲁迅正是在这种思想语境中接受了上述遗民精神的影响,写下"我以我血荐轩辕"⑤的豪迈诗句。

第三,民国初年,鲁迅在辑佚故书、金石考据、阅读佛经、小说史研究等一系列学术活动中与遗民学术不断相遇。抵京初期,鲁迅孤身一人栖身在绍兴会馆,过的是"寂寞如古寺僧人"⑥的独居生活,除去到教育部上班,大部分业余时间花在了辑佚古籍、阅读佛经、抄写碑帖等学术活动上。这些学术活动均是传统读书人的兴趣所在,而且其中不少科目恰是历代遗民所瞩意者。另外,逃禅亦是明遗民中一种常见的藏身之法,正如邵廷采所观察到的:"至明之季年,故臣庄士往往避于浮屠,以贞厥志。非是,则有出而仕矣。僧之中多遗民,自

---

① 朱维铮:《在晚清思想界的黄宗羲》,《求索真文明:晚清学术史论》,上海古籍出版社1996年版,第351—360页。
② 鲁迅:《坟·杂忆》,《鲁迅全集》第1卷,第234页。
③ 鲁迅:《朝花夕拾·藤野先生》,《鲁迅全集》第2卷,第313页。
④ 鲁迅:《华盖集续编·厦门通信》,《鲁迅全集》第3卷,第387页。
⑤ 鲁迅:《集外集拾遗》,《鲁迅全集》第7卷,第447页。
⑥ 马蹄疾辑录:《许广平忆鲁迅》,广东人民出版社1979年版,第226页。

明季始也。"①确实如此,随着清政府专制统治的逐步加强,不少明遗民选择避居佛寺。鲁迅则于民国三年(1914年)开始大量购阅佛经,挚友许寿裳说"其用功是别人赶不上的",虽说此时鲁迅阅读佛经跟袁世凯治下的政局存在一定关联,但他在这种黑暗的政治境遇中选择亲近佛教,不能不说是受到历代遗民文化的影响。除阅读佛经外,在辑佚古籍、抄写古碑等学术活动中,鲁迅也在不断与历代遗民相遇,《鲁迅日记》中就留有大量跟遗民学术有关的记载:

> 又赴琉璃厂购《龚半千画册》一本,八角。②
> 午后赴留黎厂有正书局买石印《傅青主自书诗稿》一册,三角半。③
> 午后赴留黎厂买得朱长文《墨池编》一部六册……又《陶庵梦忆》一部四册,一元,此为王文诰所编,刻于桂林,虽单行本,然疑与《粤雅堂丛书》本同也。④
> 复至土地祠神州国光社购《南雷余集》一册……⑤

由此可见,鲁迅在看似平静的埋头学术活动的表象之下,却在不断加深与黄宗羲、傅山、张岱、龚开等历代遗民的心灵交往。近年有学者指出,民初鲁迅之所以大量收集整理古碑、金石拓片等,其实正是继承了从顾炎武到章太炎等的遗民学术旨趣。⑥民初鲁迅所从事的诸多传统学术科目中,很多跟遗民文化有着千丝万缕的联系,这是不争的事实。对于这些遗民,鲁迅所看取的仿佛只是其学术,但是透过学术所展露出的时代背景、人格精神也会不自觉进入鲁迅视野,甚至潜移默化地影响着鲁迅的心境。

值得指出的是,在学术活动中,鲁迅所遭遇的不仅有宋明遗民,还出现了一个新的遗民群体,即清遗民,如罗振玉、王国维、林琴南等所谓"遗老"便随着鲁迅对金石学的逐渐深入而进入其视野:"午后往留黎厂书肆,见寄售敦煌石室所出唐人写经四册,墨色如新,纸亦不甚渝敝,殆是罗叔蕴辈从学部窃出者。"⑦"赴留黎厂买纸,并托清秘阁买林琴南画册一叶,付银四元四

---

① 邵廷采著、祝鸿杰点校:《思复堂文集·明遗民所知传》,浙江古籍出版社1987年版,第212页。
② 鲁迅:《壬子日记》,《鲁迅全集》第15卷,第6页。
③ 鲁迅:《癸丑日记》,《鲁迅全集》第15卷,第86页。
④ 同上书,第48页。
⑤ 鲁迅:《壬子日记》,《鲁迅全集》第15卷,第16页。
⑥ 王芳:《从访碑到抄碑,从国魂到民魂——以金石传统三个脉络解读鲁迅的"钞古碑"》,《文学评论》2019年第3期。
⑦ 鲁迅:《癸丑日记》,《鲁迅全集》第15卷,第45页。

角,约半月后取。"①多年后,鲁迅在谈及王国维时亦说:"中国有一部《流沙坠简》,印了将有十年了。要谈国学,那才可以算一种研究国学的书。开首有一篇长序,是王国维先生做的,要谈国学,他才可以算一个研究国学的人物。"②以清遗民自居的金石学者罗振玉、王国维、林纾,尽管与宋明遗民的政治倾向乃至学术兴趣十分迥异,但事实上却反过来加深了鲁迅与遗民群体的相遇,使得鲁迅除去在革命维度上自觉接受遗民影响之外,又加强了从学术维度对遗民群体的认知。进言之,学术活动中与大量遗民的相遇,某种程度上也加深了鲁迅对于遗民心态的体认。

综上可以看出,由于晚清以降助推革命思潮的需要,中国近代思想语境对于历史上的遗民故事进行了二次书写与广泛传播,加之鲁迅在学术活动中不断跟遗民学术的相遇,致使鲁迅在不同时期借助不同途径接触到大量遗民故事与遗民学术,认识到遗民人格乃至遗民文化的价值之所在。在这一逻辑前提下,民初政局的变幻更让鲁迅体验到了"易代"之感,所以在生活方式、思想趋向乃至生死观等方面,表现出近似历代遗民的诸多特点,并由此彰显出其拟遗民心态。

第三节 民初鲁迅的生存境遇及其"遗民"心境

遗民是中国历史上朝代更替之际涌现出的一个特殊士人群体,他们虽身处"新朝"但心系"故国",这种厕身于"故国与新朝之间"的特殊处境,也就导致他们有着与众不同的生活方式、行为习惯乃至思想倾向,这些迥异常人的生活方式、行为习惯、思想倾向所彰显的恰恰是其遗民心态。又因为中国文化的连续性,这种遗民心态会在不同历史时期的遗民那里呈现出相似的表现。根据张兵等人对于清初明遗民诗人的心态研究,可以看出遗民心态大致包括如下几个特征,即"耻事新朝、志在恢复的烈士心态","怀念故国、悲歌当哭的孤臣心态","壮心消退、放逐行迹的隐士心态","牵念故乡、心属故地的游子心态"。③

考察民初鲁迅的生存境遇,可以发现鲁迅其时的心境的确与上述遗民心态中的诸多方面存在着惊人相似,甚至鲁迅自己也在不自觉地向历史上的遗

---

① 鲁迅:《壬子日记》,《鲁迅全集》第15卷,第29页。
② 鲁迅:《热风·不懂的音译》,《鲁迅全集》第1卷,第419页。
③ 张兵:《清初遗民诗人的心态》,《光明日报》2018年1月15日。

民群体靠拢。当然,鲁迅所缅怀的对象很大程度上是他想象中的"民国",这个构想中的民国或者可以"民元"来加以概括。生活在民国却以民国遗民自居,这实在表现出鲁迅对民国政治现状的强烈失望,其实章太炎也是如此,有人因此径直将章太炎称为"民国遗民"。[①]鲁迅之所以在民初历史语境中拥有一种类似历代遗民的心境,从逻辑上来说,首先是因为在鲁迅的认知中,清末民初频繁的权力更替的确给他造成了一种类似于历史上王朝鼎革的易代之感。除去辛亥革命,对鲁迅来说,他经历过的二次革命、袁世凯称帝、张勋复辟等政治事件至少在心理上对其造成了与易代之际相似的心理触动。"见过辛亥革命,见过二次革命,见过袁世凯称帝,张勋复辟,看来看去,就看得怀疑起来,于是失望,颓唐得很了。"[②]这一认识的获得,不仅是鲁迅遗民心境产生的逻辑前提,同时也缩短了鲁迅与历代遗民之间的心理距离。换言之,这种类似于易代之际的政治环境让鲁迅更加能够理解历代遗民的真实心境,甚至可以为自己的遗民心境找到一种现实依据。所以,在此意义上,我们也可以说"民国遗民鲁迅",当然这里的民国是"民元"前后的民国,即孙中山领导下的南京国民政府,袁世凯当政后的民国某种意义上已经化身为另一政权。

讨论民初鲁迅的遗民心境,必须从其行为方式入手,因为心境通常意义上是某种特定活动累积或者折射的结果。当然,心境也会反过来加强、突出主体行为的现实指向性。

首先,从生活方式来看,历史上遗民群体因为与现政权的不合作态度,大多遗民人生后半段过的是一种颠沛流离甚至离群索居的生活,顾炎武逗留西北、王夫之隐身船山、方以智寄身寺庙即是其中最典型的例子。[③]这种生活状态决定了很多遗民只能是独居,甚至被迫过上一种与世无争的隐逸生活。生活在现代社会的鲁迅自然不可能再去重温中世纪的隐逸生活,他也曾指出过历史上著名隐士的虚伪性[④],但是民初鲁迅的确在经过多方漂泊之后过着独居生活。这种独居生活又因为政权更替导致鲁迅虽然生活在民国,却拥有着类似于历代遗民独居时的心境。1912年5月,鲁迅随教育部迁往北京后就独自寄居在绍兴会馆里,即后来出现在他笔下的所谓"S会馆"。

---

① 参见马勇:《民国遗民:章太炎传》,东方出版社2014年版。
② 鲁迅:《南腔北调集·〈自选集〉自序》,《鲁迅全集》第4卷,第468页。
③ 叶绍袁的《甲行日注》(岳麓书社2016年版)记载的易代之际遗民生活更是惊心怵目。
④ "隐士,历来算是一个美名,但有时也当作一个笑柄。""非隐士的心目中的隐士,是声闻不彰,息影山林的人物。但这种人物,世间是不会知道的。一到挂上隐士的招牌,则即使他并不'飞去飞来',也一定难免有些表白,张扬;""登仕,是噉饭之道,归隐,也是噉饭之道。"(鲁迅:《且介亭杂文二集·隐士》,《鲁迅全集》第6卷,第231—232页。)

鲁迅在此一直生活到1919年举家北迁,其间的1912—1917年更是独居于此。五年多的独居生活对于鲁迅来说记忆是极其深刻的,他后来在《呐喊·自序》中特别提到这个地方:

> S会馆里有三间屋,相传是往昔曾在院子里的槐树上缢死过一个女人的,现在槐树已经高不可攀了,而这屋还没有人住;许多年,我便寓在这屋里钞古碑。①

暂且抛开民初鲁迅将自己沉浸在金石考据之中的现实政治原因②,鲁迅这里的确为我们描述了一个寂静、阴森、几乎与世隔绝的老宅院。直到1917年4月1日周作人来京之前,鲁迅独自生活在这里,平日里也少有人来,人际交往相对简单,尽管若干年后鲁迅在回味这段时间的独居生活时语言略带压抑,或者说竭力控制着这份独居带来的寂寞。但事实上,诚如许广平后来所说,这是一种"寂寞如古寺僧人"的非常态生活。

"S会馆"时期的鲁迅不仅自己过着单调、寂寞的生活,而且对周围世俗性的热闹表现出一种极其强烈的反感和厌恶,日记中曾多次记载他申斥邻居喧闹、赌博等行为。1912年8月12日,"半夜后邻客以闽音高谈,狺狺如犬相啮,不得安睡"③。一个多月后,"邻室又来闽客,至夜半犹大噪如野犬,出而叱之,少戢"④。其后的1914年、1915年鲁迅日记中仍有不少此类记载:"夜邻室王某处忽来一人,高谈大呼,至鸡鸣不止,为之展转不得眠,眠亦屡醒,因出属发音稍低,而此人遽大漫骂,且以英语杂厕。人类差等之异,盖亦

---

① 鲁迅:《呐喊·自序》,《鲁迅全集》第1卷,第440页。
② 据周作人说,鲁迅埋头金石考据跟袁世凯政权对于文人和舆论的控制紧密相关:"洪宪帝制活动时,袁世凯的特务如陆建章的军警执法处大概继承的是东厂的统系,也着实可怕,由它抓去失踪的人至今无可计算。北京文官大小一律受到注意,生恐他们反对或表示不服,以此人人设法逃避耳目,大约只要有一种嗜好,重的嫖赌蓄妾,轻则玩古董书画,也就多少可以放心,如蔡松坡之于小凤仙,是有名的例。教育部里鲁迅的一般朋友如许寿裳等如何办法,我是不得而知,但他们打麻将总是在行的,那么即此也已可以及格了,鲁迅却连大湖(亦称挖花)都不会,只好假装玩玩古董,又买不起金石品,便限于纸片,收集些石刻拓本来看。单拿拓本来看,也不能敷衍漫长的岁月,又不能有这些钱去每天买一张,于是动手来抄,这样一块汉碑的文字有时候可供半个月的抄写,这是很合算的事。"(周作人著,止庵校订:《鲁迅的故家》,河北教育出版社2002年版,第345—346页。)
③ 鲁迅:《壬子日记》,《鲁迅全集》第15卷,第16页。
④ 同上书,第21页。

甚矣。"①"夜邻室博簺扰睡。"②"夜半邻室诸人聚而高谈,为不得眠孰。"③应该说,鲁迅申斥邻人的热闹生活正是其孤寂心境的一种间接表现,甚至直到厦门时期,鲁迅还在给许广平信中指责同人晚间用无线电听梅兰芳实属无聊。"我真想不到天下何其浅薄者之多。他们面目倒漂亮的,而语言无味,夜间还要玩留声机,什么梅兰芳之类。"④这种生活状态可以说是民初鲁迅独居生活之寂寞底色的一种延续。翻检民初时期的《鲁迅日记》,更多的是"夜坐无事,钞书若干"之类的记载,其中印象较深的是钞写《石屏集》的经历,前后历时八十日⑤,其余钞书几万字的记载更是屡见不鲜⑥。这种终夜与黄卷枯灯作伴的生活,无疑是极其寂寞的。

　　同样,鲁迅对物质生活也几乎没有任何要求,甚至可以说带有一种遗民的"自虐式的苦行"⑦。孙伏园回忆说鲁迅的"居家生活非常简单,衣食住几乎全是学生时代的生活"。"他平常只穿旧布衣,像一个普通大学生,西服的裤子总是单的。"鲁瑞曾叫朱安偷偷做了一条棉裤,竟被鲁迅扔了出来,在孙伏园前去劝说时,鲁迅却回答说:"一个独身的生活,决不能常往安逸方面着想的。岂但我不穿棉裤而已,你看我的棉裤,也是多少年没有换过的老棉花,我不愿意换。你再看我的铺板,我从来不愿意换藤绷或棕绷,我也从来不愿意换厚褥子。生活太安逸了,工作就被生活所累了。"⑧这一时期鲁迅对于物质方面的需求确实极为简单,正如孙伏园所观察到的:"鲁迅先生房中只有床铺、网篮、衣箱、书案这几样东西。万一什么时候要出走,他只要把铺盖一卷,网篮或衣箱任取一样,就是登程的旅客了。"⑨

　　民初鲁迅以寂寞、苦行为常态的独居生活虽然有悖人之常情,但是这种生活方式却在历代遗民中较为常见。尽管鲁迅不可能遁身山野或者寄居寺

---

① 鲁迅:《甲寅日记》,《鲁迅全集》第15卷,第103页。

② 同上书,第124页。

③ 鲁迅:《乙卯日记》,《鲁迅全集》第15卷,第171页。

④ 鲁迅:《两地书·四二》,《鲁迅全集》第11卷,第121—122页。

⑤ 1913年11月16日日记:"夜钞《石屏集》跋二叶毕,于是全书告成,凡十卷,序目一卷,总计二百七十二叶,历时八十日矣。"

⑥ 如1914年3月14日日记:"傍晚写谢氏《后汉书补逸》毕,计五卷,约百三十叶,四万余字,历二十七日。"1914年3月22日日记:"夜写张清源《云谷杂记》毕,总四十一叶,约一万四千余字。"

⑦ "自虐式的苦行以及自我戕害,更是明遗民的生存方式。"赵园:《明清之际士大夫研究》,北京大学出版社2014年版,第13页。

⑧ 章征天、张能耿、裘士雄编:《孙氏兄弟谈鲁迅》,新星出版社2006年版,第14—15页。

⑨ 同上书,第15页。

庙,但是从生活方式、生活情调方面来说,他的这种独居生活又跟历代遗民相差无几。明清之际的方以智、王夫之等人,在政权鼎革之际均参与了现实政治斗争,最后却只能寄身山林或托身寺庙,过上离群索居乃至居无定所的漂泊生活。[1]鲁迅也是清末民初诸多重要事件的亲历者与参与者,后来又试图以文艺唤醒国民、改造国民性,但在见证了辛亥革命的短暂辉煌后,便迎来了二次革命、袁世凯称帝、张勋复辟,等等,他正是失望于不断恶化的时局,才转而埋首故纸堆。这种与历代遗民类似的人生经历,更能让鲁迅了解遗民的内心世界,甚至更能由此体味遗民群体的孤寂生活所表征的生存意义。

与独居生活相伴而来的就是习惯性地追忆过往岁月,进而在回味中不自觉涌起一种今不如昔的慨叹,这份感慨里既有着对于当下的失望,又饱含着对于已逝岁月的缅怀,同时还夹杂着一种无法言表的阵痛。追忆的展开、今昔的比较,表面上虽是针对具体人事而言,其实质却隐含着一种时间的因素,对于往事的不断追忆无形中映照出当下的无聊与寂寞。民初鲁迅周边的好友、同事很多也是经历过晚清革命的一代人,所以他们谈及这些往事是不可避免的,1912年9月12日,鲁迅"下午与同事杂谈清末琐事"[2],又因阅读《庚子日记》而跟同事聊到"拳匪"问题。"下午假《庚子日记》二册读之,文不雅驯,又多讹夺,皆记拳匪事,其举止思想直无以异于斐、澳野人。齐君宗颐及其友某君云皆身历,几及于难,因为陈述,为之瞿然……"[3]清末琐事也好,拳匪问题也罢,他们在这些往事中时常能够看到自己的影子,甚至还会想起自己未成的事业,比如抵京后鲁迅竟多次写信给身在绍兴的周作人,向其索取《域外小说集》以赠人,"得二弟所寄小包二,内《域外小说集》第一、第二各五册,初八日付邮,余初二函索,将以贻人者也"[4]。此类记载日记中并不鲜见。

所以,我想鲁迅在《呐喊·自序》里回味的那些陈年往事,应该不止一次地出现在独居时期的鲁迅脑海中,这种回味一方面增强了叙述的清晰性和逻辑性,另一方面也是一种有意识的初步筛选,所以落于笔下才能那样娓娓道来,情绪也拿捏得恰到好处。更重要的是,这种今昔对比所产生的情绪,还在不自觉中加深了鲁迅现实生活中的孤立。鲁迅的主观情感很少在日记

---

[1] 王夫之在明亡后,息隐山林,以著述为事的故事较为流行,关于方以智晚年行踪及其漂泊生活,可参见余英时:《方以智晚节考》,生活·读书·新知三联书店2012年版。
[2] 鲁迅:《壬子日记》,《鲁迅全集》第15卷,第20页。
[3] 同上书,第7页。
[4] 同上书,第16页。

中直接流露,即便如此,我们还是能够从其日记中捕捉到一些表现鲁迅独居时期心境的文字。1917年除夕当天的一则日记可以看作鲁迅独居时期内心世界的一个缩影,"旧历除夕也,夜独坐录碑,殊无换岁之感"①。传统佳节所唤起的鲁迅的思乡之情,更是与当初的逃离呈现出一种互相拆解的情感内核,可它们又实实在在地反映出鲁迅彼时的真实心境。"阴历中秋也……见圆月寒光皎然,如故乡焉,未知吾家仍以月饼祀之不。"②寄居北京的鲁迅不仅每逢佳节倍思乡,就连吃到可口的食物也会联想到熟悉的"乡味":"晚铭伯招饮,季市及俞毓吴在坐,肴质而旨,有乡味也,谈良久归。"③看到一幅山水画作,也能由此想起故乡的山山水水,"前乞戴芦舲画山水一幅,今日持来;又包蝶仙作山水一枚,乃转乞所得者,晴窗披览,方佛见故乡矣"④。鲁迅越是想念故乡,便越能感受旅人之苦,"是日易竹帘以布幔,又购一小白泥炉,炽炭少许置室中,时时看之,颇忘旅人之苦"⑤。其实,对鲁迅来说,此番"旅人之苦"并不仅是因为思乡,其间还夹杂着他们被迫北上之后对南方所象征的真正"民国"的怀念,明末清初盛行一时的"南北"话题竟在200多年后再度成为知识分子的分水岭⑥,而这一话题也在无形中加深了鲁迅对遗民生活方式及其心境的理解。

  其次,从行为方式上看,民国初年独居北京的鲁迅同样表现出诸多类似于遗民的行为举止。历代遗民在新政权稳定后出于生存需要,常常借"逃禅"之名寄居寺院,于是"逃禅"便成为历代遗民纷纷效仿的一种生存方式,其中明遗民尤其突出。⑦鲁迅熟悉的陈洪绶所说的"岂能为僧,借僧活命而已"⑧,可谓道出了历代遗民逃禅的真实目的。作为政府公务人员的鲁迅自然不可能成为真正的佛家弟子,但这并不影响鲁迅对于佛教的亲近,民初鲁迅对于佛教的浓厚兴趣某种意义上恰恰彰显出其"遗民"心境。鲁迅虽在教育部供职,但其日记却极少提及工作方面的问题,即便有也是带有负面性的评价,从中读出的是百无聊赖,如"晨九时至下午四时半至教育部视事,枯坐

---

[1] 鲁迅:《丁巳日记》,《鲁迅全集》第15卷,第273页。
[2] 鲁迅:《壬子日记》,《鲁迅全集》第15卷,第22页。
[3] 同上书,第36页。
[4] 鲁迅:《癸丑日记》,《鲁迅全集》第15卷,第49页。
[5] 鲁迅:《壬子日记》,《鲁迅全集》第15卷,第29页。
[6] "南北"话题可参见赵园:《明清之际士大夫研究》第二章第一节"南北";罗志田:《南北新旧与北伐成功的再诠释》,《开放时代》2000年第9期。
[7] 详见赵园:《明清之际士大夫研究》,北京大学出版社1999年版,第290—308页。
[8] 转引自周作人:《水田居存诗》,钟叔河编订:《周作人散文全集》第7卷,广西师范大学出版社2009年版,第788页。

终日,极无聊赖"①,尤其是袁世凯复辟帝制前后,鲁迅在日记中颇多嘲讽之词。②这说明鲁迅虽在现行体制之内,但对这个体制却缺乏好感,他重点关注的是美育、小说、图书馆事业等,这在某种意义上跟清政权建立后选择出来做事的明遗民的行为十分相似,并不能因为鲁迅的在职身份,而否定鲁迅对历代遗民的认同。相反,正是这种不满政局但又无力改变的现实处境,才促使鲁迅开始与佛教界人士交往并埋头阅读佛经。

鲁迅留日期间就在梁启超、章太炎等人影响下,接触到佛教义理和相关学说,并在晚清"破迷信"的舆论氛围中明显表现出对佛教的肯定,他不仅批评了"占祠庙以教子弟"等晚清志士"毁伽兰"的行径,而且肯定指出"佛教崇高,凡有识者所同可,何怨于震旦,而汲汲灭其法。若谓无功于民,则当先自省民德之堕落;欲与挽救,方昌大之不暇,胡毁裂也"③。在其他几篇文言论文中也留下了诸如"自心""自性""自识""我执""内面""众生""精进""缘起""有情"等佛教词汇,表现出一定的佛学修养。④但是,鲁迅真正接触佛教还是在民初。许寿裳在回忆鲁迅这段生活时说:"民三(一九一四年)以后,鲁迅开始看佛经,用功很猛,别人赶不上。"他认为鲁迅思想中受佛家的思想影响不少,有一次鲁迅对他说:"释伽牟尼真是大哲,我平常对人生有许多难以解决的问题,而他居然大部分早已明白启示了,真是大哲!"⑤

翻阅鲁迅日记可知,民初几年的确是鲁迅大量购阅佛教典籍的时期,尤其是1914年鲁迅购买佛教典籍不仅数量众多且涉及面颇广,一般所说的佛教八大宗派,鲁迅均有涉猎。鲁迅阅读佛经十分专注,1914年他几乎不看别的书,只是埋头阅读佛经,甚至日夜钻研。此外,鲁迅对佛教的研读特别注重阐释佛教义理的著作,而不以经书为限。在此意义上,许寿裳所谓的"用功很猛"并非虚言,的确非常人所能及。不仅如此,随着鲁迅阅读佛经的不断深入,他开始与佛教界的人士交往,如梅光羲。鲁迅抵京不久,日记中就出现了梅光羲向鲁迅赠送佛教书籍的记载:"梅君光羲贻佛教会第一、第二

---

① 鲁迅:《壬子日记》,《鲁迅全集》第15卷,第1页。
② 鲁迅日记中记载的祭孔仪式如同儿戏:"昨汪总长令部员往国子监,且须跪拜,众已哗然。晨七时往视之,则至者仅三四十人,或跪或立,或旁立而笑,钱念敏又从旁大声而骂,顷刻间便草率了事,真一笑话。"(鲁迅:《癸丑日记》,《鲁迅全集》第15卷,第80页。)"晨往鄞中馆要徐吉轩同至国子监,以孔教会中人举行丁祭也,其举止颇荒陋可悼叹"。(鲁迅:《甲寅日记》,《鲁迅全集》第15卷,第108页。)
③ 鲁迅:《集外集拾遗补编·破恶声论》,《鲁迅全集》第8卷,第31页。
④ 参见拙著《鲁迅早期思想的本土语境》第六章"鲁迅早期思想建构的佛学背景",中国社会科学出版社2021年版。
⑤ 许寿裳著,马会芹编:《挚友的怀念——许寿裳忆鲁迅》,河北教育出版社2000年版,第26页。

次报告各一册。"①梅光羲是中国佛教会及中国佛学会会员,同时也是教育部秘书,因此与鲁迅相熟。在梅光羲影响下,鲁迅第二天就买了《观无量寿佛经》一册②,这是《鲁迅日记》中记载的第一本佛教典籍。10月19日,日记中又出现"梅撷云(按:即梅光羲)赠《佛学丛报》第一号一册"③的记载。除梅光羲外,在阅读佛教方面,许寿裳堂兄许季上对鲁迅影响更大,鲁迅因许寿裳的关系开始与许季上交往,鲁迅阅读佛经可以说是在许季上影响下进行的。许氏曾多次借佛经供鲁迅阅读,鲁迅为母亲祝寿而捐刻《百喻经》一事也是经由许季上办理的,可见鲁迅与许季上关系之密切。值得进一步指出的是,当时许铭伯、许寿裳昆仲同样耽阅佛经,周作人在鲁迅等影响下也开始读佛经。即是说,民国初年,在鲁迅周围事实上已经形成了一个研读佛经的小团体,黄乔生从鲁迅赠阅《百喻经》的名单中亦发现了"读经小组"的存在。④鲁迅正是在这种氛围中逐渐陷入埋首阅读佛经的境地的。

　　鲁迅之所以在民初开始大量阅读佛经,这跟他在日本留学期间受到过章太炎等人的影响以及晚清佛学复兴思潮自然有所关联,同时跟当时政局的不确定性也有一定关系,借助阅读佛经、抄写古碑来掩人耳目,表明自己与现实政治的距离,这种韬光养晦的做法与历代遗民的逃禅行为可谓异曲同工。从许寿裳的话可以看出,鲁迅是在哲学的层面上接触佛教的,"他对于佛经只当做人类思想发达的史料看,借以研究其人生观罢了。别人读佛经,容易趋于消极,而他独不然,始终是积极的"⑤。鲁迅从佛教中获得的滋养主要在思想境界方面,这些养分不仅在鲁迅思想中得以体现,在其后的文学创作中,特别是较为晦涩的《野草》中有着同样精彩的表现。⑥可以说,佛教义理已经内化为鲁迅思想、鲁迅文学的一种无形的养分。值得追问的是,在鲁迅大量阅读佛经并开始与佛教界发生交往⑦进而促使其开始思考人生哲学问题的同时,这些活动带给鲁迅怎样独特的心理体验? 在那种独居异乡、政治氛围又很压抑的环境中,佛经带给了鲁迅怎样的心理慰藉,同时又

---

　　① 鲁迅:《壬子日记》,《鲁迅全集》第15卷,第2页。
　　② 同上书,第3页。
　　③ 同上书,第25页。
　　④ 黄乔生:《鲁迅年谱》,浙江大学出版社2021年版,第109页。
　　⑤ 许寿裳著,马会芹编:《挚友的怀念——许寿裳忆鲁迅》,河北教育出版社2000年版,第26页。
　　⑥ 参见哈迎飞:《论〈野草〉的佛家色彩》,《文学评论》1999年第2期;汪卫东:《〈野草〉与佛教》,《中国现代文学研究丛刊》2009年第1期;汪卫东:《"渊默"而"雷声"——〈野草〉的否定性表达与佛教论理之关系》,《中国现代文学研究丛刊》2010年第1期。
　　⑦ 谭桂林:《现代佛教界的鲁迅印象与鲁迅资源利用》,《鲁迅研究月刊》2012年第8期。

带来怎样的心境变化?

正如挚友许寿裳所说:"民三(一九一四年)以后,鲁迅开始看佛经,用功很猛,别人赶不上。"①许寿裳指出的鲁迅开始看佛经的时间尤其值得注意,1914年正是袁世凯为了推行独裁,将内阁制改为总统制进而为其接下来的称帝行为做铺垫的时候,政局可谓黑暗至极,鲁迅正是在这种时代背景下开始阅读佛经的。因此,从这一背景看,鲁迅亲近佛经不仅具有思想文化上的意味,更内蕴着对于时代政治的关切。某种意义上,甚至可以说,鲁迅耽溺佛经跟历代遗民一样,也是出于一种保存自我肉身的生存需求,在这个意义上,鲁迅经由逃禅这一媒介,一定程度上实现了其与历代遗民的生存体验乃至心理认知的沟通。

值得注意的是,鲁迅购买、阅读佛经的最高数量出现在1914年,这一年鲁迅的书帐里面大部分是佛教经典,"1914年出现了佛教书籍的井喷之势,达到131种,而其他书刊总共才73种",并且涉及面非常之广,"对鲁迅的知识结构进行分析,发现鲁迅几乎读过佛教所有各派的经典"。②而1915年后鲁迅的学术兴趣则转向了"钞古碑"。鲁迅在1914年达到其购阅佛经的巅峰并非偶然,这固然跟其人际交往有一定关系,比如与许季上等佛教界人士的交往确实激发起鲁迅对佛经的兴趣。但更重要的是,我以为鲁迅之所以在该年大量购阅佛经,跟他当时的心境存在着绝大的关系,而且对于佛经的亲近又会反过来影响其心境起伏。

鲁迅直接提及这段时间个人心境的文字并不多,后来许广平用"寂寞如古寺僧人"来形容鲁迅这段独居时期的生活,倒也十分贴切。事实上,这段时间鲁迅不仅对佛教义理感兴趣,涉猎了诸多三藏典籍,同时对历代"高僧传"也很有兴趣,阅读过不少高僧的传记,透过文字所能感受到的得道高僧的人格精神乃至意志力,是否也成为鲁迅思想乃至精神结构中的一种资源呢?③鲁迅虽然广泛阅读佛教典籍,生活方式上跟佛教徒也有几分相像,但是鲁迅阅读佛经的目的与历代高僧显然不同,其对于佛教的态度与历代遗民倒是存在诸多相似的地方。首先,他们之所以走进佛教,虽有个人兴趣的原因,但更多是迫于现实政治的一种被动选择,因而是功利性的也是暂时的;其次,他们常常游走在出世与现世之间,出世的高妙玄想尽管能带给他

---

① 许寿裳著,马会芹编:《挚友的怀念——许寿裳忆鲁迅》,河北教育出版社2000年版,第26页。
② 王锡荣:《日记的鲁迅》,人民文学出版社2018年版,第65页。
③ 参见黄乔生:《鲁迅抄校〈法显传〉与其学术研究和思想发展之关系》,《东岳论丛》2022年第4期;谭桂林:《鲁迅抄经考论》,《中山大学学报(社会科学版)》2022年第3期。

们一时的安慰,但终究摆脱不了现世的生活,鲁迅后来批判章太炎佛教救国是"高妙的幻想"①充分说明了这一点;再次,佛教往往成为他们开展人际交往的一种联络方式。正是出于这些内外方面的原因,佛学反倒成为鲁迅与历代遗民精神交流的一种媒介。

当然,鲁迅所以转向佛教也跟他对个人生活、政治情势等方面的失望有所关联。从个人生活方面说,鲁迅虽在1906年就跟朱安成婚,事实上却徒有婚姻之名而已,1906年至1912年间,鲁迅从日本、杭州、绍兴、南京一路漂泊至北京。在北京经过一两年的平静生活之后,鲁迅周围的亲友、同事也意识到鲁迅这段婚姻已经无可挽回,所以不排除有人劝说鲁迅另娶,甚至这话也可能已经传到了朱安那里,因此1914年11月,在娘家的朱安给鲁迅写来一封信,鲁迅在当天日记中写道:"下午得妇来书,二十二日从丁家弄朱宅发,颇谬。"②可以肯定,这封信再次让鲁迅意识到这段无爱的婚姻的存在,并且朱安的举动再次让鲁迅感到反感。③有研究者指出,事实上鲁迅对朱安一直存在"休掉"的想法④,但是人道主义的思想让鲁迅举棋不定,这种两难的困境更加深了鲁迅内心的痛苦、失望乃至性的不满而激起的一些过激言语,所有这些身心的痛苦,他都寄希望于从阅读佛经中获得安慰。

鲁迅之所以在民国初年选择以辑佚、钞碑、读佛经等方式来消磨时光,固然有学术因缘的触发,但更与民国初年不稳定的政局之下形成的忧患心理有关。换言之,鲁迅无论是埋头故纸堆还是刻苦读佛经,都是为了缓解/转移这种忧患心理,鲁迅日记中很少提及现实事件,但有几点值得注意。1912年日记两次提到蔡元培辞教育总长事,6月22日记载"蔡总长元培于昨

---

① "我以为两人遭遇的所以不同,其原因乃在高尔基先前的理想,后来都成为事实,他的一身,就是大众的一体,喜怒哀乐,无不相通;而先生则排满之志虽伸,但视为最紧要的'第一是用宗教发起信心,增进国民的道德;第二是用国粹激动种性,增进爱国的热肠'(见《民报》第六本),却仅止于高妙的幻想。"(鲁迅:《且介亭杂文末编·关于太炎先生二三事》,《鲁迅全集》第6卷,第566页。)

② 鲁迅:《甲寅日记》,《鲁迅全集》第15卷,第141页。

③ 朱安原信已佚,乔丽华根据周作人1914年10月30日和11月18日的两则日记,考证出当年朱安房中窜进了一条白花蛇,因民间视蛇为淫物,所以朱安不仅托周作人买了一枚"秘戏泉"以辟邪,而且写信向鲁迅表白自己的贞洁。参见乔丽华:《我也是鲁迅的遗物:朱安传》,九州出版社2017年版,第90—93页。

④ "在心灵深处鲁迅也有着想将朱安休掉的潜意识","表达却较为委婉罢了"。(李允经:《婚恋生活的投影和折光》,《鲁迅研究动态》1989年第1期。)

日辞职"①,7月2日"蔡总长第二次辞职"②,因为蔡元培辞职时,宣布任职到1912年7月14日,故鲁迅当天日记中有"下午偕铭伯、季市饮于广和居,甚醉"③的记载。而1914年5月1日日记中,《约法》发表④一句尤其值得注意,这里所谓《约法》是指《中华民国约法》,"这部约法改《临时约法》中的责任内阁制为总统制,废国务院改设总统府政事堂,为袁世凯恢复帝制作准备"⑤。同年日记又提到章太炎被囚之事,"午后许季市来,同至钱粮胡同谒章师,朱逷先亦在,坐至旁晚归"⑥。鲁迅埋头辑书、钞碑、阅读佛经正是在这种政治环境中不得已展开的,其心境可想而知。1913年10月的一条日记充分表明了民初鲁迅的真实心境:

> 写书时头眩手战,似神经又病矣,无日不处忧患中,可哀也。⑦

上年8月12日,日记中也有类似记载,"上午就池田医院诊之,云无妨,惟神经衰弱所当理耳"⑧。时常处于忧患之中以至神经衰弱,或许这就是民初鲁迅的真实生存境遇,王锡荣在分析鲁迅究竟在"忧患什么"时指出:"那时正是'二次革命'失败(9月14日),革命力量溃败,袁世凯用尽种种手段,玩弄权术,紧锣密鼓筹备大总统选举。五天后,所操纵的大总统正式选举就将举行,他当选'合法'总统势成定局。反动势力已占明显上风,革命党人莫不忧心如焚,恐怕这才是鲁迅真正的忧患所在。"⑨甚至有学者指出,鲁迅之所以在范爱农溺水身亡后表现出如此强烈的悲愤情绪,不单是出于对范爱农的个人情感,其中凝聚着鲁迅对于民初政局乃至整个社会的不满,他是借悼念范爱农来抨击时局,以此达到对于短暂的"民元"社会的追忆与再造。⑩

由上可知,鲁迅在1914年集中精力阅读佛经,一方面固然跟其周边的研佛氛围相关,自从跟许季上等佛教人物交往以来,鲁迅就在众人影响之下

---

① 鲁迅:《壬子日记》,《鲁迅全集》第15卷,第6页。
② 同上书,第9页。
③ 同上书,第11页。
④ 鲁迅:《甲寅日记》,《鲁迅全集》第15卷,第115页。
⑤ 王锡荣:《日记的鲁迅》,人民文学出版社2018年版,第41页。
⑥ 鲁迅:《甲寅日记》,《鲁迅全集》第15卷,第129页。
⑦ 鲁迅:《癸丑日记》,《鲁迅全集》第15卷,第81页。
⑧ 鲁迅:《壬子日记》,《鲁迅全集》第15卷,第15页。
⑨ 王锡荣:《日记的鲁迅》,人民文学出版社2018年版,第41—42页。
⑩ 参见锡金:《范爱农其人和〈哀范君三章〉——〈鲁迅诗直寻〉之一》,《东北师大学报》1981年第5期。

不断购阅佛经,并以为母亲祝寿的名义出资刊刻《百喻经》;另一方面,结合当年的政治形势,可以看出,鲁迅埋首佛经,某种意义上也是一种被动行为,他是借助佛教来转移、消化政局变化带来的心理忧患。因为从辛亥一代看来,袁世凯从窃取大总统到恢复帝制,并不是通常意义上的政局更替,"袁记"民国已然不再是以孙中山为首的南京国民政府,从革命的立场看,随着大总统易位、内阁制沦为总统制等一系列人事和制度的变更,南京国民政府事实上已经名存实亡。对于认可"中华民国"的鲁迅等人而言,身处"袁记"民国中,其心境之苦闷可想而知,而阅读佛经某种意义上则成为转移这种苦闷的重要途径。这种心理认知层面上的逻辑结构跟历代遗民在易代之后选择逃禅的心路历程,可谓异曲同工。

再次,民初鲁迅遗民心态的另一鲜明体现就是其主动求死的心理趋向,这跟很多遗民在意识到新政权渐趋稳定、凡事不可为之后的心理十分相似。从心理结构上说,这一心理又可分为两个互相关联的逻辑层次,即主体对于自我有罪身份的自觉以及试图通过死亡来解脱/赎罪的自戕倾向。首先是罪的自觉。竹内好在考察鲁迅文学时就是从"原罪"—"赎罪"的逻辑结构上去把握的,竹内好敏锐指出:

> 读他的文章,肯定会碰到影子般的东西。这影子总在同一个地方。虽然影子本身并不存在,但光在那里产生,也消失在那里,因此也就有那么一点黑暗通过这产生与消失暗示着它的存在。倘若漫不经心,一读而过,注意不到也便罢了,然而一旦发现,就会难以忘怀。就像骷髅舞动在华丽的舞场,到了最后骷髅会比其他一切更被认作是实体。鲁迅就背负着这样一个影子,度过了他的一生。我把他叫作赎罪的文学就是这个意思。①

正是鲁迅文学所内蕴的"赎罪"意识,使得竹内好将鲁迅文学放置在"宗教的原罪意识"的视野中加以审视:"我还找不到恰当的词汇来表述,如果勉强说的话,就是要把鲁迅的文学置于近似于宗教的原罪意识之上……我要说的意思是,鲁迅在他的性格气质上所把握到的东西,是非宗教的,甚至是反宗教的,但他把握的方式却是宗教的。"②因此,从根本上来说,鲁迅文学并

---

① [日]竹内好:《近代的超克》,李冬木、赵京华、孙歌译,生活·读书·新知三联书店2005年版,第46页。
② 同上书,第8页。

非某种外在功利性驱动产生的,而是一种基于自身原罪意识的"赎罪的文学":"在本质上,我并不把鲁迅的文学看作功利主义,看作是为人生,为民族或是为爱国的。鲁迅是诚实的生活者,热烈的民族主义者和爱国者,但他并不以此来支撑他的文学,倒是把这些都拔净了以后,才有他的文学。鲁迅的文学,在其根源上是应该称作'无'的某种东西。因为是获得了根本上的自觉,才使他成为文学者的,所以如果没有了这根柢上的东西,民族主义者鲁迅,爱国主义者鲁迅,也就都成了空话。"①

竹内好的论述虽带有极强的主观性,但无论是从民初鲁迅的真实心境还是他后来在文章中的表述来看,民初鲁迅对于自身有罪身份的强调应该是确定无疑的。这种对于"罪"的自觉主要来源于两个方面:其一是自我在某些被赋予"革命"价值的重要事件上的犹疑,譬如留日期间鲁迅因为顾及母亲与幼弟而未能参与暗杀活动,相对于为革命献身的徐锡麟、秋瑾等人来说,这份退却无疑给鲁迅心理上带来了很大的自责甚至负罪感;其二,鲁迅通过书写辛亥人物谱系来重构民国历史的做法,恰恰彰显出其内心深处的负罪感,范爱农之死某种意义上更加剧了这种基于革命伦理的负罪感的生成。

民初鲁迅不仅对外界感到无比失望,同时在自我审视时也感受到了源于自身的失望情绪,用他自己的话来说,就是意识到自己"决不是一个振臂一呼应者云集的英雄"②。我想鲁迅在说这句话时内心的自责与失落是很明显的,甚至会因此想起那些曾经并肩作战、如今却化作泥土的先烈,因而进一步自责不已。日本学者说鲁迅当年因为顾及母亲而未能参与暗杀,这给

---

① [日]竹内好:《近代的超克》,李冬木、赵京华、孙歌译,生活·读书·新知三联书店2005年版,第57—58页。
② 鲁迅:《呐喊·自序》,《鲁迅全集》第1卷,第439—440页。

他心理上带来了强烈的自责甚至负罪感①,我以为这个说法是成立的。因为在不同的境遇中,当鲁迅在追怀这些革命先烈时,除去赞扬之外,内心均会流露出一种强烈自责。譬如《秋夜》借助对"苍翠精致的英雄们"的"敬奠",表达出的对于先烈的崇敬之情②,《药》中对革命先烈夏瑜的惋惜。再如鲁迅慨叹清末志士被遗忘的命运,"三贝子花园里面,有谋刺良弼和袁世凯而死的四烈士坟,其中有三块墓碑,何以直到民国十一年还没有人去刻一个字"③。鲁迅在回忆范爱农时,又说:"这一群里,还有后来在安徽战死的陈伯平烈士,被害的马宗汉烈士;被囚在黑狱里,到革命后才见天日而身上永带着匪刑的伤痕的也还有一两人。而我都茫无所知,摇着头将他们一并运上东京了。"④鲁迅在其他地方谈到邹容、陶成章等革命先烈时,内心同样充满着崇敬之情。

其实,这种由负罪感导致的自责心态也是遗民群体中较为常见的一种心理,由此延展下去,生死对于易代之际的遗民乃至士大夫群体⑤来说,便不仅是一个关乎个体生命存亡的话题,更是一个关乎政治伦理及人生存在意义的重要话题,同时也是遗民社会必须直面的一种心灵拷问。面对鼎革之际那些"死社稷""死封疆"以及"主辱臣死""城亡与亡"而逝去的昔日同胞,遗民的不死便成为一种生命中不可承受的负荷,进而由此衍生出"以生为耻、为罪孽"的自我道德审判。这种将个人肉身存亡与政权兴废直接关联以确定自身存在意义的认知路径,可以说是历代遗民中常见的关于生死问题

---

① 鲁迅的这种负罪感给他带来深远影响,竹内好就将鲁迅文学的发生视作"原罪意识"作用的结果:"我是站在要把鲁迅的文学放在某种本源的自觉之上这一立场上的。我还找不到恰当的词汇来表述,如果勉强说的话,就是要把鲁迅的文学置于近似于宗教的原罪意识之上。"竹内好不仅指出了鲁迅的"原罪意识"与其文学之间的关系,而且试图将这种罪的意识落实到某个具体对象之上:"我想像,在鲁迅的根柢当中,是否有一种要对什么人赎罪的心情呢?"([日]竹内好:《近代的超克》,李冬木、赵京华、孙歌译,生活·读书·新知三联书店2016年版,第8页。)竹内好的论述似乎进一步坐实了鲁迅罪的意识与现实人物/事件之间的对应关系,但在伊藤虎丸看来,这种说法只是一种比喻:"竹内好用语中的'罪'和'赎罪',应该理解为是以比喻的方式来使用宗教用语。竹内好想像鲁迅是否有某种'赎罪的心情',或许有简单之处,但还是应该注意上文的'对谁……'这一提法,包括这一点在内,也只能读做一种比喻。"([日]伊藤虎丸:《鲁迅与终末论:近代现实主义的成立》,李冬木译,生活·读书·新知三联书店2008年版,第353页。)
② 参见孙玉石:《现实的与哲学的:鲁迅〈野草〉重释》,上海书店出版社2001年版,第16—25页。
③ 鲁迅:《热风·即小见大》,《鲁迅全集》第1卷,第429页。
④ 鲁迅:《朝花夕拾·范爱农》,《鲁迅全集》第2卷,第324页。
⑤ 赵园认为士大夫人格中某种程度上就含有遗民精神,参见赵园:《明清之际士大夫研究》,北京大学出版社1999年版,第265页。

的一种思考方式。从这个意义上讲,个人所承认的现实政权灭亡后,肉身便失去了存在意义,但是往往又逃不过人的求生本性,于是在苟活的同时便产生了一种道德亏欠心理,如宋遗民郑思肖临终嘱书位碑"大宋不忠不孝郑思肖",明遗民高宇泰尝曰:"予觍颜视息,虽键户屏绝人事……然以视亡友,则可耻也。"于是由耻于活而产生的求死心理便出现了,对遗民来说,活下来已经实属不易,但要继续活下去更是痛苦,所以才有"吾此心安者死耳"之类的感叹。①

对遗民群体来说,活着无疑是一种极大的心理负荷,甚至成为一种原罪。因此,依然活着的他们才不会认真"活",或者将现实生活搞得一团糟,或者整日耽于诗酒,或者将活着视作等死。鲁迅的负罪心理同样给他带来强烈的内心震撼,甚至可以说给他的生命蒙上了一层阴影。虽然鲁迅对于死亡一向很是豁达,这一点从其日本时期的相关言论和表现即能看出,甚至他自己明确表示过之所以同意跟朱安的这门婚事,其中一点就是认为自己活不长久。②所以鲁迅对于死亡从不畏惧,这种心理在他民国初年独自蛰居绍兴会馆时,同样有着鲜明的表现,其中最典型的莫过于陈师曾给他刻的一方印章"俟堂",所谓"俟堂"其实就是等死堂的意思。"鲁迅自署俟堂,就是由陈师曾为他治名印时问刻何字,鲁迅说'你叫槐堂,我就叫俟堂吧'这段对话开始的。"③从鲁迅与陈师曾的对话看,鲁迅自署"俟堂"似乎带有玩笑口吻,许寿裳则认为鲁迅"俟堂"的叫法事实上跟现实人事纠葛有一定关系。其实,无论是上述对话语境还是现实人事纠葛,皆是一种表象,鲁迅能够脱口说出"俟堂"的名号,这就说明他此前不是没有考虑过这一问题。更重要的是,鲁迅似乎对这个自署名十分看重,不仅将之用作专著的题目(《俟堂专文杂集》),而且由此衍生出"唐俟"的笔名。所以,"俟堂"正是鲁迅当时真实心态的一种反映,鲁迅在夜深人静之时想起那些献身革命的先烈,内心一定是十分复杂的,加之现实生活的不幸、政局的反复、自身的病痛等情形,由此想到死也是情理之中的事。其实,鲁迅在范爱农死后所作之诗中已经表明了自己对于生命的态度:"旧朋云散尽,余亦等轻尘。"20世纪30年代,他给台静农的一封信实际上成了这里所谓"轻尘"的最佳注脚:"三十年来,年相若与年少于我一半者,相识之中,真已所存无几,因悲而愤,遂往往自视亦如轻

---

① 赵园:《明清之际士大夫研究》,北京大学出版社2014年版,第23—49页。
② "我一生的失计,即在向来不为自己生活打算,一切听人安排,因为那时豫料是活不久的。后来豫料并不确中,仍能生活下去,遂至弊病百出,十分无聊。"(鲁迅:《两地书·八三》,《鲁迅全集》第11卷,第225页。)
③ 陈子善:《双子星座——管窥鲁迅与周作人》,中华书局2015年版,第86页。

尘,然亦偶自摄卫,以免为亲者所叹而仇者所快。"①这足以说明,鲁迅将自己比作"轻尘",并非表示自轻的一种谦辞,而是隐含着他对于个体肉身之存亡的真实态度。1925年在跟许广平的通信中,鲁迅也透露出他对于生死的看法,他说:"其实,我的意见原也一时不容易了然,因为其中本含有许多矛盾,教我自己说,或者是人道主义与个人主义这两种思想的消长起伏罢。所以我忽而爱人,忽而憎人;做事的时候,有时确为别人,有时却为自己玩玩,有时则竟因为希望生命从速消磨,所以故意拼命的做。"②鲁迅对于自我生命的率性态度,某种意义上可视作对于逝者的一种罪的自觉,同时也是鲁迅体验历代遗民心境的一个重要契机。

第四节 鲁迅"遗民"心境的后续影响

在1918年钱玄同代表《新青年》多次上门拜访,并质询鲁迅"钞古碑"的意义之前③,鲁迅所做的工作某种意义上表征就是一种自我生命意志的沉醉与消亡。因为在面对钱玄同"你钞了这些有什么用""你钞他是什么意思呢"的质问时,鲁迅是以"没有什么用""没有什么意思"两个否定句来回答的,这个双重否定不仅否定了抄写古碑本身的现实功能,而且否定了自己当初的这一选择,可以说这是一种根本性的否定,彰显的是鲁迅主动将自己从现实意义世界抽离出来的一种生存方式。最近有学者撰文指出鲁迅"钞古碑"的行为,实际上继承了从顾炎武到章太炎等人的学术传统,是想借此保留一种民族原始形态的文化,同时这也是作为遗民的顾炎武和章太炎从事学术考古的现实指向。④这种论述从学术发展的脉络来看,不无道理,尤其是章太炎在这一学术脉络中所起到的线索性作用,但是100多年后纯学理的考证与推测是否符合当年鲁迅的真实心理呢?鲁迅自己的说法是:"只是我自己的寂寞是不可不驱除的,因为这于我太痛苦。我于是用了种种法,来麻醉自

---

① 鲁迅:《书信·331227致台静农》,《鲁迅全集》第12卷,第533页。
② 鲁迅:《两地书·二十四》,《鲁迅全集》第11卷,第81页。
③ "你钞了这些有什么用?"有一夜,他翻着我那古碑的钞本,发了研究的质问了。"没有什么用。""那么,你钞他是什么意思呢?""没有什么意思。"(鲁迅:《呐喊·自序》,《鲁迅全集》第1卷,第440页。)
④ 参见王芳:《从访碑到抄碑,从国魂到民魂——以金石传统三个脉络解读鲁迅的"钞古碑"》,《文学评论》2019年第3期。

己的灵魂,使我沉入于国民中,使我回到古代去。"①

无论是"沉入于国民中"还是"回到古代去",事实上均是对现实世界不满之后的一种主动抽离,借此来"麻醉自己的灵魂",这种疏离行为本身就说明了鲁迅自我心态上的消极、厌世。换言之,将鲁迅抄写古碑的行为强行纳入遗民学术的脉络之中,或者说鲁迅的学术研究同样带有遗民学术的指向,这一点恐怕是值得商榷的。笔者以为,与其从遗民学术脉络来指认鲁迅"钞古碑"等学术活动的现实指向,不如从其心境入手,考察鲁迅在从事"钞古碑"等学术活动中呈现的"遗民"心境。因为鲁迅对于这种心境的感受是相当自觉的,这从他对于自己抵京后收藏古籍类书籍的态度即可看出。他在《壬子北行以后书帐》中自嘲道:"京师视古籍为骨董,唯大力者能致之耳。今人处世不必读书,而我辈复无购书之力,尚复月掷二十余金,收拾破书数册以自怡说,亦可笑叹人也。"②两个多月后,在整理这些藏书时鲁迅再次发出了相似的慨叹:"下午整理书籍,已满两架,置此何事,殊自笑叹也。"③鲁迅两次对于自己购置古籍表示嘲讽,这就表明鲁迅对于自己埋头故纸堆,从事古籍辑佚等工作事实上是不满的,换言之,鲁迅这样做并非完全出于自己的学术志向,而是迫于外在形势的一种无奈之举。鲁迅的这种举动跟历史上的遗民确有近似之处,顾炎武、黄宗羲等人后来转向学术研究也经历了这一心理上的转换过程。但是,顾炎武等人借助学术研究来表达遗民心事的初衷是明确的,而鲁迅对于自己的这一行为却充满矛盾,只是在心境上略有相似。

在钱玄同多次劝说下,鲁迅于1918年4月写出《狂人日记》,从此一发不可收,成为展现中国新文学实绩的重要奠基者,十年沉默的"周树人"由此蜕变成现代文坛的领军人物鲁迅。自此,鲁迅生存方式及其个人心境均发生了很大转变,严格意义上来说,《狂人日记》的发表就标志着鲁迅拟遗民生涯的终结,取而代之的是现代知识分子的鲁迅的诞生。尽管如此,鲁迅民初几年所历经的拟遗民生存方式及其心境带来的影响仍明显延续下来。

第一,鲁迅以"钞古碑"为中心的含有遗民旨趣的治学方向并未随着文学创作的开展而戛然终止,相反,在他开始写小说进而参加《新青年》的编辑活动后,仍不忘收集金石拓片。据王锡荣统计,1918年"鲁迅书帐中仍然记载了570枚拓片";"1919年收拓片949种,而书刊仅14种23册";1920年,鲁

---

① 鲁迅:《呐喊·自序》,《鲁迅全集》第1卷,第440页。
② 鲁迅:《壬子日记》,《鲁迅全集》第15卷,第41页。
③ 鲁迅:《癸丑日记》,《鲁迅全集》第15卷,第53页。

迅书帐中记载的拓片数量虽然明显减少,但"拓片仍然是主角";"鲁迅热衷买拓片的状况,一直维持到1924年,虽然也渐渐出现古籍重新多起来的现象,但是直到1925年的书帐,才基本不见拓片的踪影"。[1]这里仅仅统计了1918年后鲁迅收藏拓片的情况,其他方面,比如鲁迅对遗民书画的购阅等,同样没有因为文学创作而终止。此外,鲁迅1920年接下了北京大学的小说史课程后,便加紧了小说史研究,在研究中鲁迅也不可避免地会遭遇历代遗民学术的影响,鲁迅就多次提及董说、陈忱等遗民的小说创作与研究。[2]也就是说,新文化运动的兴起以及随之而来的文学创作,虽然改变了鲁迅民国初年拟遗民的生存方式,但是透过金石研究、小说史研究以及遗民书画等渠道,鲁迅依然能够触摸到历代遗民的内心世界,这些隐藏在学术背后的遗民情绪不可避免地会影响到鲁迅的主体心境。

第二,对于死亡的率性态度。正如前文所言,民初鲁迅之所以选择刻一方文曰"俟堂"的印章,绝非出于一种名士风的追求,而是当时真实心境的流露。这种对于死亡的态度也影响到他后来的种种表现。鲁迅晚年多次对于肉身之死表现出一份难得的洒脱,在那篇遗嘱性质的《死》中,鲁迅说自己是死的随便党:"大约我们的生死久已被人们随意处置,认为无足轻重,所以自己也看得随随便便,不像欧洲人那样的认真了。""有一批人是随随便便,就是临终也恐怕不大想到的,我向来正是这随便党里的一个。"[3]在20世纪30年代一系列关乎生死的问题上,他更是秉持较为开放的态度,比如1930年6月中国人权保障同盟总干事杨杏佛被国民党暗杀,并传出当局可能对鲁

---

[1] 王锡荣:《日记的鲁迅》,人民文学出版社2018年版,第65—66页。
[2] "我以为可重印者尚有数书……一是董说《西游补》,但不能雅俗共赏。"(鲁迅:《书信·231228致胡适》,《鲁迅全集》第11卷,第439页。)"《西游补》十六回,天目山樵序云南潜作;南潜者,乌程董说出家后之法名也。说字若雨,生于万历庚申(一六二〇),幼即颖悟,自愿先诵《圆觉经》,次乃读四书及五经,十岁能文,十三入泮,逮见中原流寇之乱,遂绝意进取。明亡,祝发于灵岩,名曰南潜,号月函,其他别字尚甚夥,三十余年不履城市,惟友渔樵。"(鲁迅:《中国小说史略》,《鲁迅全集》第9卷,第181页。)"清初,有《后水浒传》四十回,云是'古宋遗民著,雁宕山樵评',盖以续百回本。……然实乃陈忱之托名;忱字遐心,浙江乌程人,生平著作不佚,惟此书存,为明末遗民(《两浙輶轩录》补遗一《光绪嘉兴府志》五十三),故虽游戏之作,亦见避地之意矣。"(鲁迅:《中国小说史略》,《鲁迅全集》第9卷,第153页。)"但到明亡之后,外族势力全盛了,几个遗民抱亡国之痛,便把流寇之痛苦忘却,又与强盗表起同情来。如明遗民陈忱,就托名雁宕山樵作了一部《后水浒传》。他说:宋江死了以后,余下的同志,尚为宋御金,后无功,李俊率众浮海到暹罗做了国王。——这就是因为国家为外族所掠,转而与强盗又表同情的意思。"(鲁迅:《中国小说的历史的变迁》,《鲁迅全集》第9卷,第335—336页。)
[3] 鲁迅:《且介亭杂文末编·死》,《鲁迅全集》第6卷,第631、632、633页。

等人下黑手后，鲁迅毅然出席了杨杏佛的葬礼，并在出门前故意放下家中的钥匙，展现出一种视死如归的生存姿态。鲁迅对于自己的疾病也是这般态度，很少张扬。1923年7月在跟周作人决裂后，鲁迅生了一场大病，但他很少跟外人说起，日记中也只有简略的就诊记录，但是11月8日的一则日记"夜饮汾酒，始废粥进饭，距始病时三十九日矣"①无疑彰显出鲁迅这场大病的严重性。在鲁迅辞世一个多月前写给母亲的信中，鲁迅还对自己的病情作了轻描淡写的处理："男所生的病，报上虽说是神经衰弱，其实不是，而是肺病，且已经生了二三十年，被八道湾赶出后的一回，和章士钊闹后的一回，躺倒过的，就都是这病，但那时年富力强，不久医好了。男自己也不喜欢多讲，令人担心，所以很少人知道。初到上海后，也发过一回，今年是第四回，大约因为年纪大了之故罢，一直医了三个月，还没有能够停药。"②而鲁迅晚年所历经的许多友人的死亡事件，某种意义上也致使鲁迅在死亡问题上表现出一定的豁达。

鲁迅在文学创作方面同样受到遗民生死观念的影响。关于《野草》跟佛教的关系问题，学界已经形成了相对稳定的理解，佛教思想的确是《野草》的源头之一，如鲁迅在《过客》中借助过客形象所说的下面一段话："倘使我得到了谁的布施，我就要像兀鹰看见死尸一样，在四近徘徊，祝愿她的灭亡，给我亲自看见。"③在其后跟许广平的通信中，鲁迅重申了这个意思："又如来信说，'凡有死的同我有关的，同时我就诅咒所有与我无关的。……'而我正相反，同我有关的活着，我就不放心，死了，我就安心，这意思也在《过客》中说过，都与小鬼的不同。"④也就是说，鲁迅在《过客》中所表达的对于死亡的态度，并非偶发感慨，而是发自内心的真实感受，在《野草》中，还有一篇看似跟死亡主题无关的《立论》，这篇作品的重点当然在于探讨"立论"所折射出的中国文化乃至社会所固有的一些问题，但是某种意义上也的确揭示出死亡的终极性。鲁迅对于死亡的认识跟遗民群体中流传的"吾此心安者死耳"的说法可谓存在异曲同工之处。当然，从根本上来说，历史上遗民群体之所以

---

① 鲁迅：《日记十二》，《鲁迅全集》第15卷，第487页。
② 鲁迅：《书信·360903致母亲》，《鲁迅全集》第14卷，第140页。
③ 鲁迅：《野草·过客》，《鲁迅全集》第2卷，第197页。
④ 鲁迅：《书信·250530致许广平》，《鲁迅全集》第11卷，第493页。

选择逃禅,不仅是想借助佛理学说勘破生死①,更重要的是,佛学为遗民社会直面现实提供了强大的思想资源,正如赵园所指出的那样:"当此挫折劫难之余,所逃者已非止死地,更有虚无和绝望——佛学之为用,不可谓不大。"②遗民的存身姿态及其对生死的豁然态度,无疑加深了鲁迅对于佛学的理解与吸收。

第三,对"民元"的追忆与书写。从外部环境来讲,鲁迅虽然身处业已走出中世纪轮回之后的民国,但是"五代式的民国"③的阴影一直笼罩在鲁迅等人心头。换言之,民初鲁迅由于传统(中世纪史学)的影响,事实上导致其对于当代史的认识一直未能进入现代的视域,因此,清末民初政权不稳定的现状让他误生出一种类似于传统鼎革的易代之感(即袁一丹所谓的"易代同时"),这也是逻辑上的必然。所以,民元/辛亥成为鲁迅后来回顾与反思这段历史的一个极为重要的时间节点,不仅多篇小说以此为背景展开,《阿Q正传》更是集中笔墨书写了辛亥革命,阿Q革命因此成为辛亥革命的某种缩影。更重要的是,以"民元"为代表的民国,已经成为鲁迅心目中一段辉煌的足以成为范式记忆的历史,所以很多时候,他会下意识地以回到"民元"的方式来抒发对于现实的诸多不满。其中最经典的一段话无疑是他在给许广平信中所说的:"说起民元的事来,那时确是光明得多,当时我也在南京教育部,觉得中国将来很有希望。自然,那时恶劣分子固然也有的,然而他总失败。"④以民元之光明来映照现实民国之黑暗,其旨趣异常明显,鲁迅甚至慨叹无人来写一部民元革命的历史,"拿最近的事情来说,如中日战争,拳匪事件,民元革命这些大事件,一直到现在,我们可有一部像样的著作?"⑤可以看出,鲁迅一直在试图通过对"民元""革命"两个维度的追溯来表达对于现实政治的不满,换言之,在鲁迅等人心目中,"民元"和"革命"从两个角度同时界定了他们对于"民国"的理解。因此,在20世纪20年代中期,随着"三一八"惨案、女师大风潮等事件的相继爆发以及文化复古思潮、文化专制主义

---

① 譬如方以智曰:"世有白刃可蹈,而富贵贫贱见不破者;有富贵贫贱可破,而爱憎不破者,此非真知生死之故也。'故'也者,生本不生、死本不死之'故'也。知其故,有何生死,有何富贵贫贱,有何爱憎乎?"引自赵园:《明清之际士大夫研究》,北京大学出版社2014年版,第43页。
② 赵园:《明清之际士大夫研究》,北京大学出版社2014年版,第250页。
③ 罗志田:《五代式的民国:一个忧国知识分子对北伐前数年政治格局的即时观察》,《近代史研究》1999年第4期。
④ 鲁迅:《书信·250331致许广平》,《鲁迅全集》第11卷,第469—470页。
⑤ 鲁迅:《三闲集·无声的中国》,《鲁迅全集》第4卷,第12页。

的流行,面对这样的政治—文化环境,鲁迅通过否定民国的形式发出了对于现实政治的强烈批判:

> 我觉得仿佛久没有所谓中华民国。
> 我觉得革命以前,我是做奴隶;革命以后不多久,就受了奴隶的骗,变成他们的奴隶了。
> 我觉得有许多民国国民而是民国的敌人。
> 我觉得有许多民国国民很像住在德法等国里的犹太人,他们的意中别有一个国度。
> 我觉得许多烈士的血都被人们踏灭了,然而又不是故意的。
> 我觉得什么都要从新做过。
> 退一万步说罢,我希望有人好好地做一部民国的建国史给少年看,因为我觉得民国的来源,实在已经失传了,虽然还只有十四年!①

对于"中华民国"的否定,表明鲁迅已经将之看作一种过去时的存在,这种判断跟历代遗民口中的所谓"胜朝"存在诸多相似,唯一不同的是,历代遗民所追怀的那个所谓"胜朝"确实已经一去不复返,从时间维度上来讲已无恢复之可能。吊诡的是,鲁迅身处民国却在慨叹民国,这种看似悖论的逻辑恰恰凸显出一个事实,即在鲁迅心目中存有两个民国,一个是辛亥前后自己参与创建的民国,另一个是当下现实生活中的民国。当鲁迅在慨叹"仿佛久没有所谓中华民国"的时候,事实上也就表明对鲁迅来讲,那个曾经寄予厚望的民国已经不复存在,现在的民国事实上已经是另一个时代。所以,两个互相驳难的民国形象的出现,加上政权的更替,无疑给了身处其间的鲁迅一种易代之感。

更重要的是,这种易代之感带给鲁迅的不仅是对于已成历史的辛亥前后那个民国的追怀,而且还隐含着对于参与过这段历史的自我的否定。这种因政权更替而引发的自我否定的心态与历代遗民的心理十分相像,因为对他们来说,自我价值的实现往往是跟自己认可的政权联系在一起的,如果那个政权不复存在,那么,不仅实现个人价值的原有渠道不再顺畅,还会因此涌起一股强烈的负罪感。这种负罪感加上无法实现抱负的挫折感,会明显加重主体对于自我的否定,这种否定的最高阶段就是对现世生命的毫不顾惜甚至努力求一死,正如明遗民郭都贤所言,"国难几回惭后死"(《被命五

---

① 鲁迅:《华盖集·忽然想到(三)》,《鲁迅全集》第3卷,第16—17页。

首》其一)①。可以说,这种对于死亡的态度也是鲁迅生命中的常态,这在《两地书》中有着很好的体现:"我忽而爱人,忽而憎人;做事的时候,有时确为别人,有时却为自己玩玩,有时则竟因为希望生命从速消磨,所以故意拼命的做。"②我以为这种求死心态正是源于鲁迅蛰居"S会馆"那段时间,而这种拟遗民的心境又反过来加深了鲁迅对历代遗民尤其是宋明遗民的认可,所以才会发现民初鲁迅所从事的一些传统学术活动中留有浓重的遗民影子。

---

① 张兵:《清初遗民诗人的心态》,《光明日报》2018年1月15日。
② 鲁迅:《两地书·二十四》,《鲁迅全集》第11卷,第81页。

第五章 "过客"意识与鲁迅的中年心境

本章主要从"过客"意识切入,分析1925年前后鲁迅的生存状态、精神世界及其思想情感的变化。"过客"意识不仅是切入点,同时也是理解这一时期鲁迅心境走向的中心视点。只有准确理解"过客"意识,才能进一步解析中年鲁迅心灵世界的诸多面向,因此,有必要首先考察一下"过客"意识的生成逻辑及其具体意涵。

第一节 "过客"意识的提出及其生成逻辑

在笔者看来,对于"过客"意识的阐释,逻辑上至少包括以下三个层次。其一,"过客"意识与《过客》主题之间的关系,即"过客"意识是否能跟研究者从《过客》中提炼出的"反抗绝望"主题直接画上等号?如果不能,那么二者究竟是什么关系?其二,对鲁迅而言,"过客"意识究竟意味着什么,他是从什么角度去理解"过客"意识的?作为研究者,我们又能从哪些维度去发掘"过客"意识与鲁迅生命体验及思想走向之间的关系?其三,"过客"意识的具体生成逻辑,鲁迅曾对朋友讲过,有关《过客》的创作他"在脑筋中酝酿了将近十年"[①],鲁迅这一说法是否准确,又是否能从他此前的创作文本中探寻出些许蛛丝马迹?

一、"过客"意识的提出与辨析

《过客》因其形式的特别和思想的深刻,成为《野草》中研究者关注最多、解读最为充分的文本之一,并逐渐凝练出"反抗绝望"的思想主题。其实,从"反抗绝望"的角度去理解《过客》未尝不可,因为"反抗绝望"这一说法正是

[①] 荆有麟:《鲁迅回忆断片》,许钦文、孙伏园等:《鲁迅先生二三事:前期弟子忆鲁迅》,河北教育出版社2000年版,第222页。

鲁迅自己提出的,他在《过客》发表一个月后写给赵其文的信中明确表示过这一点：

> 《过客》的意思不过如来信所说那样,即是虽然明知前路是坟而偏要走,就是反抗绝望,因为我以为绝望而反抗者难,比因希望而战斗者更勇猛,更悲壮。①

此前鲁迅在给许广平的信中也讲过同样意思的话："我的作品,太黑暗了,因为我只觉得'黑暗与虚无'乃是'实有',却偏要向这些作绝望的抗战,所以很多着偏激的声音。"②虽然"绝望的抗战"并不完全等同于"反抗绝望",但是二者确实存在着一致的地方,"反抗绝望""绝望的抗战"正是鲁迅对于《过客》主旨的自觉认知。甚至可以说,"反抗绝望"是鲁迅赋予《过客》乃至同时期文学创作的一个总体基调,它标示着鲁迅内心正在发生的某种挣扎和调整。正如他后来所表白的那样：

> 我自己,是什么也不怕的,生命是我自己的东西,所以我不妨大步走去,向着我自以为可以走去的路；即使前面是深渊,荆棘,狭谷,火坑,都由我自己负责。③

这个"大步走去"的鲁迅形象不是十分酷似过客吗？因此,"反抗绝望"的确是鲁迅试图通过《过客》展现的一个思想主题。新时期以来,在相对开放的学术语境下,研究者开始逐步剥离当年瞿秋白、毛泽东等人定位过的鲁迅形象,转而借鉴尼采、施蒂纳、弗洛伊德为代表的非理性主义思潮,试图以此来勘探鲁迅更为复杂更为深沉的文学创作和思想趋向。在此背景下,《过客》因其"反抗绝望"的主题与西方存在主义哲学的相契而再度进入研究者视野,汪晖、王乾坤等人相继阐释了"反抗绝望"对于鲁迅乃至现代中国文学和文化的深远意义④,所以说《过客》表现了鲁迅"反抗绝望"的生命哲学,几乎已成学界共识。

但是,如果我们回到具体文本,则会发现《过客》的主题其实要复杂得

---

① 鲁迅：《书信·250411致赵其文》,《鲁迅全集》第11卷,第477—478页。
② 鲁迅：《书信·250318致许广平》,《鲁迅全集》第11卷,第466—467页。
③ 鲁迅：《华盖集·北京通信》,《鲁迅全集》第3卷,第54页。
④ 参见汪晖：《反抗绝望——鲁迅及其文学世界》,河北教育出版社2000年版；王乾坤《鲁迅的生命哲学》,人民文学出版社1999年版。

多,不是只有"反抗绝望"一点,其间还涉及"在路上"的漂泊感、中年危机、自我与他人、生死、精神信仰乃至生存意义等思想主题,这些丰富的内容并非都能放置在"反抗绝望"的题旨下来理解。换言之,"过客"意识所涵盖的不仅是空间维度上由过客不断行走所彰显的对于当下处境的不满与抗争,同时还涉及时间维度上的过去与未来,因为从过客的表述中,我们明显可以感受到"过去"在过客的思想情感乃至自我认知上产生的重要影响。"回到那里去,就没一处没有名目,没一处没有地主,没一处没有驱逐和牢笼,没一处没有皮面的笑容,没一处没有眶外的眼泪。我憎恶他们,我不回转去!"①这段话明显表现出过客跟过往的紧张关系。当然,《过客》还涉及主体间性的关系、生存论意义上的生死关系,等等。

由此可见,《过客》的主题十分繁复,不是一句"反抗绝望"所能完全涵盖的。毋宁说,"反抗绝望"是过客坚定走下去这一实践行为所呈现的最终效果,而过客在此过程中更为丰富的心理活动在"反抗绝望"的主题中则语焉不详。在我看来,《过客》至少包含如下几层意思,即过客到底绝望于什么,他又是如何反抗的,反抗的精神动力何在,这些问题在"反抗绝望"的主旨中均未能言明。因此,"过客"意识有着较之"反抗绝望"更加丰富、更成体系的思想内涵,如果仅从"反抗绝望"去解读《过客》进而去解析这一时期鲁迅的精神世界,其实窄化了我们对于鲁迅思想形态复杂性的理解。所以,提出"过客"意识,辨析其内涵进而从纵向上追溯这一思想的生成,对于理解"中期鲁迅"来说十分必要。

自1924年12月创作《野草》起,鲁迅就在有意识地清理自己的思想,希望以此来打破不堪忍受的寂寞,于是在一个静谧的夜晚,他写下了堪称整部《野草》之"序"的《秋夜》。②他借着那"直刺着奇怪而高的天空"的光秃秃的树干给自己鼓舞,但与此同时,他又看到了"粉红花"的梦和"瘦的诗人"的泪。其实,这些意象均可看作鲁迅彼时真实心境的告白,"眼泪"代表着他对于现实处境的不满,是其感伤情绪的流露,"瘦的诗人"则可联系他早年写给周作人的那些旧体诗来理解,那些旧体诗中的确凸显出一个忧郁、不满,混杂着希望和焦灼的年轻诗人的形象。而"梦"则意味着对于现状的一种超越,它更为真实地流露出鲁迅作为平常人拥有的所有情绪,就像他临终前一再提及"死"一样,唯有顾及"梦"和"死"的鲁迅才是真实的鲁迅。但鲁迅之所以是鲁迅,更在于他敢于解剖自己,反省自己,甚至嘲弄自己。于是在《秋

---

① 鲁迅:《野草·过客》,《鲁迅全集》第2卷,第196页。
② 汪卫东:《〈秋夜〉:〈野草〉的"序"》,《中国文学研究》2006年第4期。

夜》结尾,他一扫小粉红花的梦和诗人的眼泪留下的阴影,代之以葵花籽大小的青虫飞向灯罩的意象。这一画面足以让人想起行走在通向坟茔的小路上的过客,因此,《过客》明显可以看作《秋夜》中"青虫扑火"这一意象的逻辑延伸,而结果则是《这样的战士》中的义无反顾举起投枪的"这样的战士"。从这个意义上来说,创作《野草》是鲁迅有意识地试图打破寂静、冲破绝望的一次尝试。因此,"反抗绝望"的主题具有一定的合理性,但对鲁迅而言,更重要的还是通过自我对话寻找一个继续生存下去的理由和动力,借此度过人生的"第二次绝望"。①如果说"反抗绝望"表现了《野草》题旨中"破"的一面,那么寻找自我则是相应的"立"的一面,二者共同构成了《野草》的创作初衷,完整勾勒出鲁迅中年心境的全幅图景。

值得进一步指出的是,"过客"意识跟鲁迅同期提出的另一个概念"中间物"颇为近似。因为过客总是给人一种"在路上"的印象,这跟"中间物"所蕴含的过渡状态确有几分相像,但它们提出的语境迥然不同,寄寓的含义也相去甚远,我们在看到二者联系的同时更应明晰它们之间的区别。

相对于"中间物""标示的不仅是鲁迅个人所处的历史位置,而且是一种深刻的自我意识,一种把握世界的具体感受世界观"②而言,"过客"意识更多的是鲁迅对于自身所处环境的一种清醒而略带悲壮的认识,它更多的是对于自我的一种历史定位,试图解决的是自身与自身的关系。而"中间物"思想的形成,虽有论者指出其背后有着中国传统思想文化的影响,但更明显的思想资源还是生物进化论,正如汪晖所指出的那样:"这一概念(按:指中间物)的前提是对进化或进步的信念以及反传统的价值取向。"③它所试图处理的则是自身与外界的关系,即怎样看待必将逝去的个体生命在大自然、在永恒的"道"面前的短暂处境,"一种生命的欠然",怎样破解或者说超越此岸的有限性,而上达为一种无限的饱满的甚至"圆融"的生命境界。正是在此意义上,王乾坤说:"鲁迅的反抗绝望与释迦摩尼、耶稣的解脱和超越看起来是如此的不同,其实只隔了一张纸。他们(当然还包括孔子、老子亦可如是观)都是在'圣人'级的层次上,破解着同一题目:中间物。"④所以,"中间物"这一概念虽是鲁迅在论及白话文改革的语境中提出的,但其意涵却十分深刻,完全可以看作"是鲁迅自觉地在中国文化大格局中置入的一个'楔子'",

---

① 参见汪卫东:《鲁迅的又一个"原点"——1923年的鲁迅》,《文学评论》2005年第1期。
②③ 汪晖:《〈无地彷徨〉自序》,《鲁迅研究月刊》1992年第10期。
④ 王乾坤:《绝望:反抗与消解》,《读书》1995年第10期。

其根本目的则是希望"通过置入新概念来完成中国文化的现代振拔"。①由此可见,"中间物"思想相对于"过客"意识而言,具有更加充分的理论建构。但是,考虑到鲁迅的个性及其执着于"现在的地上"②的追求来看,上述论者的观点尽管很有吸引力,但我依然觉得,"彷徨—野草"时期的鲁迅所着力的并非是去构建"中间物"这个对中国传统文化颇具革命性的概念,他更多的注意力显然放在了怎样调整自身与自身的关系,以便走出人生的"第二次绝望"。就此而言,我觉得"过客"意识相比于"中间物"思想更能展现这一时期鲁迅挣扎自救的复杂心境。

此外,两者的不同还体现在思维方式上。"中间物"思想产生的基础是进化论,因此它所注目的是将来,准确地说,是通过对于种种现状(现在)的否定性批判而趋向未来。而"过客"意识虽含有"反抗绝望"的意思,但更多的却是对于生存现状的一种关注,它试图通过当下的实践活动来超越过去,进而寻求生命的存在价值。从本质上来说,它是一种"现在主义"式的命题,它所否定的不仅是"过往",甚至包括所谓的将来的"黄金世界"③。通过对两个概念的仔细辨析,我们还能从中看出鲁迅的不同心境。"中间物"思想中,因进化链上"前面"的吸引而产生的精神动力,在不断强化着鲁迅对于未来的信心,所以,透过"中间物",我们可以看出鲁迅虽然对当时白话文改革中出现的新作者不满,但他的整个心境还是充满着希望的:"当开首改革文章的时候,有几个不三不四的作者,是当然的,只能这样,也需要这样。"④但"过客"意识提出的语境完全不同,"过客"不仅背负着沉重的历史包袱,而且正走在通向死亡(坟)的小路上,在时间的三维结构中,他既不能回到过去,似

---

① 王乾坤:《从"中间物"说到新儒家》,《鲁迅研究月刊》1995年第11期。
② 鲁迅:《华盖集·杂感》,《鲁迅全集》第3卷,第52页。
③ "黄金世界"这一概念是鲁迅从阿尔志跋绥夫小说中借用的。1924—1925年间,鲁迅在不同文体中多次谈及"黄金世界"。比如"有我所不乐意的在你们将来的黄金世界里,我不愿去"。(鲁迅:《野草·影的告别》,《鲁迅全集》第2卷,第169页。)"我疑心将来的黄金世界里,也会有将叛徒处死刑,而大家尚以为是黄金世界的事。"(鲁迅:《书信·250318致许广平》,《鲁迅全集》第11卷,第466页。)又说:"三年前,我遇见神经过敏的俄国的E君,有一天他忽然发愁道,不知道将来的科学家,是否不至于发明一种奇妙的药品,将这注射在谁的身上,则这人即甘心永远去做服役和战争的机器了?……殊不知我国的圣君,贤臣,圣贤,圣贤之徒,却早已有过这一种黄金世界的理想了。"(鲁迅:《坟·春末闲谈》,《鲁迅全集》第1卷,第215页。)可见,鲁迅对"黄金世界"大抵持批判态度,鲁迅对"黄金世界"的否定,跟他这一时期的思想倾向紧密相关,过客不相信老翁和小女孩对于未来的讲述,其实正是这一思想的体现。
④ 鲁迅:《坟·写在〈坟〉后面》,《鲁迅全集》第1卷,第302页。

乎也无法"走向未来",他唯一能够把握的只有现在。过客执着于现在的举动,某种意义上彰显出鲁迅当时极其严峻的精神困境。

二、"过客"意识的生成逻辑

鲁迅在1925年3月创作出过客这个人物形象,并在其中寄寓了这一时期的诸多思考,使得"过客"意识成为我们解读"中期鲁迅"绕不过去的一个重要概念。应该说,鲁迅此时创作出过客形象并不突兀,从内外两个角度看,"过客"意识的生成均有其逻辑上的必然。

在笔者看来,对于《过客》的理解离不开两个彼此相关的背景:其一,五四落潮后"同一战阵中的伙伴"[①]的分化、1923年7月跟周作人关系的破裂以及随之而来的病痛折磨。上述一系列事件的相继发生,不可能不引起鲁迅对于自我的过往乃至已成往事的五四进行反思。随着五四的落潮,新的苦闷、新的焦虑不断向他袭来,伴随着兄弟关系破裂带来的疼痛,正是在这种内外交困的情形下,鲁迅开始了有意识的自我反省。《祝福》是他经历了1923年短暂的沉默之后写出的第一篇作品,正如伊藤虎丸将《狂人日记》看作十年沉默期鲁迅思想的间接流露一样[②],我们同样可以将《祝福》看作鲁迅这一年多时间里沉思默想的心灵记录。说到《祝福》,人们自然会想起祥林嫂,进而联想到"礼教吃人"的思想主题[③],但这并非本书所关注的。实际上,这篇小说讲述了两个故事,一个是祥林嫂的故事,另一个则是叙述者"我"的故事。关于祥林嫂的故事部分,学界已经形成了"礼教吃人"的定论,这可以看作鲁迅试图处理的自我与传统的关系。至于"我"的故事部分历来被研究者所忽视,实际上这里存在着一条明朗的线索,即离去——归来——再离去,这条看似简单的线索不仅串联起来小说的主体结构,而且在不经意间泄露出鲁迅逃离故乡的冲动。相对于《故乡》而言,这里的叙述者逃离故乡的态度更为明显也更加决绝,表面上,他是害怕祥林嫂鬼魂的纠缠,不愿看到鲁四老爷那样传统文人的丑行,在我看来,更重要的是,此时鲁迅依然没有敢于直面自我,他用一个轻描淡写的逃离结束了小说,实际上却在无形中再度恶化了自我跟故乡的关系。所以,到过客这里,逃离故乡的冲动便凝聚成了"我不回转去"的决绝姿态。因此,可以说《祝福》是鲁迅在人生"第二次绝望"之

---

① 鲁迅:《南腔北调集·〈自选集〉自序》,《鲁迅全集》第4卷,第469页。
② 参见[日]伊藤虎丸:《〈狂人日记〉——"狂人"康复的记录》,乐黛云编:《国外鲁迅研究论集(1960—1980)》,北京大学出版社1981年版,第472—496页。
③ 高远东:《〈祝福〉:儒道释"吃人"的寓言》,《现代如何"拿来":鲁迅的思想与文学论集》,复旦大学出版社2009年版,第175—185页。

下,主动梳理过往、反思自我的开始,同时也强化了其漂泊无据的游子身份的自我认同。这在某种意义上已经触及"过客"意识,尽管这一思想的成熟还有待于《野草》时期的到来。

其二,《野草》以及整个"彷徨"期鲁迅业已形成的写作逻辑与思想主题。《过客》创作于1925年3月,距离《秋夜》的写作已经四个多月,而距离《祝福》的写作时间则更久,但这些文本却构成了我们解读《过客》的逻辑前提。事实上,鲁迅此前写作的文字业已形成了相对稳定的主题,其中最重要的就是如何面对过去、如何直面自我的有限性以及以何种方式继续走下去的自我反思。创作《过客》时,这些悬而未决的问题便自然汇聚到这里。反过来也可以说,要准确理解鲁迅在过客这一形象上所寄予的情感经验与思想认知,就不能拘泥于《过客》文本,而应从"长时段"视角来厘清鲁迅的思想轨迹,唯其如此,方能真正把握《过客》主旨。其实,王瑶先生在20世纪60年代初写下的有关《野草》的文字就是这样来定位《过客》之于鲁迅的意义的:

> 《过客》一篇是最能说明鲁迅先生这时期的感受、矛盾和不断追求的态度的。"过客"这一形象的本身就在很大程度上体现了作者自己当时的感受和情绪。[1]

窃以为,王瑶先生对于《过客》的解读较为契合鲁迅当时的现实处境与真实心境。20世纪80年代以来,孙玉石、张洁宇等人不约而同地将过客看作鲁迅的某种自我表现("鲁迅的自喻""自画像"[2]),丸尾常喜也将其看作"彷徨"期鲁迅思想形态的某种反映[3]。众多研究者在解读《过客》时均注意到这篇文字与鲁迅当时的思想趋向及真实心境之间的紧密联系,换言之,他们不约而同地将《过客》看作鲁迅这时期心绪的一个出口,所以,理解《过客》离不开1925年前后鲁迅的现实处境与思想状况以及《野草》本身已经形成的某种逻辑前提。[4]从这个角度看,无论是作为作者的"自我画像",还是"彷

---

[1] 陈平原编:《王瑶文论选》,人民文学出版社2009年版,第141页。
[2] "鲁迅把自己作为一个启蒙的先驱者的生命体验和反抗绝望的悲剧性的姿态,都凝聚在这一形象中了。在这个意义上讲,我们可以把过客看做是'鲁迅的自喻'或'自我画像'。"(孙玉石:《现实的与哲学的——鲁迅〈野草〉重释》,上海书店2001年版,第149页。)
[3] "过客,是作为鲁迅自身的'彷徨'象征性的具象人物而设定的。"([日]丸尾常喜:《耻辱与恢复——〈呐喊〉与〈野草〉》,秦弓、孙丽华译,北京大学出版社2009年版,第237页。)
[4] 参见木山英雄:《〈野草〉主体构建的逻辑及其方法——鲁迅的诗与哲学的时代》,《文学复古与文学革命:木山英雄中国现代文学思想论集》,赵京华编译,北京大学出版社2004年版。

徨"期鲁迅的某种心声流露,鲁迅在《过客》中寄予的思想内涵均异常复杂,换言之,"反抗绝望"并非这一时期鲁迅精神世界的唯一趋向。①

接下来的问题便是:"过客"意识涉及的诸多维度是如何形成的?进言之,鲁迅对于"过客"意识的理解经历了怎样的酝酿、发酵过程,又是什么事件最终促使鲁迅将所有思考凝结成过客这一形象?

从文本所呈现的内容看,"过客"意识事实上包含如下几个层次,即过客的生存状态、生存策略、精神动力及生存意义,分别对应着《过客》文本的几个层次,即漂泊—寻路的生存境遇、走下去的实践活动、"前面的声音"的召唤和"绝望的抗战"的思想主旨。

先来看漂泊—寻路主题,结合鲁迅的创作明显可以看出,鲁迅对该主题的阐发并非直到《过客》才出现,在其小说创作中早已出现过此类主题,此处不赘。尤其值得注意的是《在酒楼上》中有关"客子"的一段论述:

> 我转脸向了板桌,排好器具,斟出酒来。觉得北方固不是我的旧乡,但南来又只能算一个客子,无论那边的干雪怎样纷飞,这里的柔雪又怎样的依恋,于我都没有什么关系了。②

这个"客子"的形象无疑彰显出现代知识分子"在而不属于"南北双方的尴尬的自我定位,客子的漂泊状态某种意义上已经昭示了过客形象的出现,"从我还能记得的时候起,我就在这么走,要走到一个地方去,这地方就在前面。我单记得走了许多路,现在来到这里了。我接着就要走向那边去,(西指,)前面!"从这句话中明显可以感受到过客永世漂泊的宿命。当然,漂泊主题在鲁迅创作中还有很多③,若更深一层去看,不停漂泊的过客形象表现的恰恰是一种寻路的主题,这一点从文本中过客向老人、小女孩追问前面是什么即可看出。前面不仅充满诱惑,更充满不确定,所以过客某种意义上更是一个寻路者的形象。而"寻路"正是鲁迅这个时期最重要的话题之一。

---

① 孙玉石甚至提出:"完全用存在主义的哲学,来诠释《过客》乃至整个的《野草》,是不客观的。鲁迅在作品中表明,'自我战胜自我'的力量的来源,不是一种'反抗绝望'的'自我生命存在'的虚无的思想力量,相反,倒是对于生命奋斗的未来的一种坚定的承担,或者说,更主要的还是一个启蒙者所承担的对于改造社会的使命感。"参见孙玉石:《现实的与哲学的:鲁迅〈野草〉重释》,上海书店出版社2001年版,第146页。
② 鲁迅:《彷徨·在酒楼上》,《鲁迅全集》第2卷,第25页。
③ 参见谭桂林:《记忆的诗学:鲁迅文学中的母题书写》第三章"漂泊:'那前面的声音叫我走'",人民出版社2019年版,第124—147页。

1919年以来,随着"问题与主义"之争的推进,加上"青年必读书事件"、女师大风潮,明显感受到新文化运动的中坚力量在不断分化,正如鲁迅后来所说:"后来《新青年》的团体散掉了,有的高升,有的退隐,有的前进,我又经验了一回同一战阵中的伙伴还是会这么变化。"①从鲁迅这段话明显能够读出他因《新青年》分裂、五四落潮引发的苦闷。这种苦闷在他跟许广平通信中也多次提及,当许广平向鲁迅袒露不知如何应对校内外复杂环境进而向其寻求帮助时,鲁迅的回答却是:

> 假使我真有指导青年的本领——无论指导得错不错——我决不藏匿起来,但可惜我连自己也没有指南针,到现在还是乱闯。倘若闯入深渊,自己有自己负责,领着别人又怎么好呢?②

一个多月后,鲁迅在给吕蕴儒、向培良的信中再次表达了这个意思:"倘使我有这力量,我自然极愿意有所贡献于河南的青年。但不幸我竟力不从心,因为我自己也正站在歧路上,——或者,说得较有希望些:站在十字路口。"③无路可走正是鲁迅这一时期留给后人的鲜明印象,从这角度而言,漂泊—寻路的过客形象恰是五四落潮,尤其是1923年以来鲁迅真实心境的间接表露。因此,我们可以说,过客是鲁迅基于其现实生存体验而创作的一个艺术形象。

至于过客的生存策略"走下去",同样是鲁迅在现实境遇中真实心态的反映。写完《过客》十天后,鲁迅在给许广平的信中借着探讨"走'人生'的长途"的话题,发出了几乎类似的议论:

> 走"人生"的长途,最易遇到的有两大难关。其一是"歧路",倘是墨翟先生,相传是恸哭而返的。但我不哭也不返,先在歧路头坐下,歇一会,或者睡一觉,于是选一条似乎可走的路再走……其二便是"穷途"了,听说阮籍先生也大哭而回,我却也像在歧路上的办法一样,还是跨进去,在刺丛里姑且走走。④

鲁迅在批判墨翟、阮籍面临"歧路"和"穷途"或是"恸哭而返"或是"大哭

---

① 鲁迅:《南腔北调集·〈自选集〉自序》,《鲁迅全集》第4卷,第469页。
② 鲁迅:《两地书·二》,《鲁迅全集》第11卷,第15页。
③ 鲁迅:《华盖集·北京通信》,《鲁迅全集》第3卷,第54页。
④ 鲁迅:《两地书·二》,《鲁迅全集》第11卷,第15—16页。

而回"的同时,明确提出"选一条似乎可走的路再走""姑且走走"的生存策略,可见"走下去"的确是鲁迅在面对困难时绝不妥协的选择。在同年5月一篇题为《导师》的文章中,鲁迅也说过差不多意思的话:"青年又何须寻那挂着金字招牌的导师呢?不如寻朋友,联合起来,同向着似乎可以生存的方向走。你们所多的是生力,遇见深林,可以辟成平地的,遇见旷野,可以栽种树木的,遇见沙漠,可以开掘井泉的。问什么荆棘塞途的老路,寻什么乌烟瘴气的鸟导师!"[1]我们不仅在鲁迅同时期的其他文本中能够看到许多坚定走下去的艺术形象,而且这些形象彰显的思想倾向也十分接近。此外,从《野草》的内部逻辑来看,也能理出同样的演进线索,从《影的告别》中影决绝的告别到《过客》中永不停歇走下去的过客,再到《这样的战士》中毅然举起投枪的战士,这些不同语境中的艺术形象无不展示出一种行动的力量。从这个逻辑看,无视老人和小女孩的劝告而义无反顾走下去的过客形象,就不会显得那么突兀,某种意义上,过客的行为可以看作鲁迅坚决走下去这一思想的集中展现。

应该说,过客之所以决定走下去,是经过深思熟虑的。一方面,他对过去十分不满,因为那里"没一处没有名目,没一处没有地主,没一处没有驱逐和牢笼,没一处没有皮面的笑容,没一处没有眶外的眼泪。我憎恶他们,我不回转去!"另一方面,他又对前面充满好奇,对未来充满了向往,希望在"走完了那坟地之后"能够发现不同于老翁和小女孩所说的东西。换言之,过客的行走是有其思想性内核作为支撑的,无论是憎恶还是好奇其实都是一种表象,最根本的还是"前面的声音"的呼唤,于是不可避免涉及对"前面的声音"的理解。在王乾坤看来,"前面的声音"是类似于"良知"的一种逻辑表述:"把'前面的声音'理解为'我'的声音,这是在主体一元论的前提下寻思答案,因为与中国古代'反身而诚'的良知论有着相同的路径。"[2]王先生据此提出:"《过客》即是这样一种通过本己'能在'的召唤,在'沉沦'和'人们'状态中自我拯救和提升的寓言。"[3]

但在我看来,所谓"前面的声音"其实是主体绝望于过往而又不满现状的某种意向性的拟人化表达,具体说包含两点意思:一,"前面的声音"并非来自于外部的某种因素,而是主体意向性的表露,准确地说,在过客的主体意识中,自我已经分化为既有的自我和可能的自我两个维度,"前面的声音"

---

[1] 鲁迅:《华盖集·导师》,《鲁迅全集》第3卷,第59页。
[2] 王乾坤:《鲁迅的生命哲学》,人民文学出版社1999年版,第148页。
[3] 同上书,第152页。

是可能的自我对于既有的自我的一种召唤;二,"前面的声音"还涉及时间的三维关系,在过去、当下和将来三者中,将来无疑最具可能性,但侧重将来并非因为所谓希望,鲁迅深知"所谓'希望将来',不过是自慰——或者简直是自欺——之法"①,而是生命之流的本然趋向。对于过客而言,"走下去"是让其生命获得完全绽放的必然抉择。这一行为的精神动力并不在于对"希望"的希望,因为鲁迅早已明确"绝望之为虚妄,正与希望相同"②。孙玉石将"前面的声音"解读为"一个启蒙者所承担的对于改造社会的使命感"。③看似不无道理,事实上,这种解读不仅跟鲁迅写作《野草》时的精神状态相去甚远,而且跟所谓的"听将令"并无实质性的区别,依然是从过客/鲁迅精神世界之外去寻找精神支撑的。我以为这不是对"前面的声音"最恰当的理解,也许我们终究难以对"前面的声音"作出一个圆满的解释,但至少可以结合鲁迅这一时期的创作来尝试理解。

之所以说"前面的声音"来自于主体内部,是因为鲁迅一方面拒绝了对于所有外在律令的遵循,这一点在《影的告别》中表现得十分明显,"影"拒绝了"天堂""地狱""黄金世界"等冠以各种命名的外在世界;另一方面,更重要的是,自《祝福》开始,鲁迅作品中的主人公和叙述者开始了无尽的追问,比如《祝福》中祥林嫂向叙述者"我"追问地狱是否存在、灵魂究竟有无,《伤逝》中涓生带着深深的忏悔探寻爱情失败的原因,影为何告别一切而徘徊于无地,以及那个"欲知本味"而"抉心自食"的死尸……这一组密集的发问正是写作者鲁迅真实心境的袒露,是其向自我内面世界的一次深层叩问。

是的,这一时期鲁迅对自己产生了前所未有的怀疑,他将自己的第二部小说集命名为《彷徨》,含义十分明显,这个阶段鲁迅的创作呈现出两个十分鲜明的特点。其一,就是对于自我心灵世界的不断逼视、不断拷问,《野草》自不必说,其直击自我心灵的内倾性已经得到学界公认,《在酒楼上》《孤独者》《伤逝》等所谓"自剖小说"④同样带有这一倾向。当然,还有从1925年3月开始的跟许广平的通信,其中剖析自我精神世界的文字也不在少数。鲁迅不仅借此提出了所谓"人道主义"与"个人的无治主义"的两种思想的消长起伏⑤,还向世人展现了无聊、苦闷乃至阴暗等种种心绪。其二,在不断打开心扉的同时,他也遭遇到新的问题,即对于自我的不确信,不知道应该向哪

---

① 鲁迅:《两地书·六》,《鲁迅全集》第11卷,第26页。
② 鲁迅:《野草·希望》,《鲁迅全集》第2卷,第182页。
③ 孙玉石:《现实的与哲学的:鲁迅〈野草〉重释》,上海书店出版社2001年版,第146页。
④ 参见王晓明编选:《鲁迅自剖小说》,"序",上海文艺出版社1994年版。
⑤ 鲁迅:《书信·250530致许广平》,《鲁迅全集》第11卷,第493页。

里走。所以,这个时期鲁迅笔下出现了大量回忆自我在清末民初革命思潮中相关见闻的文字,重点书写了参加过清末革命的许多先烈,孙中山、徐锡麟、秋瑾、陶成章、王金发、邹容乃至不大为人瞩目的"谋刺良弼和袁世凯而死的四烈士"[①]、"革命之前"的"第一个牺牲者"史坚如[②]等革命者相继出现在鲁迅笔下。对自我心灵的探寻和对晚清革命志士的缅怀看似没有什么关系,其实,它们之间是有着强烈的逻辑关联的。某种意义上,对于革命志士的书写,正是鲁迅在给处于彷徨中的自己寻找方向,当然,此时鲁迅向他们寻求的已经不仅是有关革命的价值理想,更有存在论意义上的生死问题。这个问题在《过客》中同样得到体现,文中的"坟"意象就是如此,过客选择走向坟,的确是一种向死而生的行为。只是此时的鲁迅已经完成了对于死亡的穿越,他更关注向死而生的"生",这一点鲁迅在《写在〈坟〉后面》一文中有着更清晰的表述:

> 我只很确切地知道一个终点,就是:坟。然而这是大家都知道的,无须谁指引。问题是在从此到那的道路。那当然不只一条,我可正不知那一条好,虽然至今有时也还在寻求。[③]

这篇文字是从后视角度向前的一种追溯,其心态自然平静很多,但是写作《过客》以及整部《野草》时,鲁迅心中的疑惑并没有解除,他正处在自我探寻的旋涡中,所以《野草》才会显得那么曲折、缠绕。《过客》比之于此前的文字,似乎坚定了不少,但困扰鲁迅的问题并没有得到彻底解决,这篇文字恰好折射出鲁迅此时的疑惑、挣扎与抉择等生存困境。当然,通过鲁迅自我内心的挣扎和调适,最终呈现出了"反抗绝望"的思想主题。鲁迅提出"反抗绝望"的语境尤其值得注意,他说:"我以为绝望而反抗者难,比因希望而战斗者更勇猛,更悲壮。"[④]换言之,鲁迅是怀着绝望的心境来写作《过客》及同时期其他文字的,但是,一方面鲁迅并非因为绝望而放弃或搁置对于未来的探索,即使《新青年》的队伍解散了,即便朝夕相处的兄弟关系破裂了,即便完全看不到不幸婚姻的结局,即使长期忍受着疾病的折磨,他仍然没有因此裹足不前;另一方面,他并没有因为绝望而去寻求一份廉价的所谓希望,因为他知道身外的东西不可能根本上改变自身的精神困境,与其将自我寄托在

---

① 鲁迅:《热风·即小见大》,《鲁迅全集》第1卷,第429页。
② 鲁迅:《两地书·十二》,《鲁迅全集》第11卷,第47页。
③ 鲁迅:《坟·写在〈坟〉后面》,《鲁迅全集》第1卷,第300页。
④ 鲁迅:《书信·250411致赵其文》,《鲁迅全集》第11卷,第477—478页。

外在的希望上,不如通过对于"绝望的抗战"来获得一份前进的动力。因此,"反抗绝望"固然是"过客"意识的题中应有之义,但它不能完全涵盖"过客"意识的恰切所指,这是需要进一步明确的,也是我们从"过客"意识解读鲁迅中年心境的逻辑前提。

第二节 "过客":鲁迅自我的对象化

1925年的鲁迅就像尼采借着查拉图斯特拉所感慨的那样:"吾行太远,孑然失其侣。"① 的确,自从1923年7月跟周作人关系破裂以来,鲁迅一直处在一种异常孤独甚至像他自己所表白的那种"失望,颓唐得很"②的情绪中。从小的方面说,个人心中异常丰富的话语再也无人倾诉,那样一种超乎寻常兄弟的手足情谊,竟然在一夜之间破裂了,怎能不让鲁迅备感凄凉呢!一个人对着栽有两株枣树的后园,望着它们"默默地铁似的直刺着奇怪而高的天空"的"一无所有的干子"③,静静地吸着纸烟。他忽然想起留日期间跟许寿裳探讨过的那三个问题:"(一)怎样才是理想的人性?(二)中国民族中最缺乏的是什么?(三)它的病根何在?"④鲁迅想笑,然而涌上心头的却是一股涩涩的像是哀怨更像凄楚的东西。他很为自己1923年以来的失望、颓唐而苦恼,可一时又找不到突破方向。祥林嫂问出的那个关于灵魂存在与否的问题,最近也常来袭扰。基于早年学医的经验,他知道世上根本不存在什么灵魂,那么地狱更是无稽之谈了,可现在他却怀疑起这个看似毋庸置疑的"科学"命题来。还有那些早年在革命口号下四处奔走因而奉献了生命的先烈,鲁迅或许还会记起,当年自己之所以没有像其他革命者一样果敢投入实际战斗的原因⑤,他也许会因此觉出一丝羞愧,然而家道败落、父亲早亡的家庭的确少不了他这样一个长子,设若没有他,又怎会有今日的周作人呢,母亲又该怎样生活。与此同时,他对现实革命认识得越清晰,越是坚信改造国民性的韧性的战斗,这是一场更持久、更艰难也更加痛苦的战斗。同样让他想不明白的还有近来常做的几个梦,有时梦到一条狗在身后追自己,想跟他谈

---

① 鲁迅:《坟·文化偏至论》,《鲁迅全集》第1卷,第50页。
② 鲁迅:《南腔北调集·〈自选集〉自序》,《鲁迅全集》第4卷,第468页。
③ 鲁迅《野草·秋夜》,《鲁迅全集》第2卷,第167页。
④ 许寿裳著,马会芹编:《挚友的怀念——许寿裳忆鲁迅》,河北教育出版社2000年版,第110页。
⑤ 参见[日]增田涉:《鲁迅印象》,鲁迅博物馆等编:《鲁迅回忆录:专著》下册,北京出版社1999年版,第1362页。

天,有时梦见自己在冰山间奔跑,遇到一团"有炎炎的形,但毫不摇动,全体冰洁,像珊瑚枝"的"死火"①,有时干脆梦见自己死在路上,但一切感觉还在。更让人惊悚的是,有一次居然梦见自己正与一块墓碣对峙着,"我"不愿看上面的文字,可它们却化作一条长蛇钻入"我"的眼:"……抉心自食,欲知本味。创痛酷烈,本味何能知?……"②

过客终于告别了老翁和小女孩,踉跄着向野地闯了进去,跟在他后面的夜色,透出一股让人不寒而栗的阴森。从记得的时候起,他就一直这么走着,不知道从什么地方来,也不知道要到哪里去,更不知道什么时候才可以停下,此生又能否等来这样的时刻。他很想弄清自己不断走下去的真正初衷,难道"从来如此,便对吗?"③过客已经不满足于充当一个听任命运摆布的常人。然而越是这样他越是无法逆转自己的命运,只能徒然增添自己的内心负荷,似乎只有不停地走下去,心里反倒轻松些。因为走下去相对于刨根究底的追问是一种聪明的"悬置",当然也是对自我极限的一种挑战。过客再次说服自己,坚定地走上了那条没有尽头的小路,可笼罩在鲁迅心头的"坟"究竟象征着什么,又有着怎样的寓意呢?鲁迅将自己的第一部杂文集命名为《坟》,并解释说:

> 我的生命的一部分,就这样用去了,也就是做了这样的工作。然而我至今终于不明白我一向是在做什么。比方做土工的罢,做着做着,而不明白是在筑台呢还在掘坑。所知道的是即使是筑台,也无非要将自己从那上面跌下来或者显示老死;倘是掘坑,那就当然不过是埋掉自己。总之:逝去,逝去,一切一切,和光阴一同早逝去,在逝去,要逝去了。④

又说:"我只很确切地知道一个终点,就是:坟。"⑤这一思想无疑是黑暗的,却是鲁迅彼时真实心境的可贵袒露:他一方面意识到肉体生命的无情,产生了一种一切都在逝去的紧迫感;另一方面他似乎又在借此抗拒着这一确切的终点,告诉自己"在进化的链子上,一切都是中间物"⑥。在鲁迅此时

---

① 鲁迅:《野草·死火》,《鲁迅全集》第2卷,第200页。
② 鲁迅:《野草·墓碣文》,《鲁迅全集》第2卷,第207页。
③ 鲁迅:《呐喊·狂人日记》,《鲁迅全集》第1卷,第451页。
④ 鲁迅:《坟·写在〈坟〉后面》,《鲁迅全集》第1卷,第299页。
⑤ 同上书,第300页。
⑥ 同上书,第302页。

的作品中,《过客》无疑是这一思想最为集中的展现。过客用自己的行动准确诠释了鲁迅当时内心的紧张、矛盾、犹疑甚至危机,同时也在不断向着生命的底层掘进,他凭借着超凡的毅力以及对于"前面"的信仰,超越了一般意义上的苦与乐、希望与绝望,也超越了常人理解的现世生命的价值。然而,在遭遇老丈和小女孩之后,他内心却失去了先前的平静和坚决。他不断质问自己,为什么一开始就在"走"? 已届中年的他感觉到一丝疲惫以及那种无言的望不到尽头的焦虑。可这些又能与谁诉说,他很想与人倾诉自己内心的苦闷,再请他给自己指一条路:是继续走下去呢,还是听信老人的劝告,"回转去"? 如果选择走下去,又该采取一种怎样的人生态度,是积极应对、从容化解前进道路上的诸多障碍,还是听任自然甚至故意糟践自我? 过客第一次感受到独自行走在苍茫天地间的孤苦与无助。

过客的这种复杂心态,正是1925年前后鲁迅真实心境的流露。不仅如此,鲁迅还须直面现实生活中的诸多难题。其一就是生计问题,许寿裳在分析鲁迅辞世的原因时,曾举出三点理由:"(一)心境的寂寞,(二)精力的剥削,(三)经济的压迫,而以这第(三)为最大的致命伤。"[1]这无疑有助于我们理解为什么在这段时间的创作中,鲁迅一再提到生计问题,尤其是在《孤独者》和《伤逝》中,生计问题一下子凸显出来,似乎成了两性之爱、个体价值最终破灭的一副催化剂。[2]在鲁迅生命最后的日子里,他之所以放弃出国疗养,同样是迫于现实生计问题,更不想因此拖累亲友。过客没有接受小女孩的布施,也是为了毫无挂碍地走下去,所以说过客的举动正是鲁迅心灵世界的间接表露。

其二则是个人情感问题,虽说早在1906年鲁迅就已与朱安成婚,但他们的婚姻却是名存实亡的。以前身边还有周作人可以交心,如今却因为羽太信子的谗言而兄弟反目了。这一方面让鲁迅对女人再次产生了一种本能的厌恶,他不止一次地提及这件事情带给他的感受,还给自己取了一个"宴之敖者"的笔名,并将它赐给了《铸剑》中的黑衣人。据许广平说,鲁迅曾对此做过解释:"宴从宀(家),从日,从女;敖从出,从放(《说文解字》作敫,游也,从出从放);我是被家里的日本女人逐出的。"[3]由此可见,鲁迅对此事一直耿耿于怀。另一方面,跟周作人的绝交,加深了他无人能语的孤寂感,虽

---

[1] 许寿裳著,马会芹编:《挚友的怀念——许寿裳忆鲁迅》,河北教育出版社2000年版,第63页。
[2] 参见安文军:《病、爱、生计及其他——〈孤独者〉与〈伤逝〉的并置阅读》,《中国现代文学研究丛刊》2008年第6期。
[3] 许广平:《许广平忆鲁迅》,广东人民出版社1979年版,第93页。

然朱安跟他生活在一起,可那是完全不同的两个世界,其间的隔阂远比自己跟周作人之间的分歧来得更大。鲁迅深知这一点,于是从八道湾搬出时,他特地跟朱安提出她的去留问题,"如果回绍兴他将按月寄钱供应她的生活"。朱安却回答说:"你搬到砖塔胡同,横竖总要人替你烧饭、缝补、洗衣、扫地的,这些事我可以做,我想和你一起搬出去……"①

鲁迅明白酿成他们婚姻悲剧的责任并不在女方,"但在女性一方面,本来也没有罪,现在是做了旧习惯的牺牲",所以非但不能责备他们,而且"也只好陪着做一世的牺牲,完结了四千年的旧账"②。可鲁迅毕竟是一个接受过先进教育的现代知识分子,他对于自由、个性的追求随处可见,无论是在日常生活中还是在与论敌的争论中,他从未放弃过这一准则。即使他晚年积极投身左翼文艺运动时也未尝妥协,因此"总觉得缚了一条铁索,有一个工头在背后用鞭子打我,无论我怎样使劲的做,也是打"③。这一形象的、烙着鲁迅特色的比喻恰好说明了他对于自由、个性的追求。然而在自己的婚姻问题上他竟未能践行这一理念,而是听任了母亲的安排。这对鲁迅来说不啻是一次巨大的打击,因此在其潜意识深处积累着对于这桩婚姻以及朱安本人的不满,否则他是不会说出暗示朱安回娘家的话的。无法想象此时的朱安在鲁迅心里到底占据着怎样的位置,但是涓生却诚恳地袒露过自己对于不再相爱的子君的内心感受:"我觉得新的希望就只在我们的分离,她应该决然舍去,——我也突然想到她的死,然而立刻自责,忏悔了。"④我们无法肯定这中间的联系,但据鲁迅的个性来看,涓生这话未必不是鲁迅的内心独白,这源于他对死亡的特殊理解,"同我有关的活着,我倒不放心,死了,我就安心"⑤。然而鲁迅却不希望在现实中看到这样的悲剧,所以他才在婚姻问题上委屈了自己,放弃了对于个性、自由的追求。根据心理学的观点,主体在压抑自己的同时,实际上也在激励着被压抑对象的生长,换言之,许广平走进鲁迅的情感世界具有一种逻辑上的必然。

但这些都是后话,此时的鲁迅依然沉浸在告别了"影"、超越了希望与绝望的"过客"般的征程上。掠过他心头的是那年冬天在S城见过的吕纬甫以及他说的那些话,尤其是那个关于"蝇子"的比喻。其实,此前主人公已经有

---

① 萧红、俞芳等:《我记忆中的鲁迅先生:女性笔下的鲁迅》,河北教育出版社2000年版,第254页。
② 鲁迅:《热风·四十》,《鲁迅全集》第1卷,第338页。
③ 鲁迅:《书信·350912致胡风》,《鲁迅全集》第13卷,第543页。
④ 鲁迅:《彷徨·伤逝》,《鲁迅全集》第2卷,第126页。
⑤ 鲁迅:《两地书·二十四》,《鲁迅全集》第11卷,第81页。

过"觉得北方固不是我的旧乡,但南来又只能算一个客子"①的感喟,但远不如"蝇子"的比喻来得形象。然而老家早已变卖,自己呕心沥血经营起来的八道湾也回不去了,此时鲁迅才真正觉得自己是天地间一个孤独的旅者。"过客"意象跟"孤独者"叠加在一起,深深烙在他的心头。某种意义上,这正是鲁迅对于自我最精准、最透彻的认知,他本质上就是这样一个活在人群中的"孤独者",过客那匆匆往来于天地间的形象更增添了"孤独者"身上的悲剧意识。

然而过客超越于"孤独者"的地方在于,无论是吕纬甫还是魏连殳甚至涓生,他们的孤独并没有让他们挣脱尘世的藩篱,相反他们却最终臣服于它,"敷敷衍衍,模模胡胡"地活着,或者干脆躬行了先前所厌恶的一切。然而他们的个性、气质又是与这种表面的喧闹、廉价的欢愉相抵牾的,即便主动拥抱热闹也不能从根本上改变他们的天性。"孤独者"一旦沉浸在廉价的喧闹中,他要么是彻底妥协了,要么是在意识到自我生命行将结束之时的一种报复,一种含泪的笑。总之,"孤独者"很难摆脱这样一种与生俱来的天性,鲁迅本质上就是这种人,他深知这一点,同时又不愿妥协更不想报复,尽管不时会有这样的想法掠过心头。那么如何才能既保持自己的个性,又能做些有益于国家民族的事呢?鲁迅苦恼着,然而他更清楚"在进化的链子上,一切都是中间物",任凭自己怎样努力也只是历史长河中的一个过客,或许正是在此意义上,钱理群先生指出:"我们甚至可以说,'过客'就是鲁迅的自我命名。"②确实,自鲁迅从幻灯片上看到那些面无表情的国人后,他就获得了必须"改变他们的精神"③的深刻体认,他深知要彻底改变国民精神,并非一朝一夕能够完成的,但在写给许广平的信中仍然表示"此后最要紧的是改革国民性"④。鲁迅在"改革国民性"问题上的执着,跟过客的坚毅的确有着几分相似。

第三节 "过客"意识与鲁迅的中年危机及其自救

《过客》的确是鲁迅在《野草》中向自己的内面世界掘进很深的作品,这

---

① 鲁迅:《彷徨·在酒楼上》,《鲁迅全集》第2卷,第25页。
② 钱理群:《与鲁迅相遇:北大演讲录之二》,生活·读书·新知三联书店2002年版,第287页。
③ 鲁迅:《呐喊·〈呐喊〉自序》,《鲁迅全集》第1卷,第439页。
④ 鲁迅:《书信·250331致许广平》,《鲁迅全集》第11卷,第470页。

一方面说明鲁迅在与自己的对话中逐渐把握到了近似于竹内好所说的"自觉"的东西,但另一方面也彰显出鲁迅此时内心世界的低沉与阴暗。稍早前写作的《影的告别》就在充满悖论的文字间透漏出鲁迅思想的紧张甚至危机,"影子"不愿上天堂,又不愿去地狱,也不相信将来的"黄金世界",想要"沉没在黑暗里,然而黑暗又会吞并我,然而光明又会使我消失",所以最终只能"彷徨于无地"。①过客的处境并不比告别了一切的"影子"好,过客看似走在一条通向坟茔的小路上,其实那地方与其叫作"坟"毋宁叫作"无地"更为恰当。事实上,无论"影子"和过客怎样周旋,他们的命运终将逃不出"彷徨于无地"的终局,因为创作他们的主体正在"无地"彷徨着,禁不住颓唐了,然而又不甘于颓唐,发现自己老了,也不肯承认。可他在杂文中又不经意流露出喜好回忆的倾向,并自我解嘲道:"我不知怎的近来很有'怀古'的倾向。"②步入中年的鲁迅的确不比"呐喊"时期那样激越昂扬了,因此更容易陷入悲观、遁世的境地,加之现实政治的压迫、言论氛围的紧张,他心中积淀了太多的苦闷,不知道自己应该怎样走下去。

正是在此意义上,《过客》引起我注意的并非"反抗绝望"的主题,而是过客的行动能力,"从我还能记得的时候起,我就在这么走,要走到一个地方去,这地方就在前面。我单记得走了许多路,现在来到这里了。我接着就要走向那边去,(西指,)前面!"③过客自记事以来就一直在走,而目标却永远在所处位置的前方,路上连小女孩的半块布也不肯接受,因为他深知"这种反抗,每容易蹉跌在爱——感激也在内——里,所以过客得了小女孩的一块破布的布施也几乎不能前进了"④。这在某种程度上正是鲁迅的自况。据孙伏园回忆说,鲁迅母亲见他常年穿着一条留学时代的、已经补过不少回的旧棉裤,便让朱安给他重新缝了一条,并偷偷放到他床上,万不料竟被他扔出来了。不仅如此,鲁迅还对孙伏园说过这样的话:"一个独身的生活,决不能常往安逸方面着想的。……生活太安逸了,工作就被生活所累了。"⑤所以,虽然过客的举动在常人看来近乎无情,甚至带有自虐倾向,但他这样做正是为了了无牵挂地走下去。"走"在他而言,就是生命存活的表现,更是生命存在的价值。与其说"走"表现出一种"反抗绝望"的人生哲学,不如说他借助"走"这一生命样式,在审视并拷问自己。通常情况下,主体只有在对个人能

---

① 鲁迅:《野草·影的告别》,《鲁迅全集》第2卷,第169页。
② 鲁迅:《华盖集·忽然想到(八)》,《鲁迅全集》第3卷,第66页。
③ 鲁迅:《野草·过客》,《鲁迅全集》第2卷,第195页。
④ 鲁迅:《书信·250411致赵其文》,《鲁迅全集》第11卷,第478页。
⑤ 孙伏园:《忆鲁迅先生》,子通编:《鲁迅评说八十年》,中国华侨出版社2005年版,第36页。

力、身份认同或者生存价值发生动摇时才会向自我发出质问,所以过客最终选择走下去,某种意义上正是鲁迅对于自我存在价值以及自己所从事的启蒙事业之怀疑的一种绝地反击,它深刻彰显出鲁迅当时极为严峻的自我信任危机。

这一危机在鲁迅十天后写给许广平的信中得到进一步证实。他一方面谦虚地说自己没有指导青年的本领,"我连自己也没有指南针,到现在还是乱闯"。另一方面,他又就走人生的长途最易遇到"歧路"和"穷途"两大难关对许广平说,他不会像墨翟那样"恸哭而返",相反"我不哭也不返,先在歧路头坐下,歇一会或者睡一觉,于是选一条似乎可走的路再走";也不会像阮籍那样"大哭而回","我却也像在歧路上的办法一样,还是跨进去,在刺丛里姑且走走"。①鲁迅之所以在"歧路"和"穷途"面前选择走下去,固然与其不肯屈服的个性有关,但更重要的,还是源于他现代人的思维方式,就像钱理群先生认为"多疑"体现了鲁迅的现代智慧一样②,我觉得走下去也是鲁迅智慧的一种表现。如果说过客义无反顾地走下去流露出决绝、悲壮甚至"反抗绝望"的人生哲学,那么书信中的走下去这一意象则更富于生活经验或者说"走'人生'的长途"的智慧。因为说到底人生只有走下去一条路可供选择,无论遇到的是"歧路"还是"穷途",只有冲破了笼罩在"歧路"面前的魅影,只有迎着"穷途"知难而上,人生的长途才不至于戛然而止。这在某种程度上与鲁迅一贯主张的"韧性的战斗"③的精神有着共通之处。过客的本质在于"走",在于行动,而彼时的鲁迅依然沉浸在1923年以来的平静中,"我的心分外的寂寞,然而我的心很平安;没有爱憎,没有哀乐,没有颜色和声音"。在这样的环境中,他只能一方面"填以没奈何的自欺的希望"④,一方面"选一条似乎可走的路"走下去。

我觉得这是鲁迅当时最为真实的心态,他正走在人生的"歧路"上,除了确信前面有一处叫作"坟"的地方,似乎没有什么新的进展。就在写作《过客》前几天,他几乎重复了"狂人"的故事,虽然李大钊读后感慨地说:"鲁迅

---

① 鲁迅:《两地书·二》,《鲁迅全集》第11卷,第15—16页。
② "为了反抗这民族的健忘症,为了民族的生存,鲁迅不得不独自直面历史陈尸的全部罪恶,保持着高度的敏感和最鲜明的记忆,因而形成了以'多疑'、'尖刻'为主要特征的思维方式;在这样的思维方式中,集中了20世纪中华民族在血的浸泡中获得的人生智慧和政治智慧。"(钱理群:《心灵的探寻》,河北教育出版社2000年版,第54页。)
③ 鲁迅:《坟·娜拉走后怎样》,《鲁迅全集》第1卷,第171页。
④ 鲁迅:《野草·希望》,《鲁迅全集》第2卷,第181页。

先生发表《长明灯》,这是他继续《狂人日记》的精神,已经挺身出来了。"①但是相对于第一声"呐喊"的《狂人日记》而言,《长明灯》只是更加真实地暴露出鲁迅的自我信任危机。他一方面感慨于世界的沉寂,试图以《长明灯》打破寂寞,然而时代的车轮已经驶过五四的高潮五六年,自然不会引起太大反响。可以想象,这种心理落差在鲁迅而言是多么巨大,尽管他一再声称自己对于当年的新文化运动并不怎样热心,但在经历了一系列挫折之后,他想起的还是《新青年》所开展的思想启蒙运动:"我想,现在的办法,首先还得用那几年《新青年》上已经说过的'思想革命'。还是这一句话,虽然未免可悲,但我以为除此没有别的法。"②可是1925年春《新青年》团体早已解散,他成了一个散兵游勇,因此禁不住发出这样的感慨:"然而朋友在哪里呢?"回答他的是连真的暗夜也没有的空虚的四壁,然而越是这样,他越是坚信改造国民性的必要,告诉许广平说:"此后最要紧的是改革国民性,否则,无论是专制是共和,招牌虽换,货色照旧,全不行的。"③对鲁迅而言,不能不说这是一份痛苦的自白,间接流露出他对个人能力的怀疑以及对自己投身的启蒙事业的隐忧。身处那样一个军阀混战、政府更替频繁的时代,"见过辛亥革命,见过二次革命,见过袁世凯称帝,张勋复辟,看来看去,就看得怀疑起来,于是失望,颓唐得很了"。然而他终于没有因此而真的颓唐下去,又提起了笔,这力量的来源就是"因为我所见过的人们,事件,是有限得很的,这想头,就给了我提笔的力量。'绝望之为虚妄,正与希望相同'"④。可以说,正是这份对于绝望的否定赋予鲁迅冲破绝望的可能。

由上可知,鲁迅通过《过客》等作品的创作,彰显出自身严重的信任危机。正如人们所发现的那样,鲁迅确实常将怀疑指向自身,这是他的过人之处,也是酿造其痛苦的根源之一。1925年春,鲁迅正沉浸在这种怀疑以及对怀疑的怀疑中,前一个"怀疑"通常指向外部世界,而后一个则更多地指向自身,即他所说的"解剖自己"⑤。某种意义上,整部《野草》完全可以看作鲁迅对于自我的一次有意识的深度解剖。当进行到《过客》时,他显然给自己设置了一个难题,一个近乎生存论意义上的抉择。

过客所面临的无疑是一种关乎此生在世的大难题,我们先来看过客可能作出的几种选择。其一,"回转去",但显然这是过客所鄙夷的,倘若如此

---

① 李何林:《鲁迅年谱》第二卷,人民文学出版社2000年版,第178页。
② 鲁迅:《华盖集·通讯》,《鲁迅全集》第3卷,第23页。
③ 鲁迅:《两地书·八》,《鲁迅全集》第11卷,第32页。
④ 鲁迅:《南腔北调集·〈自选集〉自序》,《鲁迅全集》第4卷,第468页。
⑤ 鲁迅:《而已集·答有恒先生》,《鲁迅全集》第3卷,第477页。

鲁迅也就没有创作《过客》的必要了。其二,既然知道这是一条不归路,根本没有回头的余地,那么只好希望尽快走到这条路的尽头,就像魏连殳那样浑浑噩噩、糊里糊涂地走完自己的一生。这种活法鲁迅并非没有思量过,就像他在《两地书》中所告白的那样:"做事的时候,有时确为别人,有时却为自己玩玩,有时则竟因为希望生命从速消磨,所以故意拚命的做。"①与此相反,还有第三种可能的选择:既然已经走到现在,为什么不继续走下去呢,毕竟"希望是附丽于存在的,有存在,便有希望"②。鲁迅写给许广平信中的一段话说得更加明白:

> "将来"这回事,虽然不能知道情形怎样,但有是一定会有的,就是一定会到来的,所虑者到了那时,就成了那时的"现在"。然而人们也不必这样悲观,只要"那时的现在"比"现在的现在"好一点,就很好了,这就是进步。③

由此可见,基于进化论的进步观念依然在支撑着鲁迅。就过客而言,只有不停地走下去,在行走的过程中不断审视自己、拷问自己,以此来抵挡孤独以及那些不断涌现出的劝他回去的声音,这样才能感觉到自己的存在。因此,"走"在他而言不仅是解决自身危机的一种充满悖论的选择,同时也是唯一有效的自我拯救路径,正如李欧梵指出的那样:"'走'成为在'无意义'威胁下的唯一有意义的行动。"④过客只有真正解决了自身的问题,才能最终成为面对"无物之阵"、面对"太平"的宣告而义无反顾举起投枪的"这样的战士"。从"过客"发展到"这样的战士",的确表明鲁迅已经成功战胜自我,走出了人生"第二次绝望"并由此诞生了"真正的鲁迅"。⑤问题是鲁迅是怎样从"过客"发展到"这样的战士"的?他又是如何克服自我的信任危机,从"失望,颓唐得很"的心境中走出来的?

在刘小枫看来,解决精神信仰危机主要存在三种方法,即形而上学的思考、宗教的皈依以及审美的移情。纵观鲁迅一生,他显然不是黑格尔那种建构了一种庞大体系的思想家,他主要围绕现实中的各种论争进行思考,所以

---

① 鲁迅:《两地书·二十四》,《鲁迅全集》第11卷,第81页。
② 鲁迅:《华盖集续篇·记谈话》,《鲁迅全集》第3卷,第378页。
③ 鲁迅:《两地书·四》,《鲁迅全集》第11卷,第21页。
④ [美]李欧梵:《铁屋中的呐喊——鲁迅研究》,尹慧珉译,岳麓书社1999年版,第116页。
⑤ 汪卫东:《鲁迅前期文本中的"个人"观念》,人民文学出版社2006年版,第266页。

大部分研究者并不认可鲁迅是一位思想家或哲学家。[①]当然这不等于说鲁迅没有思想,而是说他的思维方式是立足于当下的,所以很难奢望他会通过某种玄而又玄的思想体系的建构来获得一种精神上的满足。事实上,鲁迅的思考方式不仅无法让他超越现实生活,反而会增添他内心的负荷,加剧其危机感。那么宗教和审美呢?刘小枫指出:

> 当人感到处身于其中的世界与自己离异时,有两条道路可能让人在肯定价值真实的前提下重新聚合分离了的世界。一条是审美之路,它将有限的生命领入一个在沉醉中歌唱的世界,仿佛有限的生存虽然悲戚,却是迷人且令人沉溺的。另一条是救赎之路,这条路的终极是:人、世界和历史的欠然在一个超世上帝的神性怀抱中得到爱的救护。审美的方式在感性个体的形式中承负生命的欠然,救赎的方式在神性的恩典形式中领承欠然的生命。[②]

也许"S会馆"时期的鲁迅曾借着阅读佛经获得过一种自我的沉潜,一种相对于毫无希望的现世的心灵慰藉,但是鲁迅终究不是那种能够"深入山林,坐古树下,静观默想,得天眼通,离人间愈远遥,而知人间也愈深,愈广;于是凡有言说,也愈高,愈大,于是而为天人师"的"伟大的人物"。[③]鲁迅注定了是个现实中的人,他放不下那些挣扎在老中国的儿女们,所以依靠宗教鲁迅同样无法挣脱现世,无法克服自身危机。因此能够救他的只有他自己,而且是以一种审美的方式、一种文学的方式。关于文学能够"拯救我们的灵魂",牛津大学早期英国文学教授乔治·戈登曾有过如下表述:"英国正在生病……英国文学必须拯救它。由于我所理解的教会已经衰落,而社会补救的方法也迟迟不来,英国文学现在具有三重作用:当然,我认为它仍然要愉悦和教导我们,但是首先它应该拯救我们的灵魂和治疗这个国家。"[④]鲁迅在

[①] 李长之、竹内好等人均持这一观点,如李长之指出:"鲁迅在许多机会是被称为一个思想家了,其实他不够一个思想家,因为他没有一个思想家所应有的清晰以及在理论上建设的能力"。(李长之:《鲁迅批判》,北京出版社2011年版,第147页。)竹内好认为:"鲁迅不是所谓的思想家。把鲁迅的思想,作为客体抽取出来,是很困难的。他没有成体系的东西。"([日]竹内好:《近代的超克》,李冬木、赵京华、孙歌译,生活·读书·新知三联书店2005年版,第146页。)

[②] 刘小枫:《拯救与逍遥》,华东师范大学出版社2007年版,第35页。

[③] 鲁迅:《华盖集·题记》,《鲁迅全集》第3卷,第3页。

[④] [英]特雷·伊格尔顿:《二十世纪西方文学理论》,伍晓明译,北京大学出版社2007年版,第22页。

最无力、最失望的时候又毅然拿起了笔,只是这一次他矛头所向的不是"吃人"的宗法社会,也不是各种伪文明现象,而是将笔触伸进了自己最隐秘、最黑暗甚至有些暧昧的内心世界。

当《过客》中的老翁问过客,你这样走下去,到底是要走向哪里时,过客回答说不知道,他只知道前面有个声音在呼唤他,因此歇不下。过客的这一举动,初看有些盲目,如果我们把"走"这一意象仅仅理解为一种可见的行为的话。作为一个有着独立意识的生命个体,一般不会连目的地都不清楚就盲目走下去的,除非他是一个"被了诅咒"的人,就像鲁迅在《娜拉走后怎样》中提到的Ahasvar。抑或加缪笔下的西绪福斯,整天只知道从山脚往山上搬运石头,而石头又会因为自身的重量自行滑落,他只好下到山脚再次将它们搬上山去,因此他也是一个停不下来的人。Ahasvar、西绪福斯和过客都在不停歇地走(运动)着,但三者有着截然不同的哲学意味。Ahasvar停不下来是因为他触犯了圣子,不让其在屋檐下休息,所以耶稣才诅咒他永世不得休息。这本是一个宗教传说,可鲁迅却接着说:"他何以不安息呢?虽说背着诅咒,可是大约总该是觉得走比安息还适意,所以始终狂走的罢。"①这难免就有些借题发挥了,但或许这里就孕育了后来的"过客"精神也未可知。Ahasvar的"走"是为了赎罪,这是一种原罪宿命论的思想,宗教色彩更为强烈。西绪福斯不停地搬运石头,也是出于一种惩罚,只不过披着一件神话的外衣,但加缪却从中感受到了现代式的荒谬。因为西绪福斯的行为,只是一种毫无差异的重复,并未触及存在的意义,因此西绪福斯相比于Ahasvar更多出一份世俗的悲剧意味。

过客相对于前两者来说,宗教和神话色彩都要淡些,他只是行走在自我生命征途中的一个没有名姓的旅者,更像一则寓言。寓言的表象是一段各人都可能碰到的人生遭遇,重要的是这则寓言的寓意到底为何,鲁迅借助这个不断行走的形象想要表达什么意思?换言之,过客坚持走下去到底是要走向哪里,会是人生的终点坟吗?——这是确然的,每个人都逃不过这一终局。鲁迅因为从青年时代起就目睹、经历过多次死亡事件,诸如政治斗争中屡见不鲜的暗杀、借着革命的名义正大光明的枪杀以及军阀政客对请愿学生的屠杀,还有范爱农那样的"自沉",等等。所以他对于死亡有着较之常人更为直接、更为深切的体悟,因此他作品中常常写到死,以至于有论者称"鲁

---

① 鲁迅:《坟·娜拉走后怎样》,《鲁迅全集》第1卷,第170页。

迅是一个善于描写死的丑恶的能手"①。死亡的确是鲁迅倾心的写作素材，但《过客》表达的绝非这一主题，这一点鲁迅自己说得很明白："我只很确切地知道一个终点，就是：坟。然而这是大家都知道的，无须谁指引，问题是在从此到那的道路。"②可见，鲁迅看重的并非那个人人都知道的终点，而是"从此到那的道路"，这也与其执着于现在的追求相关。换句话说，他借助过客这一形象思考的并非那个我们必将抵达的终点，而是怎样去走这一段路，是现世的关怀，正是在此意义上，张梦阳先生将"幸福的度日，合理的做人"视作鲁迅思想的一个原点。③

由此我们来反观《过客》的寓意，就可以说鲁迅看重的并非过客明知前面是坟而坚持走去这层所谓的"反抗绝望"的意思，而是"走"这一行动本身。"走"下去是鲁迅在犹豫、彷徨的心境之下给自己的一记鼓舞，同时也是重建自我身份认同的迫切需要，反映出他保存生命的朴素进化观。在这个意义上，"走"这个词指向的就不应该是"坟"，也不是现实中诸多困厄的拟人化，而就是他自身。换言之，鲁迅创作《过客》的真正初衷是要更直接地走近自己、逼视自己，这种回向自我心灵的思维进路，近似于汪晖从鲁迅精神世界中洞察到的"自审"精神：

> 在鲁迅对陀氏的阐述中，我们发现了一种把自己当作道德法则进行审判的"罪"的自觉。这种以"自审"为其特征的精神现象贯穿于鲁迅的一生，又是其人生哲学的重要内容。④

这种"自审"意识在"彷徨—野草"时期表现得尤为充分。具体到《过客》而言，过客义无反顾的"走"固然流露出鲁迅自我身份认同的危机，但更重要的是，鲁迅试图借助"自审"机制重建新的价值认同和精神追求。像鲁迅许多小说一样，《过客》中出现的三个人物，也可以理解成鲁迅精神上的三个极点，其中形象最不明确、寓意也稍显浅淡的小女孩可以看作鲁迅对自己短暂童年的"抵抗式"记忆，这一段是他所不乐意回味的，所以小女孩的形象才这般模糊，仿佛是要表现出她的天真、纯粹，但整篇文章的艰涩又成功"消解"

---

① 夏济安：《鲁迅的复杂意识》，乐黛云编：《国外鲁迅研究论集（1960—1980）》，北京大学出版社1981年版，第373页。
② 鲁迅：《坟·写在〈坟〉后面》，《鲁迅全集》第1卷，第300页。
③ 张梦阳：《"幸福的度日，合理的做人"——鲁迅本原思想探究》，《西南民族大学学报》（人文社科版）2006年第8期。
④ 汪晖：《反抗绝望——鲁迅及其文学世界》，河北教育出版社2000年版，第107页。

了这一印象。老翁则多了一份过来人的沧桑,他年轻时也听到过一个声音的召唤,但他没有理睬。有人据此认为鲁迅借着老翁形象所讥刺的,是那些从历次革命运动中退缩下来的人,但在我看来,老翁形象更多地却是鲁迅对于自己的一种警醒。在《希望》中,鲁迅第一次发现自己老了,"我大概老了。我的头发已经苍白,不是很明白的事么?我的手颤抖着,不是很明白的事么?"老翁的形象可以说是这个意象的延续,而紧接着鲁迅感慨地写道:"这以前,我的心也曾充满过血腥的歌声:血和铁,火焰和毒,恢复和报仇。"[①]可以说,从《希望》开始,鲁迅已经在有意识地反观并审视自己了,特别害怕自己在寂寞而平安的环境中枯萎下去,因此一再呼唤着"真的暗夜"的到来。换句话说,直到写作《过客》,鲁迅依然未能解决自己内心的犹疑、不安和焦虑,他依然有在寂寞而平安的假象中沉静下去的可能。然而这不是他愿意看到的,他更倾向"过客"那样的行动者,更需要这样一个韧性的斗士形象来激励自己,所以过客形象才会那样明朗有力。从这个意义上,我们可以说鲁迅通过创作《过客》进一步认清了自己,初步建立起了自我身份和信仰的新的认同。

第四节　从"过客"意识看鲁迅的精神动力

鲁迅的自我认同危机几乎贯穿整个1925年,从写作《野草》首篇《秋夜》起,他就想到了那些为革命献身的"苍翠精致的英雄们",这在某种程度上流露出鲁迅对眼下死气沉沉的现实的不满,但苦于"成了游勇,布不成阵了"[②],他只能将心中积蓄的苦闷,用一种极为隐晦的象征手法书写出来。况且现在一切都寂静得可怕,《新青年》的团体分散了,曾经的青年也分流了,激烈的走到了革命的前沿,温和的钻进了"研究室"或者"艺术之宫",很少听到五四时期那样激昂、充满生命活力的铿锵之声了,因此鲁迅免不了慨叹"我的心分外地寂寞"[③]。虽说他当初对《新青年》开展的思想启蒙运动并不热心,但是随着五四的落潮、自身的寂寞以及随处可见的国民性问题,他所能想起的还是这一点:"现在的办法,首先还得用那几年以前《新青年》上已经说过

[①] 鲁迅:《野草·希望》,《鲁迅全集》第2卷,第181页。
[②] 鲁迅:《南腔北调集·〈自选集〉自序》,《鲁迅全集》第4卷,第469页。
[③] 鲁迅:《野草·希望》,《鲁迅全集》第2卷,第181页。

的'思想革命'"。①正是在此意义上,有论者将《新青年》视作鲁迅"思想"上的"故乡"。②即是说,鲁迅此时虽然备感寂寞,甚至带有一种空前的虚无感(《影的告别》尤为典型),但是现代知识分子"道义上的使命感"和"感时忧国的精神"③,促使他没有因此而颓唐下去,依然在思考着以"思想革命"为中心的五四话题。

  正是这种强烈的时代关切,迫使鲁迅向往着冲破目前的寂寞,于是他一边告诉人们"绝望之为虚妄,正与希望相同",另一边则以简练的笔触创造出过客这个永不停歇的形象。"走"在某种意义上昭示的正是对现状的不满与反抗,在这个意义上,过客的行动精神也就意味着革命,因为在鲁迅看来"所谓革命,那不安于现状,不满意于现状的都是"④。他同时指出:"革命无止境,倘使世上真有什么'止于至善',这人间便同时变了凝固的东西了。"⑤某种意义上,这正是"过客"精神在"革命"语境中的具体表述。直到此时,鲁迅才意识到自己当初创作《野草》所要表达的东西,他写作《野草》除了抒发自己的苦闷心绪,更重要的还是试图在反省自我的基础上找到前进的方向和动力。

  《野草》的确流露出一个敏感的先驱者在"同一战阵中的伙伴"纷纷作鸟兽散了之后的复杂心态:犹疑、彷徨、苦闷,同时又希图在这连"真的暗夜"也没有的环境中捕获依稀的希望。因此,字里行间始终凸显着一个不断挣扎、试图冲破困境的个体形象,他在不断的失望和颓唐中努力重建自信。这一心路历程无疑充满了失望、怀疑甚至自我否定,然而鲁迅最终还是凭借着坚毅的个性克服了心理困境,写出了《这样的战士》,从而走出了这一精神危机。确实,我们能够从《这样的战士》中读出鲁迅较之此前的一种果敢与勇猛以及带着偏执倾向的战斗姿态。其间的心理转换自然很复杂,甚至还带有一定的偶然性。

  在鲁迅而言,女师大风潮就是一次他期望已久的"真的暗夜"。起初他只是出于人道主义而站在学生一边,但不久他就看清了陈源等怎样"用了公理正义的美名,正人君子的徽号,温良敦厚的假脸,流言公论的武器,吞吐曲

---

① 鲁迅:《华盖集·通讯》,《鲁迅全集》第3卷,第23页。
② 朱寿桐:《作为鲁迅"思想故乡"的〈新青年〉》,《中国现代文学研究丛刊》2005年第5期。
③ "但那个时代的新文学,却有不同于前代,亦有异于中国大陆文学的地方,那就是作品所表现的道义上的使命感,那种感时忧国的精神。"(夏志清:《中国现代小说史》,刘绍铭等译,复旦大学出版社2005年版,第357页。)
④ 鲁迅:《集外集·文艺与政治的歧途》,《鲁迅全集》第7卷,第118页。
⑤ 鲁迅:《而已集·黄花节的杂感》,《鲁迅全集》第3卷,第428页。

折的文字,行私利己,使无刀无笔的弱者不得喘息"①的丑恶嘴脸,这才拿起笔为处于弱势的学生起草上诉教育部的文书,又在学校当局迫害学生的危急关头挺身而出,联名发表谴责杨荫榆家长作风的公开信,由此卷入了这场给他带来深远影响的文字论争。鲁迅在论争中言辞激烈、毒辣,时有大快人心之语,令对手根本无回手之力,只好由章士钊出面利用手中职权罢免了其教育部的职务。这更加激怒了鲁迅,他一方面指出章士钊"倒填日期"的荒唐,一方面在亲友支持下起诉到平政院。鲁迅最终成了这场论争无可争议的胜利者,不仅恢复原职,而且在并肩战斗的日子里收获了迟到的爱情。然而,这并非这场持续两年之久的风波带给他的最大影响,鲁迅真正的收获是,在现实战斗中他慢慢克服了此前对于自我的认同危机,坚定了改造国民性的启蒙使命,同时也认识到在目前境况下启蒙就意味着战斗,空言是无力的,只有彻底摧毁坚固的封建壁垒及其文化上的代言人,启蒙工作才能深入下去。

可以说,女师大事件某种程度上使得鲁迅的自我定位发生了根本变化,即由先前的"听将令"的群体战斗者到"孤独的精神的战士"②的转变。对于前者,鲁迅后来回忆时似乎有所不满,称那些文字为"遵命文学",虽然他接着解释道:"不过我所遵奉的,是那时革命的前驱者的命令,也是我自己所愿意遵奉的命令。"③考虑到他的个人主义思想,这一说法就难免有些言不由衷。但是鲁迅对"孤独的精神的战士"这一身份是完全认同的,如果没有女师大事件,很难想象1927年后,尤其是30年代的鲁迅会呈现出那样一副姿态。倘若不是女师大事件再次点燃了鲁迅多年积淀下来的战斗热情,那么1925年的鲁迅很可能沿着"寂寞,颓唐"的心境继续下去,甚至有回到读佛经、抄古碑的可能。正如冯雪峰所分析的那样:"在鲁迅先生的发展的途中,也遇到过几次危机,很可能使他退隐于'艺术之宫'或'学术的殿堂'里去,而且也已经有过这样的退隐的时候。"④值得庆幸的是,鲁迅终于凭借这场论争展现了现代知识分子的批判精神,从而克服了自我认同危机,"作为一个特殊的社会阶层,知识分子的身份认同常常表现为必然有一个批判与否定的对象,通过否定来确定自己的身份认同,因为知识分子阶层的区别性标志就是其批判精神与批评话语"⑤。不仅如此,透过这场论争鲁迅还对自我以及

---

① 鲁迅:《华盖集续编·我还不能"带住"》,《鲁迅全集》第3卷,第260页。
② 鲁迅:《华盖集·这个与那个》,《鲁迅全集》第3卷,第150页。
③ 鲁迅:《南腔北调集·〈自选集〉自序》,《鲁迅全集》第4卷,第469页。
④ 冯雪峰:《冯雪峰忆鲁迅》,河北教育出版社2001年版,第28页。
⑤ 陶东风、徐艳蕊:《当代中国的文化批评》,北京大学出版社2006年版,第131页。

外部世界有了崭新认识，改变了此前对于中国社会阶级矛盾乃至暴力革命的模糊认知，为他后来接受无产阶级文艺理论埋下伏笔。

在这个意义上，可以说始于1925年春的这场文字论争不仅成为鲁迅走出颓唐之境的重要契机，更成为其最后十年思想进展的一个逻辑起点。就像李长之所分析的那样，"倘若不是女师大有风潮，鲁迅是否加入和'正人君子'的'新月派'的敌斗，也很不一定的"①。

李长之一方面肯定了女师大风潮对于1925年鲁迅走出颓唐之境的影响，但另一方面似乎也夸大了这种作用，因为从根本上来说鲁迅"并不相信从外部被赋予的救济"②。所以，即便没有这场风波，鲁迅也不会永远甘于没有爱憎、没有音乐的沉寂世界，更不会远离文坛、远离改造国民性的时代课题，因为鲁迅本质上是个崇尚行动的人，就像竹内好所观察到的那样，"论争是鲁迅文学支撑自身的食粮"③。在这个意义上，女师大事件的确为鲁迅走出寂寞之境提供了一个重要契机，值得进一步追问的是，鲁迅是在什么精神支撑下走出人生"第二次绝望"的？这种精神力量跟"过客"意识之间又是什么关系？我觉得还得从如下两方面来分析：其一，进化论以及建基于此的"希望"哲学；其二，对于自身存在价值永不停息的求索。

鲁迅自1898年在南京接触到严复《天演论》以来，就深受进化论影响，晚年他在跟冯雪峰谈及这一思想时还说："进化论对我还是有帮助的，究竟指示了一条路。明白自然淘汰，相信生存斗争，相信进步，总比不明白不相信好些。"④当他开始创作《野草》时，心里真是一片混沌，并因此感到悲观甚至绝望。1925年1月1日写作《希望》时，鲁迅还援引了裴多菲的诗句，"绝望之为虚妄，正与希望相同"，在否定"绝望"的同时也否定了"希望"，同时又否定了对于"绝望"的绝望。虽然此时鲁迅心中"绝望"与"希望"并行，但他还是从中看到了一丝渺茫的希望，正如王乾坤分析的那样："但这种绝望的内在参照仍然是'望'，没有'望'何以'绝'？因而这样的'绝望'，从逻辑的理路上仍然以否定的方式承认了希望，故不是真绝望。"⑤汪晖则从鲁迅对"希望""绝望"二元关系的思考中洞察到"一种独特的心灵辩证法"：

---

① 李长之：《鲁迅批判》，北京出版社2011年版，第51页。
② [日]竹内好：《近代的超克》，李冬木、赵京华、孙歌译，生活·读书·新知三联书店2005年版，第148页。
③ 同上书，第4页。
④ 冯雪峰：《冯雪峰忆鲁迅》，河北教育出版社2001年版，第20页。
⑤ 王乾坤：《鲁迅的生命哲学》，人民文学出版社1999年版，第325页。

（《呐喊》《彷徨》）全部叙述步步深入地揭示着"希望"的消逝与幻灭，显示出"绝望"与"虚无"的真实存在和绝对权威地位。但一种独特的心灵辩证法恰恰以这种"绝望与虚无"的感受为起点，挣扎着去寻找和创造生命的意义，并充满痛苦地坚守着改造中国人及其社会的历史责任。[①]

就逻辑而言，这明显是一种悖论，吊诡的是，"绝望与虚无"却成为鲁迅"寻找和创作生命的意义"以及"坚守着改造中国人及其社会的历史责任"的起点。那么鲁迅是如何实现这种心理转换的呢？不得不说，这同样基于其"希望"哲学，他在《两地书》中曾通过剖析"将来"表露过这一思想：

"将来"这回事，虽然不能知道情形怎样，但有是一定会有的，就是一定会到来的，所虑者到了那时，就成了那时的"现在"。然而人们也不必这样悲观，只要"那时的现在"比"现在的现在"好一点，就很好了，这就是进步。[②]

时间维度上的"将来"无疑给了身处困境之中的鲁迅一丝希望，究其根本，相信将来、肯定希望，底层逻辑还是基于线性进化论的"进步"观念。进化论的确对中国近现代知识分子产生了深远影响，不仅由此冲破了传统中国"一治一乱"的循环史观，而且与现代唯意志论思潮相叠合，衍生为精神（意志）动力论的进化观。[③]鲁迅的进化观，同样具有这一特质，他在相信进步的同时，还在其中注入了主体性的意志力量。日本学者北冈正子在论及鲁迅与进化论关系时曾注意到这一特点：

在承认"自然规律"的时候，他在进化论中增加了尼采的"凭意志摆脱命运"这样一个观点。于是，人类历史就不再是被"自然规律"决定的被动物，而成为"意志"不断与"规律"抗争并实现自我的过程。[④]

虽然北冈正子将鲁迅进化观中的意志性力量直接归因于尼采的影响，

[①] 汪晖：《反抗绝望——鲁迅及其文学世界》，河北教育出版社2000年版，第292页。
[②] 鲁迅：《书信·250318致许广平》，《鲁迅全集》第11卷，第466页。
[③] 参见拙著：《鲁迅早期思想的本土语境》，中国社会科学出版社2021年版，第48—54页。
[④] 引自[日]伊藤虎丸：《鲁迅、创造社与日本文学——中日近现代比较文学初探》，孙猛、徐江、李冬木译，北京大学出版社1995年版，第244页。

稍显偏颇,但某种意义上还是抓住了鲁迅进化观的特质。冯雪峰在考察鲁迅人生轨迹时则将"斗争意志和责任感"视为决定其前进的精神动力,在冯雪峰看来,鲁迅之所以最终走上"绝望中抗战"的道路,是因为"他自己的斗争意志和责任感"。①在此意义上可以说,正是精神动力论的进化观拯救了中年鲁迅,带他脱离了相信"'黑暗与虚无'乃是'实有'"②的绝望之境。

所以,鲁迅此时创造出过客这一形象,其寓意并非"反抗绝望"所能涵盖,与其说过客的"走"体现出"反抗绝望"这一存在主义命题,不如说彰显了李长之所谓的朴素进化观。首先,过客坚持"走"下去,表现的正是对自我生命的保存,一种源于生命本能的冲动,就像尼采所理解的艺术创作那样。艺术创作源自个体生命对外部现实的认识,同时又是一种保持、激活生命的需要,"艺术是生命的最高使命和生命本来的形而上活动"③。其次,过客的选择并非一种不负责任的逃离,反而表现出一种更高层次的求索精神。过客在老翁和小女孩明确告知前面是什么的前提下依然决定走下去,就是要洞察人类生存的可能性,表现出一种跨越死亡(坟茔)的强烈愿望。从这个意义来说,过客精神正是鲁迅作为一个曾经的时代先驱者的真实心态,也是个体生命在"无意义"威胁下试图自我赋值的一种尝试,彰显出鲁迅在保存生命中等待真的战斗的现代智慧。李欧梵也从鲁迅"沉默期"不断积累创作资源中看到了这一点:"我以为鲁迅在这段时间里并未成功地'麻痹'了自己的灵魂,他实际上是抓住了这段精神压抑的时间,从不断积累的文化资源中建立某种可资参考的框架,在其中寄托他生存的意义。"④就是说,即便在那些沉默的日子里,鲁迅也从未停下脚步。

相较于过客而言,举起投枪的"这样的战士"无疑更加坚决有力,那么,鲁迅究竟是怎样从确信"'黑暗'与'虚无'乃是'实有'"过渡到面对"无物之阵"果敢地举起投枪的呢?

究其根本,还是源于鲁迅对自我生存状态及存在价值的不断求索。按照尼采的观点:"实际上,每个人都知道自己是个奇妙的存在,但是大多数人的情况却是'他知道这一点,然而总把它隐藏着,仿佛受着良心的责备而要隐藏他的隐私一样'。"⑤这样他就不能成为独特的自己,从而丧失了对于存在可能性的探索,就像《过客》中的老翁一样,然而过客却要顺着"前面的声

---

① 冯雪峰:《雪峰文集》第4卷,人民文学出版社1985年版,第161页。
② 鲁迅:《书信·250318致许广平》,《鲁迅全集》第11卷,第467页。
③ [德]尼采:《悲剧的诞生》,周国平译,生活·读书·新知三联书店1986年版,第2页。
④ [美]李欧梵:《铁屋中的呐喊——鲁迅研究》,尹慧珉译,岳麓书院1999年版,第29页。
⑤ 周国平:《尼采:在世纪的转折点上》,上海人民出版社1986年版,第138—139页。

音"一直走下去。过客选择走下去,不仅是为了确认自我身份及存在价值,更是走向新生、走向希望的第一步。不得不说,走下去确实是此时萦绕在鲁迅心头的重要话题,《孤独者》中的"我"在参加完魏连殳的葬礼后,也"快步走着,仿佛要从一种沉重的东西中冲出"[①]。虽然《孤独者》的创作时间与《过客》相距半年,但是透过《孤独者》我们同样能够读出《过客》以及《野草》其他篇章一再传达的那种试图冲破现状、挺进未来的迫切心态。因为魏连殳的命运某种意义上正是鲁迅的自况[②],换句话说,魏连殳和"我"完全可以看成鲁迅两种不同人格之间的对话。从现实境遇来说,鲁迅也并非没有可能沦落到魏连殳那般境地,面对黑暗无望的政局,他曾对孙伏园说过实在不行就去投奔在浙江当军政司长的老同学。[③]某种意义上,"我"和魏连殳都是走在人生长途中的过客,不同的是,魏连殳选择了在尘世中沉沦下去,享受着别人的奉承和久违的热闹,但他自知这是对于真的人生的一种亵渎。所以小说中才出现了这样一幕:当"我"走进去最后看看永别的连殳时,发现他"口角间仿佛含着冰冷的微笑,冷笑着可笑的死尸"[④],联系下文"我""仿佛要从一种沉重的东西中冲出"来看,这笑似乎指向"我"自身,亦即指向了鲁迅。鲁迅不仅解剖了自己,并且给以最大的冷嘲,然而"我还是走的好"。

"新的生路还很多,我必须跨进去,因为我还活着。"[⑤]这是《伤逝》中涓生在回忆完自己跟子君的同居生活后,告诉自己的一句话,我想,这更是1925年鲁迅对于自己的一句勉励,一个足以让他看到渺茫希望的发现。这一方面可以看作鲁迅保存生命的朴素进化观的直观体现,另一方面则构成了他此后生命进程的一个起点。虽然鲁迅此前的文字为了"与前驱者取同一的步调",不得不"删削些黑暗,装点些欢容,使作品比较的显出若干亮色"[⑥],但是如果结合"彷徨"期的作品去读,就会发现他的那些激昂、乐观是很脆弱的,鲁迅难掩自己的疑惑和悲观,某种意义上,甚至可以说悲观已经成为鲁迅自我认知中的一种宿命意识。正如吴俊指出的那样:"我觉得鲁迅的宿命

---

① 鲁迅:《彷徨·孤独者》,《鲁迅全集》第2卷,第110页。
② 周作人著,止庵校订:《鲁迅小说里的人物》,河北教育出版社2002年版,第225—226页。
③ "鲁迅先生度着战斗的生活,处处受绅士们的压迫,大学教授中绅士居多,使他不能好好的教书,批评家中绅士也多,使他不能好好的创作。被绅士们包围得水泄不通的时候,好像我们在敌机临空时想念防空洞一样,他常常会想念他的幼年同学时的好朋友,说:'不教书了,也不写文章了,去公侠那儿做"营混子"去了!'"参见孙伏园:《鲁迅先生二三事》,北京鲁迅博物馆等编:《鲁迅回忆录·专著》上册,北京出版社1999年版,第108页。
④ 鲁迅:《彷徨·孤独者》,《鲁迅全集》第2卷,第110页。
⑤ 鲁迅:《彷徨·伤逝》,《鲁迅全集》第2卷,第132页。
⑥ 鲁迅:《南腔北调集·〈自选集〉自序》,《鲁迅全集》第4卷,第469页。

意识是他深层心理的表现,是几乎本能的或直觉的,是由经验或借助于经验才体现出来的一种心理特征。"①

在历经接二连三的打击后,发现自己居然还活着,这对于1925年的鲁迅而言不能不说是一份新的收获。诚然,这一发现是痛苦的,甚至可以说是死亡换来的,不仅是想象中子君的死、魏连殳的死,更是吕纬甫肉体犹存、精神早亡的事实启迪了鲁迅。"我还活着",在获得这一体认的同时,也获取了一份紧张间隙的轻松,但随之而来的却是一个更为沉重的话题,"但我还不知道怎样跨出那第一步"。在小说接下来的行文中,涓生不断地在自己灵魂深处进行拷问,最终发现要活下去,只能"将真实深深地藏在心的创伤中,默默地前行,用遗忘和说谎做我的前导……"②可以说,这是鲁迅对于自我灵魂最为深沉的一次诘问,虽然竹内好认为《伤逝》是一部并不成功的作品③,但不得不承认,这篇小说连同《在酒楼上》和《孤独者》的确是我们认识鲁迅、洞悉他当时真实心境的重要文本。

"走"下去某种意义上意味着新生,可是跨出第一步的秘密竟然在于"遗忘"和"说谎",鲁迅能够做到吗?他确曾说过这样的话:"偏爱我的作品的读者,有时批评说,我的文字是说真话的。这其实是过誉,那原因就因为他偏爱。我自然不想太欺骗人,但也未尝将心里的话照样说尽,大约只要看得可以交卷就算完。"④他辞世前不久还写过一篇叫作《我要骗人》的文字。表面看去他的确做到了"我所说的话,常与所想的不同"⑤,仿佛他习惯了"遗忘"和"说谎",可事实并非如此,就像他自己所表白的那样:"我为自己和别人的设想,是两样的。所以者何,就因为我的思想太黑暗,但究竟是否真确,又不得而知。"⑥即是说,鲁迅为了能够走下去,不得不掩藏起自己真实的想法,但与此同时他内心却不断孕育着一个更加坚决的举起了投枪的战士形象。

在鲁迅而言,他此生最大的战斗无疑是改造国民性,可他深知其中的艰难,因此在总结辛亥革命时深情地说:"最初的革命是排满,容易做到的,其次的改革是要国民改革自己的坏根性,于是就不肯了。"⑦基于此,鲁迅才会

---

① 吴俊:《鲁迅个性心理研究》,华东师范大学出版社1992年版,第94页。
② 鲁迅:《彷徨·伤逝》,《鲁迅全集》第2卷,第133页。
③ "他(按:指李长之)算到'完整的艺术'里面的《伤逝》,我认为是篇坏作品"。([日]竹内好:《近代的超克》,李冬木、赵京华、孙歌译,生活·读书·新知三联书店2005年版,第85页。)
④ 鲁迅:《坟·写在〈坟〉后面》,《鲁迅全集》第1卷,第299、300页。
⑤ 鲁迅:《两地书·二十四》,《鲁迅全集》第11卷,第80页。
⑥ 同上书,第81页。
⑦ 鲁迅:《两地书·八》,《鲁迅全集》第11卷,第31—32页。

把"致力于改造中国人及其社会"①作为自己终生不渝的使命。但是,鲁迅"走"下去的现实进程远不如过客那样决绝,他会偶尔想起故乡的雪,想起年少时踩扁了弟弟将要做好的风筝,也会想起近来做的几个梦以及梦中看到的"好的故事"。这一切在他而言都是一份慰藉,可他又仿佛不喜欢这样的自己,在《忽然想到(八)》中检讨说:"我不知怎的近来很有'怀古'的倾向,例如这回因为一个字,就会露出遗老似的'缅怀古昔'的口吻来。"②在第二天的文章中又说:"回忆多的人们是没出息的了,因为他眷念从前,难望再有勇猛的进取。"③然而1924—1926年间,鲁迅的确写下了许多回忆性质的文字,除去专门的"回忆的记事"④《朝花夕拾》外,他此时创作的小说甚至一些杂文中均笼罩着一种追忆的气氛。虽说回忆有"眷念从前,难望再有勇猛的进取"的嫌疑,但某种意义上它的确缓解了现实压力,正如有研究者指出的那样:"回忆乃是鲁迅精神压抑时不堪重负而寻求出路的一种心理表现。"⑤确实,偶尔将思绪投向过往并非一件坏事,反而能够从中收获一份"走'人生'的长途"必不可少的智慧和信心。

在作于1925年岁末的《华盖集·题记》中,鲁迅说:

> 现在是一年的尽头的深夜,深得这夜将尽了,我的生命,至少是一部分的生命,已经耗费在写这些无聊的东西中,而我所获得的,乃是我自己的灵魂的荒凉和粗糙。但是我并不惧惮这些,也不想遮盖这些,而且实在有些爱他们了,因为这是我辗转而生活于风沙中的瘢痕。⑥

这段话看起来透着一股淡淡的生的哀愁,像是在哀怨生命的消逝,但实际并非如此,或者说这只是鲁迅作为一个自觉到生命终将消逝的常人的心境。更值得注意的是其相对于哀怨生命流逝之外的另一层意思,即收获了"自己的灵魂的荒凉和粗糙"——相比于"黑暗"和"虚无"而言,这是一份实实在在的收获。而坚持不懈"走"下去就是对抗"荒凉"与"粗糙"的唯一选择。鲁迅确信:"生命的路是进步的,总是沿着无限的精神三角形的斜面向

---

① 王得后:《致力于改造中国人及其社会的伟大思想家》,《鲁迅教我》,福建教育出版社2006年版,第20—48页。
② 鲁迅:《华盖集·忽然想到(八)》,《鲁迅全集》第3卷,第66页。
③ 鲁迅:《华盖集·忽然想到(九)》,《鲁迅全集》第3卷,第66页。
④ 鲁迅:《南腔北调集·〈自选集〉自序》,《鲁迅全集》第4卷,第469页。
⑤ 吴俊:《鲁迅个性心理研究》,华东师范大学出版社1992年版,第204页。
⑥ 鲁迅:《华盖集·题记》,《鲁迅全集》第3卷,第5页。

上走,什么都阻止他不得。"①在这个意义上,可以说正是进化观念和求索精神支撑鲁迅彻底走出了1923年以来的"第二次绝望"。

第五节 从"过客"到"战士"

张新颖在将鲁迅与卡夫卡进行比较时说过这样的话:"鲁迅就是在卡夫卡所描述的情境里写下他似乎是无穷的杂文的:他用一只手挡住笼罩命运的绝望,用另一只手草草记下在废墟中看见的一切。"②我觉得这句话用来表达"彷徨—野草"时期鲁迅思想的进展更为恰当,尽管他所看到的是黑暗,感受到的是绝望,但他又在努力记下这些绝望光圈以外的亮色,一些"废弛的地狱边沿的惨白色小花"③。他知道这些小花的梦想,这些亮色的短暂,所以他才不轻易地将它们命名为"希望",而认为"绝望之为虚妄,正与希望相同"。在鲁迅看来,"希望"与"绝望"本是并行的,能够打破这种平行关系的只有过客那种坚定的行动精神,总之,他对二者关系的深刻理解,就蕴含在过客这一形象中。

基于启蒙思想家的现代愿望,更基于对自身使命的确认,鲁迅经过《过客》及相关作品的创作,思想上逐渐缓解了对于自我的犹疑,直到《这样的战士》中,他又向我们展现出一个积极行动甚至渴望战斗的战士形象。关于这一转换的心理动因,徐麟曾以鲁迅小说为例指出:"鲁迅中期小说创作的理性动因,实际来自于他的哲学。而且是因为'终于不能证实:唯黑暗和虚无乃是实有'。也就是说,这一动机在根本上不是来自于希望,而是来自于不能确证绝望。很明显,这是一个自我否定的动机,并且它本身只能是非审美的。看起来,鲁迅的中期启蒙主义,是他十年前未了之愿的继续,但实际上,已经内在地发生了根本性的变化。"④正是这种微妙的心理变化使得鲁迅走出了人生的"第二次绝望",他在将笔触由对外的"呐喊"转入自我"心灵的探寻"时,不仅意识到自己不是一个"振臂一呼应者云集"的英雄,并且自责说,

---

① 鲁迅:《热风·六十六生命的路》,《鲁迅全集》第1卷,第386页。
② 张新颖:《20世纪上半期中国文学的现代意识》(修订版),复旦大学出版社2009年版,第71页。
③ 鲁迅:《二心集·〈野草〉英文译本序》,《鲁迅全集》第4卷,第365页。
④ 徐麟:《鲁迅中期思想研究》,湖南师范大学出版社1997年版,第57页。

自己是中国宴席上做"醉虾的帮手"[①]。正是这种看似无情的深刻的自我剖析,让鲁迅认识到了个体的微弱,面对复古主义和现代军阀的双面夹击,要在如此恶劣的政治环境下继续五四启蒙的时代课题,其难度可想而知,这也是鲁迅一再吟唱绝望的原因之一。但"鲁迅之所以区别于任何一个感伤的中国古代知识分子,正在于他还有着不能为这些情绪性因素所支配的意志化追求。一个完整意义的鲁迅并不是放弃而恰恰是坚持着启蒙理性的现代人"[②]。正是这种痛苦的意志化追求促使20世纪20年代中期的鲁迅,从吟唱"绝望之为虚妄,正与希望相同"的忧郁诗人蜕变成身处"无物之阵"而毅然举起投枪的"这样的战士"。可以说,从"过客"到"战士",鲁迅完成了一次人生轨迹的重新设定,由此实现了自我生命的升华,也为最后十年投入实际战斗埋下了伏笔。

[①] "中国历来是排着吃人的筵宴,有吃的,有被吃的。被吃的也曾吃人,正吃的也会被吃。但我现在发见了,我自己也帮助着排筵宴。""中国的筵席上有一种'醉虾',虾越鲜活,吃的人便越高兴,越畅快。我就是做这醉虾的帮手,弄清了老实而不幸的青年的脑子和弄敏了他的感觉,使他万一遭灾时来尝加倍的苦痛,同时给憎恶他的人们赏玩这较灵的苦痛,得到格外的享乐。"(鲁迅:《而已集·答有恒先生》,《鲁迅全集》第3卷,第474页。)
[②] 李怡:《现代性:批判的批判》,人民文学出版社2006年版,第73页。

结　语

　　鲁迅心境研究算不上一个全新的选题，而且鲁迅研究的诸多方面均会涉及这个话题，因为说到底"文学是人学"，文学研究很重要的一个方面就是对人的精神世界的探索，尤其是新时期以来随着精神分析等西方理论的输入，对作家心灵世界的考察已经成为现代文学研究的一种潮流。鲁迅作为一个异常敏感的现代作家，其精神世界的复杂性更是远超一般作家，因此引得研究者纷纷对其心灵世界展开多角度研究。钱理群《心灵的探寻》、王晓明《无法直面的人生：鲁迅传》、吴俊《鲁迅个性心理研究》等专著就是这方面的代表作，他们的研究从不同角度丰富了学界对鲁迅精神世界的理解，甚至可以说将鲁迅心境研究推向了一个空前的高度。那么，我们选择做这个课题，又是出于怎样的考虑？还能在现有研究基础上作出怎样的推进呢？

　　首先，新时期以来的鲁迅研究，某种意义上是以王富仁提出的"回到鲁迅那里去"为起点的，王先生强调指出要"严格从这个特殊的个体出发"，"为鲁迅小说的研究寻求一个更可靠的基础"。[①]钱理群又在此基础上提出"个人"的鲁迅、"民族"的鲁迅和"人类"的鲁迅三个维度，认为要在三者统一的基础上去探讨"鲁迅心灵的辩证法"。[②]确实，自鲁迅被尊为"民族魂"，尤其是20世纪40年代初毛泽东将其抬到"空前的民族英雄"[③]以来，鲁迅在当代中国的确经历过较长时间的"神化"。要认识真实的鲁迅，就要把鲁迅从神坛请下来，还原到人间的本位中来，这是对鲁迅心灵世界展开研究的逻辑前

[①] 王富仁："首先理解并说明鲁迅和他自己的创作意图"，"严格从这个特殊的个体出发"，"为鲁迅小说的研究寻求一个更可靠的基础"。参见《〈呐喊〉〈彷徨〉综论》，《文学评论》1985年第3期。

[②] 钱理群：《心灵的探寻》，"引言"，河北教育出版社2000年版，第5页。

[③] 毛泽东："鲁迅的骨头是最硬的，他没有丝毫的奴颜和媚骨，这是殖民地半殖民地人民最可宝贵的性格。鲁迅是在文化战线上，代表全民族的大多数，向着敌人冲锋陷阵的最正确、最勇敢、最坚决、最忠实、最热忱的空前的民族英雄。"（《新民主主义论》，《毛泽东选集》第2卷，人民出版社1991年版，第698页。）

提。所以,对于鲁迅心灵世界的研究几乎是随着作为"人之子"的鲁迅的发现同步进行的,正是在此背景下,鲁迅的敏感、多疑、寂寞甚至阴暗等以往不可能触碰的个性特质才开始浮出水面。新时期以来的一系列研究成果,无疑丰富了我们对于鲁迅心灵世界的理解,某种意义上甚至更新了我们对于鲁迅的原有认知。但是,作为"人之子"的鲁迅的心灵世界又是多维度的,此前的研究虽然已经触及某些方面,但仍有一些尚待开掘的话题,比如透过年节等民俗视野去看鲁迅不同时期的心境起伏,从鲁迅跟故乡的关系去考察鲁迅心境之变迁,等等。鲁迅与民俗文化方面,此前研究较多关注越地民俗文化对于鲁迅文学创作和思想建构之影响,鲜有考察年节文化对鲁迅主体心境影响的成果。同样的,鲁迅和故乡关系方面,尚未出现从鲁迅对故乡的不同指称入手去发掘隐藏其间的鲁迅的情感态度、身份认同等真实心境的力作。所以,选择做这个题目的最初考虑还是要进一步深化对作为"人之子"的鲁迅的理解,从"人"的角度去丰富对于鲁迅心灵世界的认知。

其次,也想借此警惕学界某些试图将鲁迅再度神化的研究倾向。随着思想家鲁迅乃至哲学家鲁迅的发现,鲁迅似乎又在经历着另一种意义上的神化。在某些研究者那里,鲁迅基于自我生存经验的生命感悟被提高到了生命哲学的高度,鲁迅对中国历史的诸多论断则被打扮成历史哲学的面貌,而其文字所彰显的思辨性则被语言哲学概念所过度修饰,甚至有人将鲁迅描述成近乎先知的某种角色。有论者不客气地将此现象称为鲁迅研究的"玄学化倾向"。[①]在此过程中,鲁迅逐渐敞开的心灵世界再次被种种似是而非的理论话语所遮蔽,事实上,无论是政治权力主导下的神化,还是理论话语主导下的玄学化,均是一种远离鲁迅本体的话语操作。回归研究对象、回归鲁迅本体才是鲁迅研究的最终归宿,而心境研究正是回归鲁迅本体的一种行之有效的研究路径。从日常生活角度发掘鲁迅真实的心灵世界无疑有助于阻止这种现象的进一步蔓延。鲁迅既不是政治话语建构起来的神,也绝非玄学话语建构起来的神,他是一个生活在19世纪、20世纪之交的普通中国人,他在很多方面的情感经历和生命体验,跟同时代人甚至100多年后的我们都是相通的,即是说,从心灵世界去进一步丰富对作为"人之子"的鲁迅的理解,一定程度上可以对冲鲁迅研究玄学化倾向带来的负面影响。

当然,学术研究不能仅仅满足于此。学术研究的目的固然在于展现一种被遮蔽的生活经验或生命体验,但更在于某种历史洞察和意义建构,这正是我们选择这个课题最重要的考虑因素。

---

① 袁盛勇:《九十年代以来鲁迅研究的玄学化倾向》,《甘肃社会科学》2002年第6期。

钱理群在《心灵的探寻》中曾提到研究鲁迅不可能离开"20世纪中国与世界"这个历史舞台①，其实鲁迅之所以最终呈现出后人看到的这个姿态，跟他所处的清末民初这一历史背景关系更为密切。这一时期最大的特点就是转型/过渡，张灏曾将1895—1925年间的30年称为"转型时代"："所谓转型时代，是指1895—1925年初前后大约30年的时间，这是中国思想文化由传统过渡到现代，承先启后的关键时代。在这个时代，无论是思想知识的传播媒介或者是思想的内容，均有突破性的巨变。"②这个历史时期恰恰是鲁迅思想生成进而与时代发生紧密关系的时期，某种意义上，可以说正是"转型时代"成就了鲁迅。

鲁迅生活的19世纪、20世纪之交，是中国社会发生巨变的一个重要历史时期，辛亥革命推翻了绵延两千多年的封建专制政体，建立了亚洲第一个民主共和国，政治体制由此发生了根本性变革，同时这一时期也是传统社会向现代社会过渡的重要转折期，梁启超就习惯把近代中国称作"过渡时代"："今日之中国，过渡时代之中国也。"在梁启超看来，"过渡"有广、狭之分，梁氏重点剖析了狭义的"过渡时代"，他说："就狭义言之，则一群之中，常有停顿与过渡之二时代。互起互伏，波波相续体，是为过渡相；各波具足体，是为停顿相。于停顿时代，而膨胀力（即涨力）之现象显焉；于过渡时代，而发生力之现象显焉。欧洲各国自二百年以来，皆过渡时代也，而今则其停顿时代也；中国自数千年以来，皆停顿时代也，而今则过渡时代也。"③ 不仅如此，他还描述了"过渡时代"方方面面的特征，从而加深了对于这个时代的整体认知："语其大者，则人民既愤独夫民贼愚民专制之政，而未能组织新政体以代之，是政治上之过渡时代也；士子既鄙考据词章庸恶陋劣之学，而未能开辟新学界以代之，是学问上之过渡时代也；社会既厌三纲压抑虚文缛节之俗，而未能研究新道德以代之，是理想风俗上之过渡时代也。语其小者，则例案已烧矣，而无新法典；科举议变矣，而无新教育；元凶处刑矣，而无新人才；北京残破矣，而无新都城。"④

罗志田在考察中国近代社会时也认为："中国的近代确是一个'过渡时代'，其过渡状态恐怕到现在仍在延续之中。而且那是全方位的'过渡'，从政治到社会，生活到心态，思想到学术，无不见证着并反映出某种半新半旧、

---

① 钱理群：《心灵的探寻》，"引言"，河北教育出版社2000年版，第5页。
② 张灏：《中国近代思想史的转型时代》，许纪霖、宋宏编：《现代中国思想的核心观念》，上海人民出版社2011年版，第3页。
③ 夏晓虹编：《梁启超文选》，中国广播电视大学出版社1995年版，第264页。
④ 同上书，第267页。

亦新亦旧的状态,多元多歧,而又互渗互动。"他进一步指出:"近代的'过渡',其实就是以共和取代帝制为象征的全方位巨变。"①由此可知,"过渡时代"呈现出两大特点:一,这种"过渡"是全方位的,因此对于生活其中的个人来说,其影响不可能落在单一维度之上;二,"过渡时代"呈现出"半新半旧、亦新亦旧"的整体面貌。鲁迅一生和中国社会的现代转型几乎同步,而这个转型不仅包括政治制度、交通网络、出版传播等外在因素的改变,同时也包括伦理道德、风俗习惯、文化心理乃至审美趣味等心灵世界的急剧变化。应该说,鲁迅对自己所处时代的这一特点是有着较为清醒的认识的,他说过:"在我自己,觉得中国现在是一个进向大时代的时代。但这所谓大,并不一定指可以由此得生,而也可以由此得死。"②其"中间物"③概念更是准确表明了他对自我所处历史阶段的整体认识。

因此,考察鲁迅个人心境的变化,能从侧面彰显出传统社会向现代社会转型过程中的某个切面,在此意义上,研究鲁迅便具有了超越鲁迅个体的更加深远的意义。譬如鲁迅跟母亲的关系、鲁迅对过年的态度恰恰反映出转型期人情伦理、生活习俗变革的一个侧面。鲁迅一方面激烈批判传统孝道,将之看作阻碍现代个性发展的绊脚石,称"'孝''烈'这类道德,也都是旁人毫不负责,一味收拾幼者弱者的方法"④,主张年轻人要勇敢跨过上一代,上一代也要甘于牺牲自己。但在现实中鲁迅却注意恪守孝道,不仅自己跟朱安的婚姻是向传统孝道妥协的结果,而且在日常生活方面竭力侍奉母亲、满足母亲的种种生活需求乃至阅读趣味。但事实上鲁迅跟母亲之间的隔阂又是无处不在的,因此也就造成了他内心的极度矛盾。鲁迅在不同时期对于过年的态度几经转变,其转变的原因固然跟个人生活境遇的变化有关,但更重要的还是近现代政治—文化转型带来的结果。一方面,长期留学日本的经历让鲁迅认识到日本纪年及过年形式的革新;另一方面,民国政府成立后推行公元纪年,主张过阳历年⑤,这些无疑影响到鲁迅对于过年等传统年节文化的态度,因此是否过年以及如何过年在现代中国已经不是单纯的民俗

---

① 罗志田:《权势转移:近代中国的思想与社会》(修订版),北京师范大学出版社2014年版,第155、156页。
② 鲁迅:《而已集·〈尘影〉题辞》,《鲁迅全集》第3卷,第571页。
③ "大半也因为懒惰罢,往往自己宽解,以为一切事物,在转变中,是总有多少中间物的。动植之间,无脊椎和脊椎动物之间,都有中间物;或者简直可以说,在进化的链子上,一切都是中间物。"(鲁迅:《坟·写在〈坟〉后面》,《鲁迅全集》第1卷,第301—302页。)
④ 鲁迅:《坟·我们现在怎样做父亲》,《鲁迅全集》第1卷,第142—143页。
⑤ 参见陈旭麓:《近代中国社会的新陈代谢》,中国人民大学出版社2012年版,第318页。

问题。事实上,民国初年不过农历年者并非鲁迅一人,钱玄同等同样如此。这是那个时代"新青年"的共同选择,在此意义上,鲁迅在过年态度上的变迁也就折射出了"转型时代"的或一面影。

而鲁迅对故乡的矛盾态度、对遗民文化的自觉浸染,更折射出历史转型期文化发展的特点。中国人本来就有安土重迁的传统,正如费孝通所指出:"以农为生的人,世代定居是常态,迁移是变态。"①但是鲁迅一代已然不可能继续生活在这一传统之下,无论是求学还是工作的需要,甚至生活方式、礼俗习惯的变化,都导致他们逐渐从小城镇向大都市迁移。更重要的是,传统意义上的乡愁因为现代"启蒙"视角的介入变得暧昧起来,故乡甚至成为他们直接批判的对象,但是他们在精神上又无法完全割断跟故土的联系,于是便出现了种种精神返乡的文学书写。《朝花夕拾》固然是鲁迅在"思乡的蛊惑"下重建精神故乡的集中尝试,但是,从鲁迅对故乡绍兴的不同指称中,同样能够看出这种情感与认同上的变化。至于鲁迅对遗民文化的接受,更是一个典型的"过渡时代"的文化现象,虽然后世更看重鲁迅对遗民文化的批判,但是作为一个跨越新、旧两个时代的知识人,鲁迅对遗民文化不是只有批判的一面,鲁迅在生活方式、文化趣味乃至思想建构等多方面均受到遗民文化的潜在影响。民国初年政局的频繁变动,更是让鲁迅产生了"易代同时"的心理感受,进而呈现出诸多近似遗民的心理世界与现实追求。总之,透过鲁迅从对遗民文化的接受到起而批判的思想演变轨迹,可以窥探到鲁迅复杂的心境变化。

就鲁迅而言,无论是伦理方面跟母亲的关系、习俗方面对过年的态度,还是文化方面对故乡的认同变迁、对遗民文化的批判性接受,均充分表现出转型期知识分子心灵世界的挣扎。张灏曾将自己研究梁启超的著作命名为"梁启超与中国思想的过渡"②,某种意义上,我们对于鲁迅心境的研究,也正是要透过鲁迅心灵世界的变化来展现这种"过渡时代"在鲁迅身上烙下的痕迹。应该说,鲁迅对于自己置身其间的历史阶段是明确的,但是鲁迅的伟大就在于他虽然置身于历史的转变之中,不可避免带有过渡时代的一些问题,但他更多时候不是对过去表示缅怀,而是对未来寄予展望,或者说他更想打破这一中间状态。这种传统向现代过渡状态的所有的心理挣扎、矛盾以及面向未来的意向性最终凝聚成了"过客"这一形象,在这个意义上,过客不仅

---

① 费孝通:《乡土中国》,人民出版社2015年版,第3页。
② 参见[美]张灏:《梁启超与中国思想的过渡(1890—1907)》,崔志海、葛夫平译,江苏人民出版社1995年版。

是中年鲁迅的"自我画像",是其生命历程和思想演进过程中所有矛盾的一次集中展示,更是传统中国走向现代过程中的某种隐喻。因此,从"过客"意识深入鲁迅心境,力图展现的不仅是1925年前后鲁迅心境的具体变化,某种意义上也预示着鲁迅在"大时代"中的命运,甚至蕴含着从这一视角窥探那个已成过去的时代的努力。由此可见,本书对于鲁迅心境的解读其实是围绕着传统向现代转型这一历史背景展开的,通过展现作为"过渡人"的鲁迅心灵世界的诸多矛盾及其自我调适,揭示近代中国社会转型在价值和情感等层面带给个体生命的多维影响,进而彰显鲁迅研究所具有的超越鲁迅本体的更为深远的思想意涵。

参考文献

一、著作

［奥］弗洛伊德：《日常生活的心理奥秘》，林克明译，甘肃人民出版社1986年版。

［德］尼采：《悲剧的诞生：尼采美学文选》，周国平译，生活·读书·新知三联书店1986年版。

［美］埃伦·伯斯奇德、［美］帕梅拉·丽甘：《人际关系心理学》，李小平、李智勇译，上海教育出版社2019年版。

［美］李欧梵：《铁屋中的呐喊——鲁迅研究》，尹慧珉译，岳麓书社1999年版。

［美］林毓生：《中国意识的危机——"五四"时期激烈的反传统主义》，穆善培译，贵州人民出版社1986年版。

［美］约瑟夫·阿·勒文森：《梁启超与中国近代思想》，刘伟、刘丽、姜铁军译，四川人民出版社1986年版。

［美］张灏：《梁启超与中国思想的过渡（1890—1907）》，崔志海、葛夫平译，江苏人民出版社1995年版。

［日］永田圭介：《秋瑾——竞雄女侠传》，闻立鼎译，群言出版社2007年版。

［日］柄谷行人：《日本现代文学的起源》，赵京华译，生活·读书·新知三联书店2003年版。

［日］木山英雄：《文学复古与文学革命：木山英雄中国现代文学思想论集》，赵京华编译，北京大学出版社2004年版。

［日］实藤惠秀：《中国人留学日本史》，谭汝谦、林启彦译，北京大学出版社2012年版。

［日］丸尾常喜：《"人"与"鬼"的纠葛——鲁迅小说论析》，秦弓译，人民文学出版社2010年版。

［日］丸尾常喜:《耻辱与恢复——〈呐喊〉与〈野草〉》,秦弓、孙丽华编译,北京大学出版社2009年版。

［日］小田岳夫:《鲁迅传》,范泉译,开明书店1946年版。

［日］伊藤虎丸:《鲁迅、创造社与日本文学——中日近现代比较文学初探》,孙猛、徐江、李冬木译,北京大学出版社1995年版。

［日］伊藤虎丸:《鲁迅与日本人——亚洲的近代与"个"的思想》,李冬木译,河北教育出版社2001年版。

［日］伊藤虎丸:《鲁迅与终末论》,李冬木译,生活·读书·新知三联书店2008年版。

［日］增田涉:《鲁迅的印象》,钟敬文译,湖南人民出版社1980年版。

［日］竹内好:《近代的超克》,李冬木、赵京华、孙歌译,生活·读书·新知三联书店2005年版。

［瑞士］荣格:《现代灵魂的自我拯救》,黄奇铭译,工人出版社1987年版。

［英］安德鲁·本尼特、［英］尼古拉·罗伊尔:《关键词:文学、批评与理论导论》,汪正龙、李永新译,广西师范大学出版社2007年版。

［加拿大］查尔斯·泰勒:《自我的根源:现代认同的形成》,韩震等译,译林出版社2001年版。

［英］托·艾略特:《四个四重奏》,裘小龙译,漓江出版社1985年版。

［英］特雷·伊格尔顿:《二十世纪西方文学理论》,伍晓明译,北京大学出版社2007年版。

《鲁迅大辞典》编委会:《鲁迅大辞典》,人民文学出版社2009年版。

《毛泽东选集》第二卷,人民出版社1991年版。

闻一多:《闻一多选集》第一卷,四川文艺出版社1987年版。

北京鲁迅博物馆鲁迅研究室编:《鲁迅研究资料》第7辑,天津人民出版社1980年版。

北京鲁迅博物馆鲁迅研究室编:《鲁迅研究资料》第14辑,天津人民出版社1984年版。

北京鲁迅博物馆鲁迅研究室编:《鲁迅研究资料》第18辑,中国文联出版公司1987年版。

北京鲁迅博物馆鲁迅研究室编:《鲁迅研究资料》第19辑,中国文联出版公司1988年版。

北京鲁迅博物馆鲁迅研究室编:《鲁迅研究资料》第23辑,中国文联出版公司1992年版。

曹聚仁:《鲁迅评传》,生活·读书·新知三联书店2011年版。

陈平原、杜玲玲编:《追忆章太炎》(修订本),生活·读书·新知三联书店2009年版。

王瑶著,陈平原编选:《王瑶文论选》,人民文学出版社2009年版。

陈漱渝、姜异新主编:《民国那些人——鲁迅同时代人》,漓江出版社2012年版。

陈旭麓:《近代中国社会的新陈代谢》(插图本),中国人民大学出版社2012年版。

陈子善:《双子星座:管窥鲁迅与周作人》,中华书局2015年版。

(清)王夫之著,《船山全书》编辑委员会编校:《船山全书》第十六册,岳麓书社1996年版。

方维规:《什么是概念史》,生活·读书·新知三联书店2020年版。

房向东:《鲁迅与胡适:"立人"与"立宪"》,上海交通大学出版社2016年版。

费孝通:《乡土中国》,人民出版社2015年版。

冯光廉、刘增人、谭桂林主编:《多维视野中的鲁迅》,山东教育出版社2002年版。

冯雪峰:《冯雪峰忆鲁迅》,河北教育出版社2001年版。

冯雪峰:《雪峰文集》(第四卷),人民文学出版社1985年版。

高远东:《现代如何"拿来":鲁迅的思想与文学论集》,复旦大学出版社2009年版。

顾颉刚:《顾颉刚古史论文集》第1册,中华书局1988年版。

哈迎飞:《"五四"作家与佛教文化》,上海三联书店2002年版。

黄乔生:《鲁迅年谱》,浙江大学出版社2021年版。

(清)全祖望著,黄云眉选注:《鲒埼亭文集选注》,商务印书馆2018年版。

黄尊三:《黄尊三日记》,谭徐锋整理,凤凰出版社2019年版。

蒋梦麟:《西潮与新潮》,人民出版社2012年版。

金耀基:《从传统到现代》,法律出版社2017年版。

克维编:《鲁迅研究》(上集),嘉陵江出版社1946年版。

乐黛云编:《国外鲁迅研究论集(1960—1980)》,北京大学出版社1981年版。

李何林主编:《鲁迅年谱》(增订本),人民文学出版社2000年版。

李怡:《现代性:批判的批判——中国现代文学研究的核心问题》,人民文学出版社2006年版。

李长之:《鲁迅批判》,北京出版社2009年版。

李宗英、张梦阳编:《六十年来鲁迅研究论文选》,中国社会科学出版社1982年版。

梁启超:《中国近三百年学术史》,东方出版社1996年版。

梁实秋:《梁实秋论文学》,时报文化出版事业有限公司1978年版。

林志宏:《民国乃敌国也:政治文化转型下的清遗民》,中华书局2013年版。

刘春勇:《多疑鲁迅:鲁迅世界中主体生成困境之研究》,中国传媒大学出版社2009年版。

刘小枫:《拯救与逍遥》,华东师范大学出版社2007年版。

刘泱泱整理:《宋教仁日记》,中华书局2014年版。

刘运峰编:《鲁迅先生纪念集》上册,天津人民出版社2007年版。

鲁迅:《鲁迅全集》,人民文学出版社2005年版。

鲁迅博物馆等编:《鲁迅回忆录·散篇》,北京出版社1999年版。

罗惠缙:《民初"文化遗民"研究》,武汉大学出版社2011年版。

罗志田:《权势转移:近代中国的思想与社会》(修订版),北京师范大学出版社2014年版。

罗宗强:《玄学与魏晋士人心态》,南开大学出版社2003年版。

罗宗强:《因缘集:罗宗强自选集》,南开大学出版社2004年版。

马勇:《民国遗民:章太炎传》,东方出版社2015年版。

倪墨炎:《鲁迅的社会活动》,上海人民出版社2006年版。

彭定安:《鲁迅评传》,湖南人民出版社1982年版。

钱理群:《心灵的探寻》,河北教育出版社2000年版。

钱理群:《与鲁迅相遇:北大演讲录之二》,生活·读书·新知三联书店2003年版。

乔丽华:《我也是鲁迅的遗物:朱安传》,九州出版社2017年版。

秦燕春:《清末民初的晚明想象》,北京大学出版社2008年版。

(清)邵廷采著、祝鸿杰点校:《思复堂文集》,浙江古籍出版社2010年版。

沈永宝编:《钱玄同五四时期言论集》,东方出版中心1998年版。

舒芜:《周作人的是非功过》,人民文学出版社1993年版。

苏雪林:《苏雪林文集》,华夏出版社2000年版。

孙伏园、许钦文等:《鲁迅先生二三事——前期弟子忆鲁迅》,河北教育出版社2000年版。

孙海军:《鲁迅早期思想的本土语境》,中国社会科学出版社2021年版。

孙瑛:《鲁迅藏校碑拓概述》,《鲁迅藏书研究》,中国文联出版公司1991年版。

孙玉石:《〈野草〉研究》,北京大学出版社2007年版。

谭桂林:《记忆的诗学:鲁迅文学中的母题书写》,人民出版社2019年版。

陶东风、徐艳蕊:《当代中国的文化批评》,北京大学出版社2006年版。

汪晖、钱理群:《鲁迅研究的历史批判——论鲁迅(二)》,河北教育出版社2000年版。

汪晖:《反抗绝望——鲁迅及其文学世界》,河北教育出版社2000年版。

汪介之:《20世纪欧美文学史》,南京师范大学出版社2003年版。

汪卫东:《鲁迅前期文本中的"个人"观念》,人民文学出版社2006年版。

王得后:《鲁迅教我》,福建教育出版社2006年版。

王汎森:《晚明清初思想十论》,复旦大学出版社2004年版。

王汎森:《中国近代思想与学术的系谱》,吉林出版集团有限责任公司2011年版。

王富仁:《现代作家新论》,山西教育出版社1998年版。

王富仁:《中国鲁迅研究的历史与现状》,浙江人民出版社1999年版,

王乾坤:《鲁迅的生命哲学》,人民文学出版社1999年版。

熊伟译,王炜编:《熊译海德格尔》,同济大学出版社2004年版。

王锡荣:《日记的鲁迅》,人民文学出版社2018年版。

王晓明:《无法直面的人生——鲁迅传》,上海文艺出版社2001年版。

王瑶:《鲁迅作品论集》,人民文学出版社1984年版。

吴俊:《鲁迅个性心理研究》,华东师范大学出版社1992年版。

夏晓虹编:《梁启超文选》,中国广播电视出版社1992年版。

夏志清:《中国现代小说史》,刘绍铭等译,复旦大学出版社2005年版。

俞芳:《我记忆中的鲁迅先生》,浙江人民出版社1981年版。

谢德铣:《鲁迅作品中的绍兴方言注释》,浙江人民出版社1979年版。

谢国桢:《江浙访书记》,生活·读书·新知三联书店2007年版。

徐麟:《鲁迅中期思想研究》,湖南师范大学出版社1997年版。

许广平:《许广平忆鲁迅》,广东人民出版社1979年版。

许纪霖、宋宏编:《现代中国思想的核心观念》,上海人民出版社2011年版。

许纪霖:《家国天下:现代中国的个人、国家与世界认同》,上海人民出版社2017年版。

许纪霖编选:《现代中国思想史论》,上海人民出版社2014年版。

许寿裳著,马会芹编:《挚友的怀念——许寿裳忆鲁迅》,河北教育出版社2000年版。

薛绥之主编:《鲁迅生平史料汇编》(四),天津人民出版社1983年版。

薛绥之主编:《鲁迅生平资料汇编》(三),天津人民出版社1983年版。

杨琳:《中国传统节日文化》,宗教文化出版社2000年版。

杨念群:《何处是"江南"? 清朝正统观的确立与士林精神世界的变异》,生活·读书·新知三联书店2010年版。

杨守森主编:《二十世纪中国作家心态史》,中央编译出版社1998年版。

杨天石主编:《钱玄同日记(整理本)》,北京大学出版社2014年版。

(明)叶绍袁著,毕敏点校:《甲行日注》,岳麓书社2016年版。

余虹:《艺术与归家——尼采·海德格尔·福柯》,中国人民大学出版社2005年版。

余英时:《方以智晚节考》,生活·读书·新知三联书店2012年版。

郁达夫:《回忆鲁迅:郁达夫谈鲁迅全编》,上海文化出版社2006年版。

张杰:《鲁迅杂考》,福建教育出版社2006年版。

张京媛主编:《新历史主义与文学批评》,北京大学出版社1993年版。

张梦阳:《中国鲁迅学史》,江苏凤凰文艺出版社2021年版。

张梦阳:《中国鲁迅学通史》,广东教育出版社2002年版。

张汝伦:《意义的探究——当代西方释义学》,辽宁人民出版社1986年版。

张新颖:《20世纪上半期中国文学的现代意识(修订版)》,复旦大学出版社2009年版。

张枬、王忍之编:《辛亥革命前十年间时论选集》第一卷,生活·读书·新知三联书店1963年版。

章征天、张能耿、裘士雄编:《孙氏兄弟谈鲁迅》,新星出版社2006年版。

赵霞:《陈去病研究》,河北大学出版社2013年版。

赵英:《籍海探珍——鲁迅整理祖国文化遗产撷华》,中国文史出版社1991年版。

赵园:《明清之际士大夫研究》,北京师范大学出版社2014年版。

赵园:《想象与叙述》,人民文学出版社2009年版。

中国社会科学院文学研究所鲁迅研究室编:《1913—1983鲁迅研究学术

论著资料汇编》,中国文联出版公司1985年版。

周芾棠:《乡土忆录——鲁迅亲友忆鲁迅》,陕西人民出版社1983年版。

周冠五:《鲁迅家庭家族和当年绍兴民俗·鲁迅堂叔周冠五回忆鲁迅全编》,上海文化出版社2006年版。

周国平:《尼采:在世纪的转折点上》,上海人民出版社1986年版。

周建人口述,周晔整理:《鲁迅故家的败落》,福建教育出版社2001年版。

周晔:《伯父的最后岁月:鲁迅在上海 1927－1936》,福建教育出版社2001年版。

周勇主编:《邹容与苏报案档案史料汇编》(下),重庆出版社2013年版。

周作人著,止庵校订:《鲁迅的故家》,河北教育出版社2002年版。

周作人著,止庵校订:《鲁迅的青年时代》,河北教育出版社2002年版。

周作人著,止庵校订:《鲁迅小说里的人物》,河北教育出版社2002年版。

周作人著,止庵校订:《知堂回想录》,河北教育出版社2002年版。

朱崇科:《广州鲁迅》,中国社会科学出版社2014年版。

朱忞、谢德铣、王德林、裘士雄编著:《鲁迅在绍兴》,浙江文艺出版社1997年版。

朱维铮:《求索真文明:晚清学术史论》,上海古籍出版社1996年版。

朱希祖:《朱希祖日记》上册,中华书局2012年版。

朱熹:《四书章句集注》,中华书局2011年版。

朱正:《鲁迅回忆录正误》(增订本),人民文学出版社2006版。

子通主编:《鲁迅评说八十年》,中国华侨出版社2004年版。

二、论文

[韩]薛熹祯(Sul Hee Jung):《现代与传统视域中的雅俗之辨——鲁迅和张恨水》,北京大学2014年博士论文。

[日]竹内良雄:《鲁迅与母亲》,王惠敏译,《鲁迅研究月刊》1994年第3期。

安文军:《病、爱、生计及其他——〈孤独者〉与〈伤逝〉的并置阅读》,《中国现代文学研究丛刊》2008年第6期。

陈洁:《论鲁迅钞古碑与教育部职务之关系》,《鲁迅研究月刊》2014年第6期。

陈漱渝:《东有启明 西有长庚——鲁迅与周作人失和前后》,《鲁迅研究动态》1985年第5期。

陈漱渝:《鲁迅与胡适:从同一战阵到不同营垒》,《文学评论》1991年第6期。

陈西滢:《致志摩》,《晨报副刊》1926年1月30日。

陈越:《摆脱陈源的阴影——也谈鲁迅与"绍兴师爷"》,《鲁迅研究月刊》2004年第10期。

郜元宝:《反抗"被描写"——解说鲁迅的一个基点》,《鲁迅研究月刊》2000年第1期。

戈宝权:《鲁迅和内山完造的友谊——纪念内山完造先生诞辰一百周年》,《鲁迅研究动态》1985年第1期。

谷兴云:《从广州至上海——鲁迅如何过年》,《鲁迅研究月刊》2008年第5期。

哈迎飞:《论〈野草〉的佛家色彩》,《文学评论》1999年第2期。

何巧云:《鲁迅故乡情感之历时考察》,《鲁迅研究月刊》2019年第8期。

黄乔生:《鲁迅在北京——绍兴会馆与绍兴人》,《北京纪事》2013年第1期。

江胜清:《反叛与坚守——论鲁迅对孝文化的矛盾性》,《理论月刊》2015年第6期。

荆有麟:《除夕晚上的我》,《民众文艺周刊》第7号,1925年2月3日。

李亮:《鲁迅与〈会稽郡故书杂集〉》,《鲁迅研究月刊》2006年第1期。

李允经:《婚恋生活的投影和折光》,《鲁迅研究动态》1989年第1期。

李允经:《鲁迅怎样过年?》,《鲁迅研究月刊》1993年第1期。

梁建先:《惨怛之呼——论1924—1927年病中鲁迅的心境与创作》,《鲁迅研究月刊》2016年第12期。

刘克敌:《"无事可做"的"鲁迅"与"忙忙碌碌"的"周树人"——从日记看民国初年鲁迅的日常生活》,《中国现代文学研究丛刊》2011年第3期。

刘润涛:《鲁迅"家道中落"考》,《鲁迅研究月刊》2018年第2期。

卢建红:《论鲁迅的乡愁认同之路》,《中南大学学报(社会科学版)》2016年第2期。

罗志田:《南北新旧与北伐成功的再诠释》,《开放时代》2000年第9期。

罗志田:《五代式的民国:一个忧国知识分子对北伐前数年政治格局的即时观察》,《近代史研究》1999年第4期。

钱理群:《鲁迅笔下的鬼——读〈无常〉和〈女吊〉》,《语文建设》2010年第11期、第12期。

钦鸿:《季自求与鲁迅、周作人的一段交往》,《鲁迅研究月刊》2000年第2期。

桑兵:《走进新时代:进入民国之共和元年——日记所见亲历者的心路历程》,《华中师范大学学报(人文社会科学版)》,2012年第1期。

孙海军、汪卫东:《从"人史"看鲁迅与浙东学派的精神关联》,《鲁迅研究月刊》2013年第11期。

孙之梅:《民国前南社的遗民情结》,《山东大学学报(哲学社会科学版)》2003年第2期。

谭桂林:《现代佛教界的鲁迅印象与鲁迅资源利用》,《鲁迅研究月刊》2012年第8期。

汪晖:《〈无地彷徨〉自序》,《鲁迅研究月刊》1992年第10期。

汪卫东:《〈秋夜〉:〈野草〉的"序"》,《中国文学研究》2006年第4期。

汪卫东:《"渊默"而"雷声"——〈野草〉的否定性表达与佛教伦理之关系》,《中国现代文学研究丛刊》2010年第1期。

汪卫东:《〈野草〉与佛教》,《中国现代文学研究丛刊》2008年第1期。

汪卫东:《鲁迅的又一个"原点"——1923年的鲁迅》,《文学评论》2005年第1期。

王彬彬:《鲁迅居沪期间的"逆旅心态"》,《上海鲁迅研究》1997年第0期。

王彬彬:《鲁迅晚年的"姑活"心态》,《东方艺术》1997年第6期。

王芳:《从访碑到抄碑,从国魂到民魂——以金石传统三个脉络解读鲁迅的"钞古碑"》,《文学评论》2019年第3期。

王风:《鬼和与鬼有关的——鲁迅〈女吊〉讲稿》,《鲁迅研究月刊》2005年第1期。

王家平:《永世流浪和"过客"境遇——鲁迅对精神探索者的生存方式与悲剧命运的体认》,《鲁迅研究月刊》1999年第2期。

王乾坤:《从"中间物"说到新儒家》,《鲁迅研究月刊》1995年第11期。

王乾坤:《绝望:反抗与消解》,《读书》1995年第10期。

王晓初:《"思乡的蛊惑":〈朝花夕拾〉及其他——论鲁迅的"第二次绝望"与思想的发展》,《学术月刊》2008年第12期。

吴晓东:《S会馆时期的鲁迅》,《读书》2001年第1期。

锡金:《范爱农其人和〈哀范君三章〉——〈鲁迅诗直寻〉之一》,《东北师大学报(哲学社会科学版)》1981年第5期。

谢泳:《鲁迅致母亲书的文化意义》,《鲁迅研究月刊》1993年第8期。

徐小蛮:《鲁迅辑校古籍手稿及其研究价值》,《鲁迅研究动态》1987年第8期。

杨光法:《鲁迅手记〈旧绍兴八县乡人著作目录〉》,《文献》1987年第3期。

叶当前:《鲁迅辑校〈嵇康集〉的整理与校勘》,《鲁迅研究月刊》2012年第9期。

袁盛勇:《九十年代以来鲁迅研究的玄学化倾向》,《甘肃社会科学》2002年第6期。

张兵:《清初遗民诗人的心态》,《光明日报》2018年1月15日。

张梦阳:《"幸福的度日,合理的做人"——鲁迅本原思想探究》,《西南民族大学学报(人文社会科学版)》2006年第8期。

张全之:《背对故乡——鲁迅的思乡心理与其小说创作》,《齐鲁学刊》1997年第4期。

张武军:《最终的无聊和最后的坚守——鲁迅临终前心态之剖析》,《社会科学研究》2013年第1期。

张永泉:《终生未能摆脱的华盖运——鲁迅心态研究之一》,《海南师范学院学报(人文社会科学版)》1995年第2期。

周作人:《周作人日记(1918年1月1日—12月31日)》,《新文学史料》1983年第4期。

周作人:《周作人日记(1919年1月1日—6月30日)》,《新文学史料》1984年第1期。

朱寿桐:《作为鲁迅"思想故乡"的〈新青年〉》,《中国现代文学研究丛刊》2005年第5期。

朱文斌:《风景之发现——论越文化对鲁迅的负面影响》,《鲁迅研究月刊》2005年第3期。

后　记

　　记不清第一次阅读钱理群先生《心灵的探寻》是什么时候了,阅读带来的强烈感受也早已模糊以至不可言说,但我清楚地记得,当年读的是上海文艺出版社那一版,书页已经泛黄。我还记得读完《心灵的探寻》后,便找来了他新近出版的《与鲁迅相遇:北大演讲录之二》,因为有了前面的了解,加之该书保留了课堂的语气与氛围,因而读起来相对轻松,更容易进入到钱老师的理路中去。正是通过对这几本书(当然,还有王晓明《不可直面的人生:鲁迅传》、李长之《鲁迅批判》、竹内好《鲁迅》等)的阅读,我跟鲁迅"相遇"了,所以在硕士学位论文选题时,我几经辗转最终选择了以1925年前后的鲁迅作为研究对象,跟鲁迅的缘分也就从"相遇"过渡到"研究"阶段。经过几个月的努力,论文初具规模,定稿题目为《"过客"意识与鲁迅的复杂心境》。文章的幼稚是显而易见的,甚至还谈不上研究,表达的只是自我阅读鲁迅的一点感受而已,但在接下来的"盲审"中还是获得一致好评。这无疑给了我一丝信心,所以,我要借此机会真诚感谢那些至今尚不知名姓的师长们。尤其值得一提的是,多年后我得知其中一位评审专家就是当年供职于浙江师范大学的曹禧修教授,而这也成为我跟绍兴文理学院结缘的起点。

　　2017年底我获悉绍兴文理学院正在招聘,因我跟原单位的合同即将到期,便试着投了简历,不久就接到了已调至绍兴文理学院工作的曹禧修老师的电话,他表示看了我的材料比较满意,欢迎我加入,并告诉我说他对我的硕士论文还有印象。当时我对这话并没有太在意,以为只是一种寒暄。年后我赴人文学院试讲,试讲结束后,曹老师陪我在校园散步,再次提到我的硕士论文,这才告诉我说,他是我硕士论文的评阅人,对文章印象很深,还说至今仍保存着我的文章,只是因为搬家一时没有找到。我同样以为是寒暄,但半年后的一天,他突然拍了我论文的封面发来,令我十分感动。入职绍兴文理学院后,曹老师更是对我多方提携,我想借此机会向他表示真挚的感谢!

硕士论文的写作距今已十多年,回头去看,文章简直难以卒读,在修改过程中,我除了结合评审意见对鲁迅"过客"意识的生成作了追溯、补充外,还对主观色彩过于浓厚和逻辑不够严谨的部分文字作了修改。关于"过年"的部分,最早写作的是鲁迅北京时期的过年心境,大约是2015年写下的,当时独自漂在豫西南,也算是有感而发吧。后来相继补充了鲁迅上海时期的过年心境和鲁迅有关过年的记忆两节内容。至于鲁迅对故乡的复杂心境,最初引发我兴趣的是鲁迅对故乡绍兴的不同指称,这一点至今尚未引起学界重视。我发现在鲁迅对绍兴的多种指称中,不仅寄予着他对故乡的不同情感与认知,而且也能由此梳理出鲁迅在不同语境中的迥异心境。鲁迅跟母亲的关系算不上一个新鲜话题,但我试图从纵向上展现鲁迅不同阶段跟母亲相处时的心境变化,尤其是1927年定居上海后,鲁迅对母亲看似恪尽孝道,但是母子间的认知差距以及由此引发的情感疏离却在不断加剧,这些不可避免会影响到鲁迅对母亲的情感态度。2019年课题获得立项后,修改最大的是第四章《民初鲁迅的"遗民"心境》,项目申报时由于时间关系,提交的内容太过单薄,只能算作一份研究提纲,于是今年上半年集中精力进行了认真修改。当然,这个话题牵涉面较广,至今也未能思考周全,期待将来有机会能够系统梳理鲁迅与中国遗民文化的关系。

　　上述内容的写作前后跨越十余年,其间的曲折、坎坷自不必说,对于具体问题的看法也在不断调整,甚至连表达方式也发生了不小变化。之所以没有对最早写作的硕士论文作重大修改,除去修改起来工程太大,几乎要完全推倒重写,还有一点也是促使我放弃修改的原因,即那些青涩的文字虽然缺乏深度,活泼、跳跃的表达方式也未必适合学术论文的写作,但它们又何尝不是一段鲜活生命的记录呢?基于此,这才将论文的整体框架保留下来,算作一份纪念,也借此提醒自己"学不可以已"。

　　书中的部分文字曾在《中国现代文学研究丛刊》《鲁迅研究月刊》《上海鲁迅研究》等期刊发表过,感谢接纳拙文并付出辛勤劳动的各位老师,尤其要向北京鲁迅博物馆的黄乔生和姜异新两位老师的长期提携深致谢忱。当然,也要感谢汪老师赐序,汪老师的鲁迅研究在学界可谓独树一帜,作为学生,我虽不能至,然心向往之。我深知这本小书依然存在这样或那样的问题,说实话,这几年由于考核、职称等方面的现实压力,写得多读得少,难免有些捉襟见肘。虽然我没有忘记先贤的教诲,明白学术研究要保持一定的余裕,更要懂得沉潜涵养,然而置身今日急功近利之大环境中,不受其影响者鲜矣。但愿今后的学术研究能够早日"脱心志于俗谛之桎梏",在相对轻松的环境和心态中去重新接近鲁迅,去欣赏他眼中的美、他性情中的真以及他那气质上的孤傲和心间宽广的爱,总之,去尽可能接近先生进而接近他所生活的那个年代。

　　有时我也会想起自己的年龄,进而想鲁迅这个年纪在干什么,他写下了哪些文字,提出了什么论断,他那时的心境又是怎样的。鲁迅曾经说过,涉世未深的青年大约是读不懂他的文字的,他也不希望他们能懂。然而,我却好像越来越能够懂得先生不希望青年理解的那些话,由此我便知道自己不再年轻。但更值得深思的是,在阅读鲁迅的过程中依然觉得先生常读常新,此中道理也许不是所谓学术研究所能明了的,但我们能做的除了学术还能是什么呢？悲夫,"窃独悲此廪秋,白露既下百草兮奄离披此梧楸"……仿佛有点不知所云了,就此打住。

2022 年 10 月 19 日
2022 年 12 月 30 日改定